Os Filhos da Terra do Sol

A formação do Estado-nação em Cabo Verde

Dados Internacionais de Catalogação na Publicação (CIP)
(Câmara Brasileira do Livro, SP, Brasil)

Hernandez, Leila Maria Gonçalves Leite
Os filhos da terra do sol: A formação do Estado-Nação em Cabo Verde. / Leila Maria Gonçalves Leite Hernandez. — São Paulo : Summus, 2002.

Bibliografia.
ISBN 85-87478-19-2

1. Cabo Verde – Civilização – Influências portuguesas 2. Cabo Verde – Colonização 3. Cabo Verde – Condições sociais 4. Cabo Verde – História nacional I. Titulo. II. Título: A formação do Estado-Nação em Cabo Verde.

02-2690 CDD-966.58

Índice para catálogo sistemático:

1. Cabo Verde : História 966.58

Os Filhos da Terra do Sol

A formação do Estado-nação em Cabo Verde

Leila Maria Gonçalves Leite Hernandez

OS FILHOS DA TERRA DO SOL
A formação do Estado-nação em Cabo Verde

Capa: **Camila Mesquita**
Editoração e fotolitos: **JOIN Bureau de Editoração**

Departamento editorial
Rua Itapicuru, 613 – 7º andar
05006-000 – São Paulo – SP
Fone: (11) 3862-3530
Fax: (11) 3872-7476
http://www.selonegro.com.br
e-mail: selonegro@selonegro.com.br

Atendimento ao consumidor
Summus Editorial
Fone: (11) 3865-9890

Vendas por atacado
Fone: (11) 3873-8638
Fax: (11) 3873-7085
vendas@summus.com.br

Impresso no Brasil

Sumário

Prefácio 7

As Ilhas 13

Introdução 15

Capítulo 1: Raízes 19

A natureza da socialização e da opressão 19

A gênese da opressão 19
As raízes da hegemonia de Santiago 21
Acerca do povoamento das ilhas 26

Do sistema escravocrata: a propriedade da terra, a mercantilização da economia e a organização do trabalho 35

A propriedade da terra e a mercantilização da economia 35
O trato negreiro e a mão-de-obra escrava 44
A repressão e a ordem 48

Mudança e continuidade 51

O colapso do sistema escravocrata 51
O sistema de organização da economia agrícola 56
Mundos do trabalho 60
Submissão e revolta 72
Notas e referências 80

Capítulo 2: Gente de sobrado, de loja e de funco 89

Acerca da sociedade cabo-verdiana 89

As classes sociais 89
"O pilão e a mó de pedra" 97
Gente do Liceu 100
A diáspora 104
Estrutura político-administrativa 108
Notas e referências 114

Capítulo 3: Entre a concepção e a ação 119

A recomposição do passado 119

Consciência nacional e nacionalismo 133

Sobre o pan-africanismo 139

Pela liberdade 145

O princípio da esperança 150

Notas e referências 154

Capítulo 4: A desobediência civil e a luta armada 159

A injustiça em questão 159

O projeto histórico da independência e o quadro internacional 162

Sobre a ação 170

O PAIGC e a "caminhada pela terra" 170
Cabo Verde: "Do nó de ser ao ónus de crescer" 187
Notas e referências 204

Epílogo 207

Bibliografia 211

Prefácio

Devem-se a brasileiros dois dos mais antigos estudos sobre as ilhas de Cabo Verde. Em 1813, o naturalista João da Silva Feijó, que andara, em 1783, a investigar o arquipélago, sobre ele publicou, num jornal do Rio de Janeiro, *O patriota*, o seu *Ensaio e memórias econômicas sobre as ilhas de Cabo Verde*. Vinte e sete anos mais tarde, seria a vez de Francisco Adolfo de Varnhagen dar a lume, em parceria com J. Carlos de Chelmicki, a *Corografia cabo-verdiana ou Descrição geográfica-histórica da província das ilhas de Cabo Verde*. De lá para cá, minguou o interesse brasileiro pelo arquipélago, como se tivéssemos ouvidos moucos a um convite para o diálogo que se repetiu, com mais do que curiosidade e simpatia, com insistência e carinho, no correr dos últimos duzentos anos, e lêssemos mal a nossa própria história.

Grandes navios ancorados permanentemente no meio do Atlântico, as ilhas tornaram-se, primeiro, importantes entrepostos do comércio com a Guiné e, logo em seguida, pontos de repouso e refresco nas viagens entre a Europa e a Costa africana, entre Portugal e os portos brasileiros e entre a África e as Américas. O papel delas – como, de resto, o talvez ainda mais relevante da ilha de São Tomé – no povoamento e na construção do Brasil continua a esperar que o estudem. No entanto, dessas feitorias insulares saiu numerosa escravaria para as praias brasileiras – uma escravaria que, com freqüência, já desembarcava ladina, ou no processo de tornar-se ladina, porque, recolhida em diferentes partes dos litorais africanos, passava algum tempo nas ilhas e ali aprendia, para comunicar-se entre si, um crioulo de fácil entendimento aos que viviam no Brasil. Os cabo-verdes figuram com insistência nas listas dos antepassados que importamos à força. Alguns teriam vindo diretamente da região logo ao sul do cabo Verde, da Goréa ou da Petite-Côte, mas o grosso transitou pelo arquipélago. Nos mesmos barcos que os traziam, vinham também os panos de algodão produzidos nos teares islenhos e que, durante muito tempo, vestiram, principalmente nos dias de festa, as escravas, as libertas e as ingênuas das cidades brasileiras.

Findo o tráfico de escravos, as ilhas de Cabo Verde continuaram a ser uma das principais escalas dos navios brasileiros que demandavam a Europa e a África. Ali paravam, tranqüila e demoradamente, para beber água, abastecer-se de víveres e até recrutar marinheiros. Veteranos ou grumetes, muitos desses cabo-verdianos desceram no Recife e em outros portos do Nordeste, em Santos e no Rio de Janeiro, e por cá ficaram para sempre, como se estivessem em casa, enquanto marujos brasileiros, desembarcados no Porto Grande, fingiam-se de esquecidos no Mindelo, sem que, num ou no outro caso, parecessem distintos, nas feições e nos costumes, da gente da terra. Com o advento da navegação aérea, ampliaram-se as funções do arquipélago como traço-de-união oceânico, uma vez que a ilha do Sal se tornaria a principal alternativa a Dacar, como parada para abastecimento de combustível e troca de tripulação nas rotas para a Europa.

Nas ilhas, sobretudo entre a véspera e o dia seguinte da Segunda Grande Guerra, escutavam-se, quase todas as noites, as estações de rádio brasileiras e se conheciam os autores do Modernismo. O romance famoso de Baltasar Lopes, *Chiquinho*, que teve leitores emocionados no Brasil, era, a seu modo, uma resposta a *Menino de engenho*, de José Lins do Rego. E muitos poemas publicados na revista cabo-verdiana *Claridade* dialogavam com os de Manuel Bandeira, Jorge de Lima e Ribeiro Couto. O *Quinze*, de Rachel de Queiroz e *Vidas secas*, de Graciliano Ramos, arranhavam a alma dos ilhéus, que nesses livros reconheciam a semelhança com a sua própria paisagem e seu próprio drama.

Já ouvi de cabo-verdianos que a pátria deles é, no meio do Atlântico, uma extensão do deserto do Saara. Há exagero na assertiva, mas não hesitaria em classificar o arquipélago como um prolongamento do Sael. Sobretudo depois dos estragos à sua vegetação que, ao longo dos séculos, fizeram os homens e as cabras que para lá foram levados. Mas, mesmo antes disso, já na primeira década do século XVI, quando Valentim Fernandes compôs seus textos, não havia água, ou esta era escassa e salobra em algumas das dez ilhas e nos ilhotes, e nas mais dotadas, como Santiago, Santo Antão e Brava – conforme anotaria 450 anos mais tarde, em seu livro de consulta indispensável, *Ilhas de Cabo Verde* (o segundo volume de *Ultramar português*), o grande Mendes Corrêa – apenas se vêem uns poucos ribeiros ou riachinhos, que ressecam, finda a curta estação das chuvas. Estas são irregulares e violentas. E anos há em que são raras ou simplesmente não caem – os anos das grandes secas. Como se não bastasse, em quase todos os janeiros e fevereiros, sopram de além-mar as ardentes lestadas – o harmatã com a poeira do Saara – e crestam o pasto e estragam as plantações. Quando chove, porém, rebenta o verde em alegria.

Os brasileiros que lá chegavam não estranhariam que assim fosse, já que boa, se não a maior parte da tripulação dos nossos navios mercantes era formada por nordestinos. Novidade para eles seria a beleza da morna, mas não o violão, a rabeca e o cavaquinho com que a tocavam. Houve, com certeza, entre o nosso continente e aquelas ilhas, influências recíprocas, que ainda estão por estudar-se, na maneira de fazer e apreciar a música. Como está por estudar-se tudo mais: o que o Brasil deve a Cabo Verde e o que Cabo Verde recebeu do Brasil. Conheço um único trabalho contemporâneo, escrito por Luiz César Vinhaes da Costa, sobre o tecer dessas relações, desde o seu começo, com muito sobre a geografia, a história e a cultura do arquipélago. Esse estudo, porém, continua inédito.

Ainda bem que está tendo outro destino o que escreveu, há quase dez anos, sobre a história recente das ilhas Leila Maria Gonçalves Leite Hernandez: este *Os filhos da terra do sol*, subintitulado *A formação do estado-nação em Cabo Verde*. Concentra-se o livro no século XX, embora nele se descreva e analise o processo histórico que trouxe as ilhas à dura realidade do presente. Escrito com carinho e paixão, nele não falta um herói, Amílcar Cabral, nem o enredo de um drama, o da posse da terra, que, embora sáfara, separou, ao longo do tempo, os poucos que a detêm daqueles a quem restou a escolha entre a servidão e o exílio. Há aqui toda uma teoria sobre como o poder se constrói a partir da escassez de terra, um exame rigoroso e percuciente das estruturas fundiárias e seu reflexo na formação de um povo. E aqui se conta a história de como esse povo formou na emigração e na pobreza as suas elites culturais, elites que deram tantos funcionários, na Metrópole e no Ultramar, ao império português – sempre me pareceu que nele os cabo-verdianos exerceram um papel de escol semelhante ao dos daomeanos no espaço dominado pelos franceses –, mas também alguns dos críticos mais agudos desse mesmo império e tantos teóricos e construtores das independências africanas.

Numa obra sobre a formação de um novo estado, a ênfase não podia ser dada senão ao grupo que dele foi fundador, o PAIGC. Daí que, no livro de Leila Hernandez, falem pouco e em voz baixa os que foram vencidos no processo histórico, como aqueles cabo-verdianos que viam de todo distintas, e até contrastantes, as realidades, no passado e no presente, na geografia e na composição humana, da Guiné-Bissau e do arquipélago, e que, em conseqüência, preferiam para este um outro destino que o da independência: o de uma autonomia semelhante à de que hoje desfrutam os Açores e a Madeira, num Portugal democrático. A maioria deles acabou por converter-se à tese independentista, porque o salazarismo lhes fechou as portas, a eles e aos outros, a qualquer tipo de diálogo. Nunca é demais relembrar que, paralelo ou, muitas vezes, a enlaçar-se aos movimentos para dar aos africanos voz na decisão de seu presente e de seu futuro, se desenrolava uma luta dos portugueses para obterem a sua própria autodeterminação. Por isso, na agenda descolonizadora africana figurava a redemocratização de Portugal; e no programa redemocratizador português, a descolonização do Ultramar.

É um exercício vão, porém sedutor, imaginar como teriam transitado para a independência as colônias portuguesas, se em Portugal vigesse um regime democrático. Talvez não tivesse sido de fluência tão fácil quanto somos supostos a pensar, e Portugal tivesse sido tentado a seguir mais o modelo da França do que o do Reino Unido. Atrevo-me, contudo, a imaginar que, caso o Estado Novo português se tivesse findado no início da segunda metade do século XX, o livre debate sobre o destino do império, tanto na Metrópole quanto nas então chamadas províncias ultramarinas, teria impedido as longas e cruentas guerras que lhes foram impostas pela miopia, a arrogância e a obstinação.

Ser seqüestrado pelo que poderia ter sido é um dos perigos que corre quem escreve sobre a história de seu próprio tempo. Leila Hernandez não hesitou em enfrentar este e outros riscos – e lhe somos gratos por isso. Não basta, no entanto, que recebamos este livro com um muito obrigado. Ele merece de nós o elogio da releitura atenta e afetuosa.

Alberto da Costa e Silva

NOTA DO EDITOR

Optamos por manter a grafia e a sintaxe originais nas seguintes circunstâncias: nos textos escritos por autores portugueses e nas citações, ainda que contemporâneas, em que a grafia lusitana é diferente da brasileira.

As Ilhas

Meus olhos vêm baixando do
horizonte por sobre o mar,
Até encontrar meus pés na areia
encascalhada... as pedras
Por detrás, os morros encrispados,
as ilhas.
Filhas de Deus, também, mas
deserdadas.
As ilhas e sua gente.
Sem heranças materiais, mas
bem-dotadas
De uma alma gigante, para além das
fronteiras do mar.
Deixei de sentir as ilhas como um
espaço
Onde as coisas estão por fazer
(e nem eu ajudei a fazer o pouco).
Quero senti-las como nichos de
cada um e de muitos
Que renascem e se eternizam a cada
geração.
Que se constroem na faina de
cada dia
E se engrandecem na esperança
de chuva
Renovando a alma.
Quero sentir as ilhas no olhar
do miúdo travesso
Que espia como quem interroga,
questiona.
No olhar do velho vivido que
ensina vida
Sem precisar falar.
Quero sentir as ilhas nos caminhos
Que levam a outras praias,
nos montes
Que emolduram as casas
penduradas.
Quero sentir as ilhas não no calor
do dia
Que o vento afasta, mas no calor
das gentes
Ao passar por perto, nos sons,
Nos movimentos, nos requebrados.
Quero sentir as ilhas como quem
fica sentado
Com o pensamento voltado lá
pra trás.
E os olhos pregados lá na frente.
Quero sentir as ilhas como
pedacinhos
Da alma de Cristo compondo
o universo,
Coladas no Atlântico.

Adão Hernandez Filho

Introdução

Entre a formulação de questões instigantes e o desejo de respondê-las, entre dúvidas e a busca de algumas pequenas certezas, o desafio de elaboração do trabalho intelectual se renova. A cada passo se estendem diante de nós múltiplas dificuldades, desde o tema da investigação e dos problemas selecionados para sua discussão até a definição do material de maior pertinência para pesquisa e as muitas dificuldades inerentes à coleta de dados, passando, como é sabido, pelos dilemas teóricos e metodológicos colocados para sua organização, análise e interpretação. No caso específico deste trabalho, soma-se um outro obstáculo, qual seja, o difícil acesso a seu objeto de estudo, a República de Cabo Verde, um conjunto de dez ilhas e alguns ilhéus, na costa ocidental do continente africano.

Mas os desafios ficam, por certo, aquém do irrecusável convite para entender o caráter específico da colonização portuguesa no arquipélago de Cabo Verde, articulado desde fins do século XV aos negreiros, interferindo diretamente no comércio transaariano de escravos, deslocando-o para o Atlântico. Compreender também Cabo Verde como parte do sistema atlântico da política ultramarina portuguesa, constituído pelos africanos feitos instrumentos de trabalho, pelo engenho e pela cana-de-açúcar.

Isso implica no seu aspecto histórico, substantivo, reter as características responsáveis pela constituição da sociedade cabo-verdiana iniciada em torno da cidade de Ribeira Grande, na ilha de Santiago, centro administrativo, militar e missionário da costa ocidental africana.

Implica também apreender as condições históricas por meio das quais se formou o processo de contestação do colonialismo e a emergência do movimento emancipatório que liderou a transição para uma nova ordem política.

O processo de reconstrução histórica levou-nos a contínuas referências ao *fato histórico*, embora sem a "submissão pura e simples a esses fatos, como se não tivessem sido escolhidos, em todos os sentidos da palavra escolhidos".[1] Até porque os fatos que dizem respeito ao continente africano costumam ser apresentados como meros apêndices da História concebida sob a ótica elitista do conhecimento eurocêntrico. Por esse motivo, deve-se ressaltar que a escolha dos fatos para esta pesquisa faz parte da ambiciosa proposta de recuperar os principais traços do processo histórico de constituição e desenvolvimento da sociedade cabo-verdiana de acordo com seus principais atores, os cabo-verdianos.

Tal estudo concentrou-se em alguns temas que se apresentaram de modo constante em um processo social extenso que abrangeu os colonialismos dos séculos XV e XIX, na África, bem como as formas que culminaram com o movimento de independência e a constituição do Estado nacional.

Vale sublinhar que há uma tensão contínua entre os temas, tratados como prevalecentes sobre possíveis balizas cronológicas, conferindo ao texto certa falta de simetria, ficando a dever em elegância em sua forma de apresentação.

Se, entretanto, variam os temas abordados destacando-se entre outros o das migrações, o dos "estudantes peregrinos", emfim, o da diáspora, uma preocupação os unifica: a tentativa de compreender o processo de formação da consciência nacional marcando o momento pelo qual no contraste com a cultura ocidental afirma-se uma cultura, um povo, que não existe como nação, mas certamente existe como identidade cultural. Assim, ganha destaque o tema concernente às condições para o surgimento das elites políticas e intelectuais (autodenominadas "vanguardas") e a práxis por meio da qual não só lideraram os movimentos de independência como comandaram a formação e integraram os primeiros governos do Estado nacional cabo-verdiano.

O Capítulo 1 refere-se, assim, aos processos de constituição e desagregação da sociedade escravocrata, constando da nossa escritura como são definidas a propriedade da terra e a mercantilização da economia, com destaque para a importância do trato negreiro e para a inserção do negro como mão-de-obra escrava.

Mas, sobretudo, voltamo-nos para a situação social do negro enquanto participante de uma prática social em uma sociedade cuja estrutura verticalizada funda-se na desigualdade, evidenciada nas relações de mando e submissão, de favor e clientela, de superioridade e inferioridade.

Sugerimos, deste modo, a existência do espaço político lembrando, no Capítulo 2, que nele se interpenetram vários processos dinâmicos, como o da miscigenação, da educação formal e da emigração incorporados aos interesses divergentes contidos nas relações de dominação, impregnadas de favoritismo, manipulação e troca de benefícios. Enfatizamos ainda o papel dos estudantes e dos intelectuais na elaboração das primeiras idéias em torno das reformas sociais e políticas e, mais tarde, na segunda metade do século, na discussão sobre a própria luta de libertação nacional. Assim, no Capítulo 3, apontamos o processo lento, muitas vezes descontínuo, mas cumulativo, no qual se forma a consciência negadora do colonialismo. Sob esse aspecto, identificamos os movimentos político-ideológicos anteriores à organização das lutas de libertação nacional, ressaltando os mecanismos da realidade social por meio dos quais as diversas correntes de pensamento operam. Historicamente, significa mostrar como as idéias produzidas nas metrópoles européias são readaptadas localmente de acordo com a realidade cabo-verdiana e expressas na prática política.

O destaque maior é atribuído ao processo de desenvolvimento da consciência nacional e ao nacionalismo, fundamentais para os movimentos de libertação. Vale salientar a participação de intelectuais e estudantes no movimento pan-africano, nos congressos internacionais e na Casa dos Estudantes do Império, enquanto centros de formação de idéias contestatórias do colonialismo e na concepção e no desenvolvimento de uma estratégia política que estabelece ações convergentes em torno de interesses comuns, como forma de impedir que a consecução do principal objetivo, a independência, dissolva-se em protestos isolados.

Mas, sem dúvida, cabe, em particular aos movimentos de libertação, a prática política capaz de remover as injustiças da velha ordem social. Por isso, a proposta do Capítulo 4 é entender as diferenças e as identidades dos processos de constituição dos movimentos de independência liderados pelo PAIGC na Guiné e em Cabo Verde e seus desdobramentos na sociedade e no Estado, aí incluído o momento de desencanto que faz parte do Epílogo, transitório, com a vida dos filhos da terra do sol.

Nota e Referência

(1) Lucien Febvre. "Contra a história historizante"(1947). In Carlos Guilherme Mota (org.), FEBVRE. São Paulo, Ática, 1978.

Capítulo 1

Raízes

A natureza da socialização e da opressão

A Gênese da Opressão

Em 1460, o arquipélago de Cabo Verde entra para a história ocidental, passando a fazer parte das conexões de oposição inerentes às transformações econômicas, sociais e político-culturais anunciadas com o início dos tempos modernos. Destas, a consolidação dos Estados soberanos, condição do expansionismo por um lado, e a submissão assegurada pela violência, por outro, configuram o colonialismo, passível de ser considerado, numa primeira proposição, como parte do processo de acumulação e expansão do capitalismo mercantil, desde a segunda metade do século XV. E, embora apresente variações na forma segundo espaço e tempo diversos, o sistema colonial da época mercantilista assenta-se no exercício, não necessariamente concomitante, de exploração econômica e dominação política por parte de Estados europeus centralizados, como é o caso do português. Daí certo grau de homogeneidade apresentado quanto ao modo de organização econômica, incluídos o monopólio real, o tráfico negreiro e a divisão social do trabalho.

Gerado sobretudo na circulação de mercadorias, o capital comercial caracteriza a economia de Estados que competem cada vez mais entre si pela partilha do mundo colonial, o que ocorre em seguida ao Congresso de Berlim (1884-1885). Ao longo dessa disputa, o processo de exploração amplia-se, torna-se complexo e articula-se a uma série de instrumentos de dominação, passando a abranger não só a circulação como a própria produção de mercadorias.[1] E, uma vez mais, a vida econômica das colônias é organizada com base nos interesses das metrópoles que determinam a quantidade e o ritmo da produção assentada, principalmente, no fornecimento de produtos tropicais, metais preciosos e escravos. Em outros termos: a produção das colônias é regida não só pela demanda interna como pela possibilidade de a Metrópole colocar os produtos em outros paises europeus. Por sua vez, as colônias, em geral, constituem mercados consumidores de imensa variedade de produtos.

Regulamentam essa grande relação econômica algumas medidas de caráter político, traduzidas em várias normas legais que entram em vigor a partir de novembro de 1571, quando o rei D. Sebastião decreta a proibição de frete ou carregamento de mercadorias para as colônias portuguesas em navios estrangeiros, e culminam em 1605, quando D. Felipe II veda qualquer transação efetuada por essas embarcações no Brasil, na Índia, na Guiné e ilhas, excetuando-se Madeira e Açores. Nesse período também são criadas as Companhias de Comércio, grandes sociedades de ações apoiadas pelo Estado que contam, além de outros direitos régios, com o monopólio comercial e com a isenção de impostos.

Também integra o conjunto de estratégias de rentabilização econômica o trato negreiro, por intermédio do qual se estabelece uma relação de complementaridade entre as colônias africanas, verdadeiros reservatórios de mão-de-obra escrava, e a grande propriedade no Brasil.

Em síntese, pode-se considerar que o colonialismo português está assentado, em especial a partir da segunda metade do século XIX, no controle da produção e do comércio, e na exploração de um regime de trabalho compulsório, escravo ou não. Os instrumentos decisivamente eficientes para preservá-lo e imprimir-lhe um dinamismo próprio dizem respeito, sobretudo, às instituições políticas e culturais. As primeiras, voltadas para disciplinar as relações sociais, incluem os aparelhos legislativo, jurídico e administrativo, instituídos e regulamentados segundo extensa legislação ultramarina nitidamente dominada por uma preocupação fiscal.

As segundas dizem respeito de modo particular à Igreja Católica, a principal difusora das tradições e dos valores da matriz moral, intelectual e espiritual da chamada *civilização ocidental*.[2] Além disso, ela é o parceiro privilegiado do poder político da Metrópole portuguesa, cabendo-lhe por meio da bula *Romanus Pontifex*, de 1454, o direito de excomunhão nos casos de não-cumprimento do monopólio ultramarino, furto e sonegação, além de afastar os cristãos-novos das colônias prendendo-os e entregando-os ao Santo Ofício. Por sua vez, outras bulas papais editadas entre 1455 e 1481 tornam imunes à excomunhão os portugueses capazes de obter escravos e ouro dos muçulmanos. Assim a Igreja, em nome da fé, é o instrumento legítimo de punição e absolvição em questões de interesse político-econômico do Estado. Nesse sentido, poder político e espiritual articulam-se, tornando-se, não poucas vezes, intercambiáveis.[3]

São essas as determinações comuns com as quais se estruturam as colônias. No entanto, é apenas no âmbito de suas relações com as particularidades, numa totalidade concreta, que se possibilita apreender as especificidades inerentes aos processos histórico-sociais de cada uma delas. Assim, o esforço de fazer uma análise concreta de Cabo Verde exige que as referências empíricas digam respeito ao referido arquipélago, com seus 403.300 hectares, situado no oceano Atlântico, a 455 quilômetros da costa africana constituído por dez ilhas e alguns ilhéus, agrupados em dois conjuntos: o de Barlavento, ao norte (formado pelas ilhas de Santo Antão, São Vicente, Santa Luzia, São Nicolau, Sal e Boa Vista, e os ilhéus Branco e Raso), e o de Sotavento, ao sul (composto pelas ilhas Brava, Fogo, Santiago e Maio e os ilhéus Secos).

As Raízes da Hegemonia de Santiago

Em 1460, Antonio de Noli chega ao grupo formado pelas ilhas orientais e meridionais do arquipélago e, dois anos depois, são encontradas desabitadas, por D. Fernando, as ilhas de Santo Antão, São Vicente, Santa Luzia e São Nicolau. Pela Carta Régia de 3 de dezembro de 1466, D. Afonso faz ao infante D. Fernando uma doação perpétua e irrevogável das ilhas de Santiago, Fogo, Sal, Boa Vista e Maio.

Devido à sua posição geográfica como ponto nodal de navegação do Atlântico, as ilhas são importantes não só para que Portugal possa dar continuidade aos descobrimentos mais ao sul e assegurar o comércio na costa africana, como para suas expedições às Índias Ocidentais e América. Por isso, já em 1462, tem início o lento e difícil povoamento de Cabo Verde, mediante o efetivo processo de ocupação portuguesa, o que ocorre na ilha de Santiago. O marco é sua divisão em duas capitanias: uma ao sul, com sede na Ribeira Grande, doada a Antônio de Noli, e outra ao norte, em Alcatrazes, entregue a Diogo Gomes.

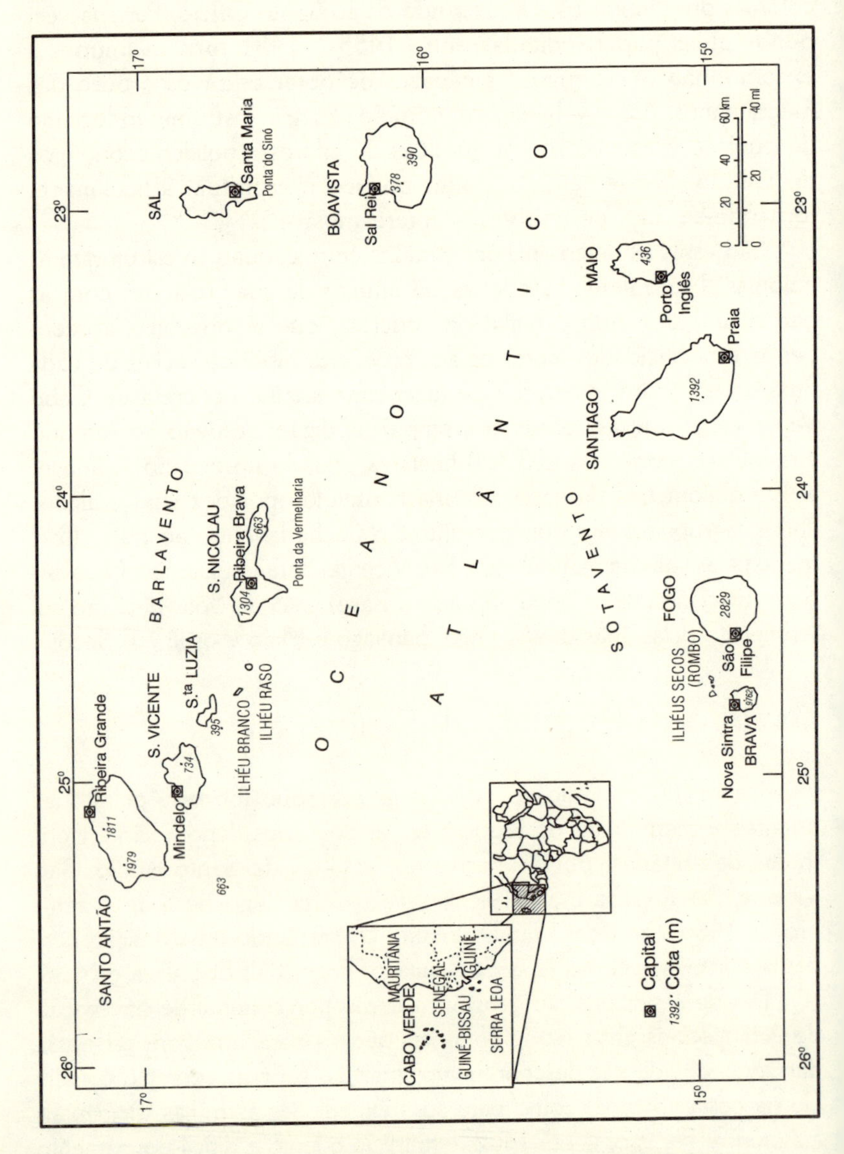

Figura 1 – Localização geográfica das ilhas de Cabo Verde.

Sabe-se que, a princípio, é muito reduzido o número de europeus, como portugueses, castelhanos e genoveses, entre outros. Mesmo transcorrido meio século, isto é, por volta de 1510, os relatos apontam a existência de uma população pequena em Santiago e menor ainda no Fogo, que começa a ser habitada só no final do século XV. Por sua vez, as ilhas de Santo Antão, São Vicente, Santa Luzia, Sal, Boa Vista, Maio e Brava continuam despovoadas.[4]

Para se instalarem e cultivarem as terras recebidas da Coroa, os homens brancos, nobres e plebeus, alguns deles degredados por razões políticas, religiosas e até por crimes comuns, reivindicam ampla autonomia e liberdade para resgatar negros da costa e dos rios da Guiné, sendo alguns deles vendidos para áreas como as Antilhas, as Canárias e algumas cidades européias, como Sevilha e Cadiz, entre outras. Em especial, entre 1462 e 1647, Santiago constitui predominantemente um entreposto, cuja atividade mais rentável é o comércio de escravos.

Figura 2 – O tráfico de escravos, principal atividade econômica dos moradores da ilha de Santiago.

Este é um período em que a dominação política da Coroa portuguesa prevalece sobre a exploração econômica, sobretudo porque seu interesse primordial é assegurar o povoamento das ilhas, em particular de Santiago, sem que isso se traduza num investimento caro para seus cofres. Assim, com o objetivo de minimizar as dificuldades da empreitada e, por conseqüência, atrair moradores, é outorgada, em 1466, a "Carta de Privilégios aos Moradores de Santiago".[5] Com ela, configura-se a esfera do poder político com a concessão aos donatários do pleno exercício da jurisdição cível e criminal, prerrogativa de conceder o direito de posse e uso de terras, além da regalia de receber o dízimo das produções agrícolas. Os moradores de Santiago ainda têm o privilégio de *tratar e resgatar* escravos nas costas da Guiné como um todo, exceção feita a Arguim, podendo levar as mercadorias que quisessem, excluindo navios e suas munições, armas e ferramentas.

Figura 3 – Habitantes provenientes da Guiné que passavam por Santiago com destino a outras partes do mundo.

Ainda com o intuito de diminuir as dificuldades de povoamento, a Coroa procura fomentar o fluxo comercial, fazendo da ilha uma zona franca. Em seguida, determina que todos os armadores que transportam escravos e outras mercadorias da costa africana à Europa e às Américas aportem na ilha de Santiago para efetuar o pagamento de tributos e dízimos à Fazenda Real.

É importante notar que todos esses princípios são essenciais para o estabelecimento das estruturas a partir das quais irá desenvolver-se o sistema de dominação nas ilhas. Eles estabelecem o primeiro regime de posse da terra, atribuindo ao reduzido número de donatários poderes para explorá-la e para conceder a outrem o direito de sua posse ou usufruto. Criam as primeiras condições legais para a instituição do tráfico negreiro, principal fonte de receita do arquipélago, e ainda propiciam mão-de-obra escrava para a ilha.

São essas as condições indispensáveis para constituir uma organização social estruturada basicamente em uma sociedade escravocrata. Nela, por longo tempo, há reduzido grupo de senhores, nas mãos dos quais não só está concentrada a posse de grandes propriedades de terra como o controle dos setores de navegação, indústria artesanal e comércio, e a grande maioria, sobretudo de escravos, trabalhando fundamentalmente na produção de gêneros para o abastecimento de navios e de bens utilizados na compra de negros nas costas da Guiné.

Em síntese, a partir de 1466 observa-se que a ilha de Santiago, mais particularmente a capitania da Vila de Ribeira Grande, apresenta um pequeno crescimento que se intensifica com o aumento do tráfico de escravos para as Índias Ocidentais e, mais tarde, para a América. No entanto, surgem algumas dificuldades, em especial após o contrato de arrendamento dos tratos e resgates da Guiné, efetuado em 1468. Por intermédio dele a Coroa confia por cinco anos a Fernão Gomes, "cidadão honrado de Lisboa" que possui dinheiro e outros meios materiais, o *direito* de realizar o escambo e o resgate de escravos e, em contrapartida, o *encargo de* "(...) descobrir pela costa em diante cem léguas: de maneira que ao cabo de seu arrendamento, desse quinhentas léguas descobertas (...)".[6]

No entanto, os moradores de Santiago desrespeitam o contrato de arrendamento, efetuando o escambo e o resgate de escravos na área concedida a Fernão Gomes, o que dá origem a inúmeros embates. A Coroa intervém e não só coíbe os abusos como limita os privilégios dos moradores mediante a Carta de 1472. Pela referida carta mantém-se a área para o trato e resgate de escravos, desde que os navios pertençam somente aos moradores da ilha, aos quais é concedida a aquisição de escravos apenas para seus próprios serviços. Com essa limitação da autonomia político-econômica, a Coroa pretende exercer o controle dos moradores de Santiago, uma vez que a ilha é um entreposto de escravos e, portanto, um elemento que por sua função comercial é da maior importância para o processo de acumulação primitiva do capitalismo na sua fase mercantil.

Isso resulta no aumento das transgressões e no crescimento do número de lançados ou tangomaos, isto é, comerciantes, em sua maioria homens brancos, moradores de Santiago e do Fogo, que, ao lado de reinóis agem sem licença régia, tanto na compra de escravos como na permuta de produtos ao longo da costa até Serra Leoa, ampliando sobremaneira a circulação de mercadorias euro-asiáticas.[7] Com isso, Santiago mantém um pequeno, mas constante crescimento, tanto de suas atividades econômicas quanto de sua própria população. Assim, nas primeiras décadas do povoamento em Cabo Verde, a história do arquipélago confunde-se com a de Santiago.

Convém assinalar que Santiago concretiza sua posição hegemônica quanto às demais ilhas pelo papel que desempenha, definido com base nas regras da economia colonial. Com a regulamentação dos fatores, como distribuição da terra e das relações do trabalho, e com a inclinação para o comércio de escravos e para as atividades agroexportadoras, constitui o núcleo catalisador de todas as atividades econômicas. Além disso, Santiago torna-se o centro político-administrativo de Cabo Verde, visto que é sobretudo nessa ilha que são criadas as condições de exercício da ação do Estado português.

Acerca do Povoamento das Ilhas

É preciso registrar com clareza, dadas a insularidade e a conseqüente dispersão geográfica, que são reconhecidas as distinções que marcam o desenvolvimento de Santiago em relação às demais ilhas, as quais, povoadas mais tardiamente e em momentos diferentes, apresentam peculiaridades quanto à forma de ocupação da terra – aí incluindo-se a propriedade da terra, as relações de trabalho e as atividades econômicas – e à própria composição social de cada uma delas. Contudo, cumpre reconhecer que as ilhas também possuem um conjunto de relações comuns que as une; são relações de complementaridade e, por vezes, de reciprocidade, o que lhes permite ser identificadas como partes articuladas de um complexo único de análise.[8] É o que ocorre de forma nítida e significativa entre as ilhas de Santiago e do Fogo.

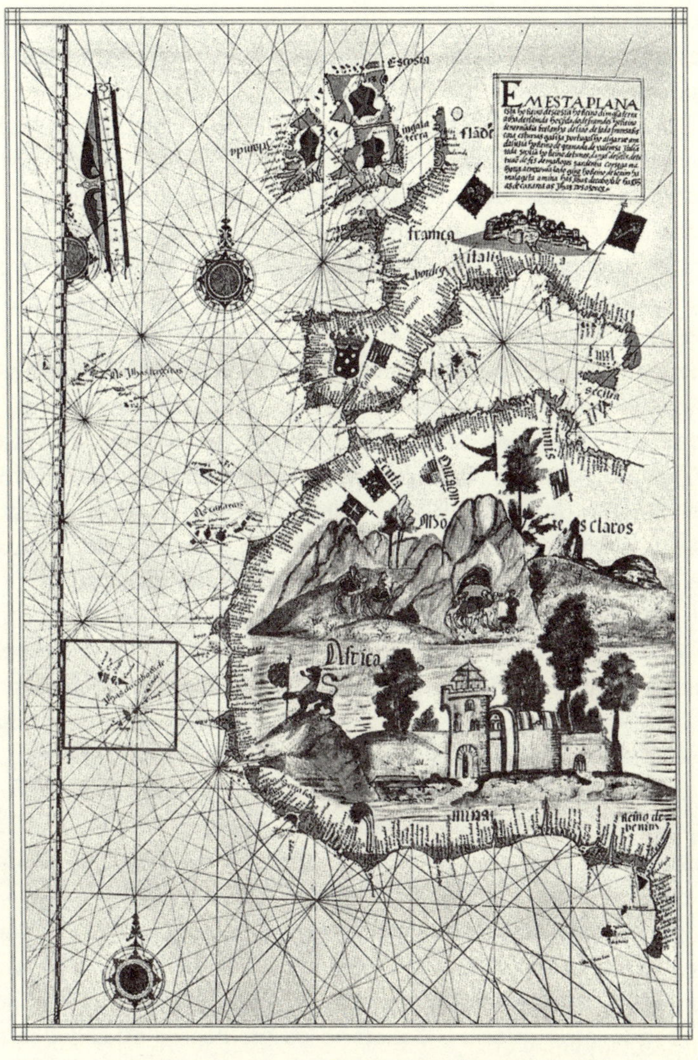

Figura 4 – Mapa da Costa ocidental da África com as ilhas de Cabo Verde (no destaque).

A ilha de São Filipe, depois chamada do Fogo, tem como marco do início de seu povoamento o ano de 1503, quando são arrendados os direitos de posse da terra, o que ocorre ao mesmo tempo em Santiago. Em 1528, a ilha é doada em regime de donataria ao conde de Panela e, mais tarde, dividida em morgadios rurais entregues a habitantes de Santiago, em sua maioria procedentes do Algarve, que se apropriam das terras de regadio, sequeiro e pastagens. Trabalham nessas terras, exclusiva ou predominantemente, escravos negros, que compõem a maior parte da população.

Observa-se que a ilha do Fogo, até fins do século XVII, apresenta um processo de crescimento similar em termos socioeconômicos ao de Santiago, da qual depende administrativamente. No Fogo são produzidos alguns gêneros de subsistência, ao lado do plantio da purgueira e do cultivo do algodão, e pratica-se a agropecuária intensiva de cavalos, cabras, vacas e ovelhas", da qual resulta a produção de couro e sebo.[9] Cabe ressaltar que tais produtos fazem parte de uma permanente e contínua comercialização externa não só com as sociedades africanas localizadas entre o rio Senegal e Serra Leoa, de onde se obtém mão-de-obra escrava, como com o Reino de Castela e as ilhas do Atlântico. Esse processo constitui uma significativa fonte de acumulação de capital. Não é outra a razão do controle do Estado português sobre esse comércio, em particular o do algodão, exclusivo do rei, mediante os aparelhos judiciais, tributários e militares.

É preciso sublinhar que a rota interinsular Santiago–Fogo–Santiago existia, portanto, como parte integrante de outro movimento comercial mais lato, o circuito africano, Santiago–Costa da Guiné–Santiago. Com efeito, só depois de o algodão do Fogo chegar a Santiago é que era possível abastecer os navios régios que iam resgatar para os Rios, e só se podiam enviar escravos e milho para o Fogo, após estes serem desembarcados em Santiago, vindos do litoral guineense. Ou seja, cada um destes circuitos era, em certa medida, "alimentado" pelo outro.[10]

Bem diversas são as condições de povoamento e crescimento econômico das demais ilhas. Brava é doada por Carta Régia de outubro de 1545 com as ilhas do Sal, Santa Luzia e os ilhéus Rombo e Raso, sendo atribuídos ao donatário os privilégios outorgados aos "capitães de Santiago, com excepção das formas de liquidação dos dízimos".[11] Até meados do século XVIII essa ilha é habitada por negros libertos do Fogo e de Santiago, tendo início seu crescimento em 1680, quando alguns proprietários do Fogo, por terem suas fazendas destruídas por um terremoto, lá se estabelecem. Sua população, "a mais branca do Arquipélago", é formada em sua maioria por brancos nascidos no continente europeu e na ilha da Madeira. Nesta predomina a pequena propriedade, bastante pulverizada, onde se plantam principalmente o algodão, o milho e a purgueira e cria-se gado, em particular, bovino e suíno.

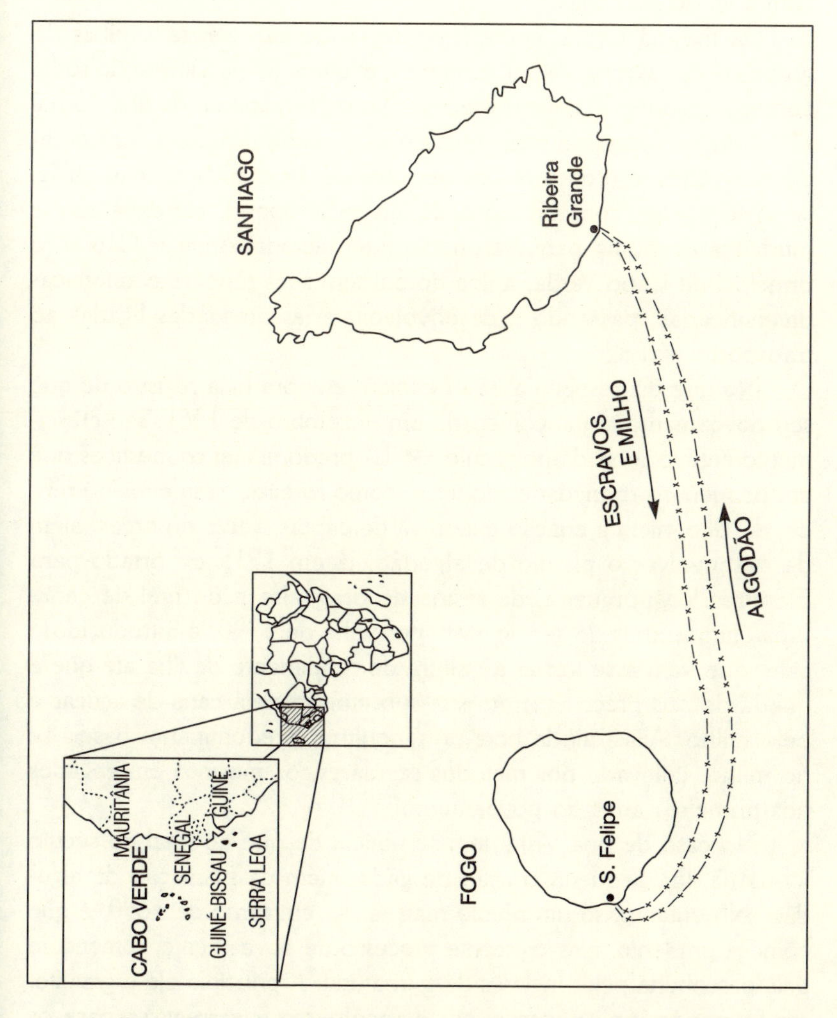

Figura 5 – Santiago–Fogo–Santiago: circuito comercial insular.

Também a ilha de Maio é ocupada na última década do século XVI por poucos pastores e caçadores, também responsáveis pela criação de gado para lá levado e pelo plantio de algodão; no entanto, seu processo efetivo de povoamento só começa no final do século XVIII com a exploração do sal, tornando-se principal produtor de Cabo Verde por muitos anos. Nessa ilha, os homens livres do arquipélogo, os auto-alforriados e os libertos por lei, obtêm pequenas propriedades de terra como foreiros por um sistema de concessões, de acordo com a lei de sesmarias.

Da mesma forma, o crescimento tardio caracteriza as ilhas do grupo de Barlavento. Assim, embora a exploração do cloreto de sódio comece nos últimos anos do século XVI, o crescimento da ilha do Sal só ocorre um século depois, quando esse produto passa a ser utilizado nos vários territórios recém-descobertos. Mas só bem mais tarde, já no século XX, com a reforma do antigo aeroporto, sua expansão, e mudança de nome para Aeroporto Internacional Amílcar Cabral, o principal de Cabo Verde, a ilha do Sal tem suas funções econômicas diversificadas, passando a desenvolver várias atividades ligadas ao transporte aéreo.[12]

No que diz respeito a São Nicolau, embora haja registro de que seu povoamento tenha começado em dezembro de 1461, seu crescimento efetivo só se dá no século XX. Lá predominam os mestiços que em pequenas propriedades de terra, como foreiros, sesmeiros ou rendeiros, dão início à criação extensiva de cabras, vacas e porcos, além de desenvolver o plantio do algodão, já em 1515 exportado para Flandres, da purgueira, da resina de dragoeiro e do mel de cana. Nos últimos anos do século XVIII, por volta de 1790, é introduzido o café, que vem a se tornar a cultura de rendimento da ilha até que a queda do seu preço acarrete sua substituição pela cana-de-açúcar e pelo milho. Aliás, ainda hoje, a agricultura predominante baseia-se no milho, cultivado por métodos seculares, os mesmos empregados nos primeiros anos do povoamento.[13]

No caso de Boa Vista, tem-se notícia de que no final do século XV há na ilha pequena criação de gado, além da plantação de algodão. No entanto, só um século mais tarde, em torno de 1650, é que começa um lento, mas crescente processo de povoamento, fomentado pela descoberta pelos ingleses de sal natural. A princípio ele é gratuito, sendo necessário apenas quem o recolhesse e carregasse para os navios, e só a partir de 1732 passam a existir formalidades aduaneiras para a exportação do produto. Assim, as vantagens para a população reduzem-se à possibilidade de venda de carne salgada e seca e mesmo de água potável a preços relativamente altos.

No século XVII, Boa Vista passa a exportar pequena quantidade de algodão e tintas extraídas da urzela para a indústria têxtil inglesa. É preciso frisar que ainda na primeira metade do século XIX é grande o comércio de sal com o Brasil, sendo este um considerável fator para que Boa Vista se torne a ilha economicamente mais importante do arquipélago. Por sua vez, a partir de meados do século XIX até um século depois, a cal, a purgueira e as louças de barro passam a ser produtos responsáveis pelo crescimento da ilha. Mas apenas por volta de 1950 a pesca começa a ser expressiva para sua vida econômica, contando inclusive com a instalação da fábrica de conserva de peixes.[14]

São muitos os brancos em Boa Vista, originários da Inglaterra, de Portugal, da Itália, de Castilha, da França e de Flandres; todavia, a escravatura está significativamente presente, tanto que ainda no século XIX é lá que se concentra o maior número de escravos de Cabo Verde.

No que se refere a São Vicente, parece que é descoberta antes de 1465, mas só em 1781 há uma primeira ordem em favor de seu povoamento, aliás sem êxito. Assim, em 1795, por concessão régia, João Carlos da Fonseca, abastado proprietário do Fogo, dirige-se com escravos a São Vicente para iniciar seu efetivo povoamento. Mas os números dos quais se tem conhecimento mostram um crescimento populacional bastante pequeno, registrando-se em 1844 cerca de apenas quatrocentos habitantes na ilha.[15]

Pela exigüidade de suas terras cultiváveis, como pelas próprias condições climáticas adversas marcadas pelas chuvas irregulares e ventos muito fortes, São Vicente não tem na agropecuária sua principal atividade econômica. Nos poucos terrenos de regadio o que se planta abastece apenas pequena parte do mercado interno. Os demais produtos, como a aguardente, o milho e o feijão, são importados das outras ilhas do arquipélago e há ainda os que são adquiridos fora da província, como fazendas, bebidas e gêneros de mercearia.

Assim, até por volta de 1852 a ilha de São Vicente é marcada pela precariedade, quando ocorre seu desligamento administrativo da ilha de Santo Antão, formando um concelho independente. Nos anos subseqüentes, torna-se depósito de carvão de pedra, contando, a princípio, com a atuação da casa inglesa Visger & Miller, mais tarde Millers & Nephew, além das companhias Royal Mail e Patent Fuel. Ao mesmo tempo, suas atividades passam a se concentrar cada vez mais em torno do comércio e da navegação, efetuados por seu porto principal, o Porto Grande de Mindelo, de excelente posição geográfica. Dessa forma, desenvolve-se o comércio, favorecendo um significativo crescimento populacional.

Por fim, quanto a Santo Antão, no final do século XVII e início do XVIII, após a morte dos primeiros donatários, a terra é dividida entre diversas famílias, segundo concessão de direito de uso e fruição, condicionada a seu aproveitamento num prazo preestabelecido e mediante pagamento de uma taxa anual. São beneficiados os habitantes mais pobres do arquipélago e os ex-escravos.

Nessa ilha, cujas terras de regadio têm a maior área em relação ao total da superfície agrícola útil, predomina a monocultura para exportação concentrada no café, na cana, na banana e no algodão.

Em meados do século XIX, Santo Antão recebe imigrantes judeus de origem portuguesa e francesa, em sua maioria mercadores que emigram por motivos de ordem política ou religiosa. Alguns deles adquirem terras, inclusive mediante fraude e violência física, fazendo dos pequenos proprietários meros trabalhadores rurais, na maior parte das vezes parceiros. Aos poucos se tornam donos de grandes extensões de terra, sobretudo a nordeste das ilhas, onde investem no trabalho para a condução das águas nas encostas por vários quilômetros de extensão.

Nessa ilha em que a escravidão é pouco expressiva, há um contingente de trabalhadores rurais caracterizado tanto por sua constituição heterogênea como por sua dependência dos *senhores de terra* e pela precariedade de suas condições de sobrevivência.[16]

Tão conciso quanto possível, este resumo mostra que, apesar de consideráveis variações, as ilhas têm o mesmo papel histórico no âmbito do sistema colonial. E a idéia principal ligada a esse sistema refere-se diretamente à política mercantilista e apresenta-se com clareza: a atividade da colônia é circunscrita aos interesses da Metrópole, de início limitados à circulação de mercadorias e, com a colonização, voltados também para o controle da produção, resultando na acumulação de capital comercial. Isso explica o fato de cada uma das ilhas ter atividades econômicas predominantemente agrícolas ou agropastoris com produtos para exportação, como açúcar, algodão, urzéia e purgueira, e uma pequena produção para consumo interno, em especial de milho, feijão, mandioca e batata-doce. A comercialização desses produtos, aí incluídos os extrativos como o sal, é diretamente controlada pela Coroa ou por comerciantes que adquirem esse direito mediante a compra de concessões.

Completa essa política a preocupação fiscal, sempre presente, mesmo que nem sempre possível de se tornar efetiva, pela ineficácia dos métodos de tributação e cobrança. A ela se integra o *exclusivo colonial*, que se define e é exercido de fato, após 1580, com o monopólio do comércio, com base no qual é instituída uma série de mecanismos para efetuar a transferência da parte majoritária da renda obtida nas colônias para a economia portuguesa. A pequena parte que fica nas colônias, gerada pelas exportações, é consumida pelas importações.

Por sua vez, a propriedade de terras encontra-se, tanto na teoria como em grande parte na prática, definida com base nas ordens da Coroa. O sistema geral é o da concessão de terras com extensão variada, mas, de todo modo, a forma pela qual é distribuída tem como traço comum a desigualdade, seja ditada por sua dimensão ou pela própria qualidade das terras, se de sequeiro ou de regadio.

Mas é particularmente a organização da mão-de-obra que define o caráter da propriedade e, nas ilhas, quer escravocrata, quer apresentando características servis, o traço é a exploração, a violência e a arbitrariedade. Por conseqüência, são precárias as condições de subsistência de todos os trabalhadores e quase sempre o que os distingue é o maior ou menor grau de miséria e degradação pessoal. São essas as circunstâncias que presidem a formação dos vários grupos sociais, diante das quais não permanecerão indiferentes. É importante sublinhar:

> Em todo o desenvolvimento deste processo de formação *de classes* teve influência decisiva o modo como foram distribuídas as *terras* e se constituíram as grandes fazendas, virtualmente em Santiago e no Fogo. Nestas duas ilhas as melhores terras e as de maiores superfícies tinham sido distribuídas aos reinóis e a estrangeiros feitos Morgados por cartas régias; ao passo que em Barlavento (sobretudo após a reversão à Coroa, por morte dos donatários, das de Santo Antão e São Nicolau, mas em especial pela aplicação das Provisões régias dos começos do século XVIII, reguladoras da vida administrativa do arquipélago) se seguiu o sistema de concessões

> segundo a lei de sesmarias, dando-se a cada agregado familiar uma parcela para a satisfação das suas necessidades e por forma a garantir a sua fixação. Era o próprio condicionalismo resultante da escassez de terras aráveis que gerava a situação.[17]

Esse conjunto de elementos configura um processo social extenso, por meio do qual Santiago se define como o principal eixo econômico e centro político-administrativo e cultural hegemônico, além do espaço de maior concentração populacional de Cabo Verde.

Em síntese: dar conta de todas as diferenças no quadro das muitas semelhanças existentes requer um exame histórico detalhado de cada uma das ilhas, o que ultrapassa o objetivo deste trabalho. Assim, exceto para os aspectos que dado seu caráter permitam uma generalização, as comparações entre as ilhas limitam-se a referências tópicas. No essencial, serão marcadas as características da ilha de Santiago, aparecendo as referências às demais ilhas como contraponto, cuja função será esclarecer os aspectos colocados em discussão.

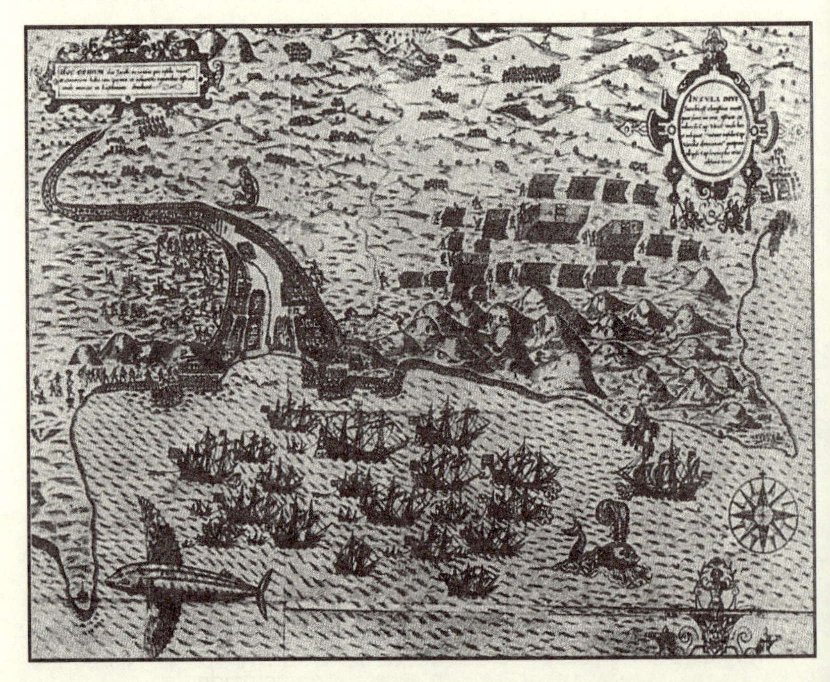

Figura 6 – Primeira representação da cidade de Ribeira Grande, na ilha de Santiago.

Do sistema escravocrata: A propriedade da terra, a mercantilização da economia e a organização do trabalho

A Propriedade da Terra e a Mercantilização da Economia

Vale a pena repetir que, embora as circunstâncias possam variar ao longo do tempo ou mesmo se diversificar em determinado momento, ainda assim não se pode esquecer que Cabo Verde surge nos tempos modernos como área colonial sob o domínio português. Isso significa que seu espaço econômico é definido por sua relação com o mercado internacional, conforme a racionalidade imposta pela expansão do capital, as necessidades de acumulação em nível mundial e a divisão internacional do trabalho. E é nesse sentido que desde os primeiros momentos de constituição o colonialismo apresenta sua principal marca: a forma pela qual é distribuída a terra nos territórios conquistados.

Assim como em outras partes do império ultramarino português, poucos anos após ser doada a D. Fernando, Santiago é dividida em duas capitanias. Como a Casa Real financia as expedições, o rei conserva para si a propriedade jurídica da terra. Aos donatários cabem todas as despesas, como o transporte e o estabelecimento dos povoadores, bem como as referentes à exploração das terras. Em contrapartida, eles e seus descendentes têm o poder de administrar justiça e de conceder a posse de terras a colonos, além de lhes dar incentivos facilitadores para sua permanência nas ilhas, mediante algumas condições explicitadas nos documentos de doação.

Assim, desde logo, os donatários formam o grupo que concentra autoridade econômica e política. Eles dominam o plantio, a comercialização do algodão e o fabrico de panos, o apanho e a comercialização da urzela, além de ter grande influência na área da criação de gado. E, sobretudo, controlam o trato negreiro, elemento fundamental para a organização da vida econômica, política e social do arquipélago. Esse grupo alarga-se com os proprietários dos morgadios e capelas, uma vez que, na maioria das vezes, seus interesses são coincidentes. Morgadios e capelas são vínculos, isto é,

> um conjunto de bens que está vinculado, que está unido indissoluvelmente a uma família; trata-se de uma forma de propriedade inalienável e indivisível, transmitida em linha masculina através do primogênito, com exclusão dos irmãos, que apenas recebem subsídios tirados do rendimento do morgado;não existe, pois, o direito de testar, e em cada momento o *possuidor* do vínculo não é mais do que administrador dos bens que integram.

Por sua vez,

> Capela é um conjunto de bens em princípio afectos a uma obra pia, a assegurar o culto, mas que em grande parte acaba por constituir um morgado; quer dizer, está também indissoluvelmente vinculado a uma família que cumpre os deveres religiosos inerentes a tal fundação, mas gosa do usufruto desses bens.[18]

O primeiro morgadio do qual há registro surge no período das Ordenações Afonsinas, em 1523. Sua inscrição é feita em 1531, em Lisboa, sendo de propriedade de André Rodrigues dos Mosquitos. Assim como os demais, trata-se de uma grande extensão de terra que compreende duas fazendas onde se desenvolvem atividades agropastoris, com a utilização de escravos negros. Contudo, é segundo o registro descritivo de outra grande propriedade, a de Fernando Fiel Sugo, datado de 25 de junho de 1540 e constituído por duas fazendas de canaviais, a de Santa Cruz e a de Trindade, que se tem boa parte dos elementos necessários para entender como se fundam e desenvolvem os morgadios.

Pela própria definição do que se considera vínculo, as terras, a propriedade e todos os bens a ela relacionados são inalienáveis e indivisíveis, conceituando-se, assim, a apropriação privada da terra que vigora até a lei de maio de 1864, quando, durante o regime liberal monárquico, os morgadios e as capelas são extintos. No entanto, cabe observar que para esse sistema hereditário o que conta é mais o usufruto da terra do que propriamente sua propriedade. Daí o fato de as "terras devolutas" passarem a ser ocupadas em sistemas de sesmarias, pequenas glebas de terra cultivadas em grande número por escravos fugidos do litoral para o interior, dando origem ao aparecimento de um grupo de proprietários autóctones.

Convém registrar que os morgadios de Santiago são empresas econômicas organizadas para atender à demanda de cana-de-açúcar de um mercado em crescente competitividade. Mas, dadas as condições climáticas e de qualidade do solo, a produção não gera grande concentração de riqueza. Além disso, o produto das lavouras está voltado para o fabrico de aguardente destinado ao comércio com a costa africana e de açúcar mascavo para consumo local e exportação. Por esses motivos, a dinâmica desse sistema depende da grande quantidade de capital fixo investido para equipar adequadamente as fazendas que compõem o morgadio. Segundo a descrição do morgadio de Fernando Fiel, cada fazenda possui, em geral, dois engenhos trapiches de fazer açúcares com vários tachos de cobre de diversos tamanhos, casas de engenho (onde ficam a moenda e a caldeira) e de purgar, pilheiras (armazéns onde se empilham objetos e ferramentas); dois ou três tanques de água; canaviais; hortas e pomares de frutas da terra; currais com cerca de duzentas vacas; currais de cabras e de porcos e cinqüenta "peças de escravos, machos e fêmeas".[19]

Assim, além de um conjunto para produção de açúcar, o morgadio compreende culturas alimentares como o milho e, por vezes, o arroz de sequeiro e hortícolas. Em suas terras há ainda freqüentemente áreas reservadas para o cultivo do algodão, cuja produção, embora reduzida, entra na exportação do arquipélago para Flandres. Também conta com intensa produção pecuária, fornecendo os animais para o trabalho do morgadio, além de couros e peles de cabra para Portugal. Portanto, a agropecuária está voltada para a atividade mercantil, fixando o homem à terra sem mudar a direção principal, qual seja, o trato negreiro.

Nessa espécie de pequeno povoado rural em que se garantem privilégios, direitos e liberdade de uma minoria, o trabalho é suprido basicamente por escravos, presentes nas atividades agropastoris e artesanais, bem como na fabricação de panos para o vestuário nacional e para o comércio nas costas da Guiné. Essas informações são confirmadas pelas notícias relativas à compra e a venda de escravos e pelos dados acerca da população das ilhas de Santiago e Fogo, no ano de 1582, segundo os quais "os escravos totalizavam 13.700, afora os menores, ou seja, 87,3% contra 12,7% de homens brancos e pardos e pretos livres".[20]

Dessa forma, a quantidade de escravos e, em especial, o papel por eles desempenhado apresenta-se como decisivo para a vida econômica de Cabo Verde. Mais do que isso, num microcosmo caracterizado pela exclusão dos destituídos e oprimidos, constitui-se uma sociedade definida a partir de toda a sorte de desigualdades e diferenças. Há, inclusive, uma lógica nesse *apartheid* que relaciona escravidão, segregação social e por vezes racial, e promove o ocultamento do papel político-cultural da maioria da população, diminuindo sobremaneira suas possibilidades de resistência.

Tais circunstâncias, de modo geral, norteiam o surgimento de uma minoria de trabalhadores formada por escravos alforriados (o que já existe no primeiro século de colonização) e por mestiços nativos que compõem o grupo de agregados que, lado a lado com os escravos, trabalham em olarias, ferrarias, carpintarias, selarias, sapatarias e serrarias. Além disso, ao redor das fazendas há, em média, treze ou catorze proprietários rurais que lavram suas próprias terras e dependem do grande domínio no qual estão confinados. Há ainda mercadores ambulantes responsáveis pelas pequenas atividades comerciais e algumas ocupações assalariadas cujo desempenho cabe tanto aos que prestam serviços "de menor monta", como os guardas da propriedade e os mensageiros, quanto aos feitores e aos mestres de açúcar.

Algumas considerações se impõem em relação ao até aqui exposto. A primeira refere-se ao fato de essa organização do trabalho garantir ao morgadio o papel de núcleo dinâmico de acumulação de riqueza rural. Em torno da sua manutenção desenvolve-se, em especial, entre 1461 e 1497, um grande comércio de escravos que em termos macroeconômicos impulsiona o crescimento da demanda nas zonas agropecuárias. Por sua vez, o excedente também permite ao morgado, além de manter as condições de produção com as reposições que se fazem necessárias, investir em novas propriedades, no comércio, na compra de gado ou mesmo na acumulação em divisas. A segunda consideração articula-se à primeira: a rápida acumulação de riqueza em Santiago proporciona o crescimento de duas vilas, a de Ribeira Grande e a de Praia.

> Assim surgem espaços especializados na área de circulação e troca e não na produção. As cidades são espaços onde tudo se troca, gira e circula. São pontos intermediários entre o interior agrário e os mercados externos. Por isso, situam-se estrategicamente nos portos, pontos-charneira entre o interior e o exterior. A localização portuária e litorânea é obrigatória e estratégica. As três formações urbanas existentes neste período, Ribeira Grande, Vila da Praia e São Filipe, são todas elas portos de mar.[21]

Pelos portos escoam produtos para exportação com destino à Europa e à costa africana, ao mesmo tempo em que se dá o abastecimento dos navios para os quais vendem água potável, mantimentos, carne salgada, tartaruga viva e salgada, frutas e refrescos.

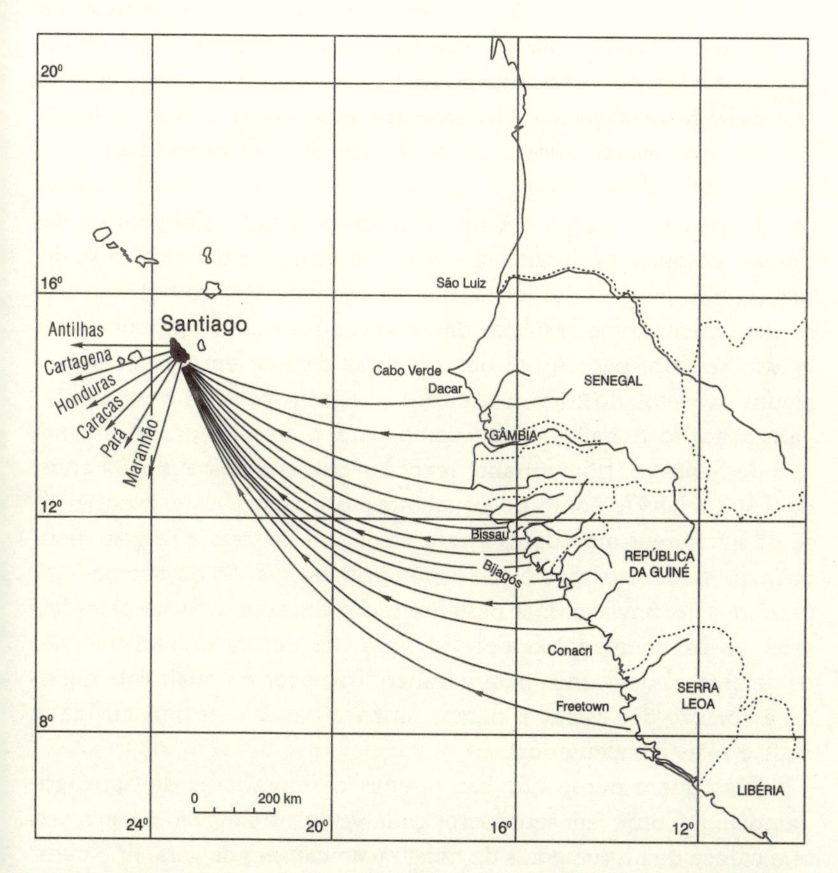

Figura 7 – Rotas do tráfico de escravos dos vários pontos da costa ocidental africana para a ilha de Santiago, e desta para vários portos de trato das Américas.

Os portos são locais privilegiados por meio dos quais o trato negreiro se incorpora à vida econômica e político-administrativa da Metrópole. É preciso lembrar que "(...) o exercício do poder imperial nos territórios ultramarinos e a organização das trocas entre a Metrópole e as colônias vão equacionar-se no âmbito do trato negreiro (...)". A exportação de negros escravos tanto é responsável pelo aumento das receitas do Tesouro Real, como pelo fato de o constituir no elemento básico para a vida econômica em todas as colônias portuguesas. Em síntese:

> Ao longo de um processo secular, o trato negreiro lusitano desdobra-se inicialmente em conexão com a economia metropolitana e com as trocas inter-regionais africanas. Em seguida, este negócio se apresenta como uma fonte suplementar de receita para o Tesouro Real e passa a responder à demanda de outras nações européias. Por fim, os africanos consolidam a própria produção ultramarina portuguesa. (...)[22]

Evidencia-se que a economia cabo-verdiana, assim como a das demais colônias portuguesas, é em grande parte definida pela demanda européia, de tal forma que as variáveis terra e trabalho não só dependem como resultam da dinâmica do capitalismo comercial. Nesse sentido, parece útil descrever, ainda que em termos gerais, alguns aspectos do trato negreiro, vetor principal que é para a organização do trabalho, assim como para o crescimento e estagnação de Santiago. É importante recordar que esta ilha é por 85 anos, de 1462 a 1547, ponto de concentração de escravos a exportar. E se de início seus moradores levam vantagem no trato e resgate, pouco mais tarde, no século XVI e nos primeiros anos do século XVII, perdem seus privilégios, já bastante reduzidos, em especial pelas leis relativas às "mercadorias defesas", para os contratadores, que são os detentores da licença para o tráfico. Isso ocorre exatamente quando a cotação dos escravos para a América passa a ser uma atividade mais e mais compensadora.

Mas quem perde não são apenas os moradores de Santiago. Também a Coroa tem seus lucros cada vez mais diminuídos, uma vez que carece de instrumentos de fiscalização capazes de garantir o cumprimento das cláusulas régias. Há ainda a concorrência prejudicial entre os traficantes, cada qual desejando obter mais lucros, quer sonegando o pagamento dos direitos devidos, quer comerciando ilegalmente, contrabandeando e traficando com um número de escravos superior à lotação do navio. Para coibir os abusos, o rei institui um feitor em Santiago, cuja função exata é a de efetuar o escambo e fazer valer os regimentos e alvarás régios. No entanto, a medida revela-se ineficaz para conter os desmandos aos quais se soma o ascenso da pirataria por parte de navios ingleses, holandeses e sobretudo franceses, que assaltam, pilham e até exterminam a população dos navios idos de Sevilha para a Guiné, Santiago e Fogo.[23]

> Os testemunhos da época, todos eles bastante coincidentes, dão a conhecer que os tratos no Senegal e imediações *foram de curta duração para os mercadores de Santiago*; e os outros, para sul, perduraram relativamente pouco mais, aqueles e estes absorvidos por ingleses, franceses e outros, de mistura com portugueses idos do reino, sem tocar nas ilhas de Cabo Verde, e com os arrendatários. Muitos portugueses actuavam na clandestinidade, forçados a isso em vista de não poderem obter as mercadorias necessárias, via de regra só fornecidas a contratadores pela Casa de Guiné em Mina.[24]

Com isso tudo, a ilha de Santiago perde, pouco a pouco, sua função de entreposto de mão-de-obra escrava, o que acarreta a decadência da Vila de Ribeira Grande e, mais tarde, em 1770, a transferência das autoridades para Praia. Por sua vez, para a Metrópole, o resultado da falta de controle do comércio associa-se à má situação financeira das coroas de Portugal e da Espanha.

A escassez de capitais leva os Conselhos da Fazenda e Ultramarino a autorizar, em 1664, a criação da Companhia da Costa da Guiné, também conhecida como Companhia do Porti Palmida e, em 1676, da Companhia de Cacheu, Rios e Comércio da Guiné, que deixa de existir em 1682. No ano de 1690 é instituída a Companhia de Cacheu e Cabo Verde, que mais tarde negocia a transferência de direitos para a Companhia Estanco do Maranhão e Pará, exercendo atividades como empresa monopolista desde que é criada, em 1775, até sua extinção por uma junta de liquidação régia, em 1778, quando é sucedida pela Companhia de Comércio da Costa D'África, que atua entre os anos de 1780 e 1786. Para completar essas informações é oportuno registrar que a Companhia Estanco do Maranhão e Pará obterá, logo em 1789, uma aprovação régia, que lhe permite organizar novas negociações, as quais cessarão definitivamente em 1914.[25]

Tanto os relatos de época como os historiadores são unânimes em atribuir à atuação das Companhias de Comércio grande parcela de culpa pela decadência do arquipélago. É significativa a apreciação que se segue sobre a Companhia Estanco do Maranhão e Pará, por muitos responsabilizada por reduzir o arquipélago à miséria. Consta que devido às necessidades de mão-de-obra para as suas plantações e estabelecimentos no Brasil em 1757 foi-lhe concedido o exclusivo do comércio e da navegação das ilhas de Cabo Verde e da costa da Guiné. Cada uma destas possessões colocou administradores privativos, indivíduos que, além de defenderem os interesses da Companhia, procuravam enriquecer rapidamente. Escudada nos grandes poderes concedidos pelo Marquês de Pombal, abusou deles. Assim que tomou a exploração do arquipélago aumentou para o dobro o preço dos escravos, ficando os agricultores cabo-verdianos sem possibilidade de adquirirem mão-de-obra. Daí resultou o abandono da cultura do algodão, a queda da indústria de panos e da colheita da urzela. Alegando que não tinha verbas, pagava aos funcionários públicos (filhos da folha, como eram chamados) com gêneros ou fazendas, e da pior qualidade, artigos que estes se viam forçados depois a vender, proporcionando à Companhia lucros de 30 a 40 por cento! Os pesos e as medidas usados pelos seus agentes eram, na maioria dos casos, viciados: os preços das mercadorias estavam fixados por ela. Na Ilha de Santo Antão, onde era conhecida por "Companhia de logração", o despotismo chegou ao máximo; detentora da ilha, ela alugava parcelas por preços elevados, alterados freqüentemente, apoiando-se na grande procura de terras para cultura. Na Metrópole a sua influência era tão grande que conseguia anular as representações dos governadores de Cabo Verde, ficando estes *sujeitos* às maiores humilhações.[26]

Em outras palavras, as Companhias de Comércio desagradam aos comerciantes e à população em geral. Seus estatutos são interpretados de acordo com os interesses dos monopolistas que fazem dos moradores de Santiago dependentes da empresa. Agora, os navios passam a aportar diretamente na Guiné, não passando pela alfândega de Ribeira Grande. O período em que as Companhias vigoram, por mais de um século, é marcado pela decadência das vilas e dos morgadios e pela fuga crescente de capitais, registrando-se uma considerável saída de homens brancos das ilhas o que acarreta um número cada vez mais significativo de proprietários ausentes.

No entanto, se a desmedida exploração das Companhias de Comércio também é responsável pela pauperização das ilhas, outros fatores contribuem para sedimentá-la, como as sucessivas pilhagens por parte de navios corsários, sobretudo após a união das Coroas de Portugal e da Espanha. Acresça-se que a partir desse período Cabo Verde registra um contínuo descenso de suas atividades econômicas, passando seus principais produtos de exportação a sofrer a concorrência de países produtores capazes de oferecê-los em maior quantidade e melhor qualidade. Assim ocorre com o açúcar, a aguardente, o algodão e a panaria, que passam a ser produzidos em pequena escala, para consumo interno.

Por sua vez, a escassez de chuvas, a pobreza e a erosão dos solos, associadas ao caráter predatório da exploração de produtos como a urzela, além da concorrência, a partir da primeira metade do século XIX, de corantes industriais, determinam o volume de exportação cada vez menor de exploração de um produto que fora o de maiores rendimentos, embora não tenha entrado na receita do arquipélago por ser exclusivo da Coroa. Caso semelhante é o da purgueira, que em meados do século XIX é desbancada por outras oleaginosas de utilização mais diversificada, como o amendoim, o óleo de palma e o coco. Não difere a situação de outros produtos, como o café, ou mesmo de gêneros alimentícios, como o feijão e o milho, que passam a ter ao longo dos anos uma produção decrescente.

Além disso, as moedas escasseiam e praticamente se restringem a uma pequena quantidade de pataca espanhola. Na verdade, prevalece o sistema de permuta, e a panaria de algodão é, muitas vezes, usada como moeda corrente.

Essa situação, já bastante precária, torna-se catastrófica como resultado das secas que, ao dizimar a produção agropecuária, desencadeiam períodos marcados pela extrema privação, pela fome e, conseqüentemente, por elevado índice de mortalidade de toda a população, diminuindo, de forma particular, o número de escravos disponíveis. De tempos em tempos, sucedendo as secas, as fomes se repetem: de 1580 a 1583; de 1610 a 1611; de 1809 a 1811; de 1894 a 1900; de 1911 a 1918; de 1921 a 1922, de 1923 a 1924; de 1941 a 1943 e de 1947 a 1948. Os relatos, como o do padre Barreira, referindo-se aos anos de 1610-1611, transmitem o desespero da população:

> (...) estes anos com tam grande fome por não chover, que sendo antes abundantíssimas de mantimentos e havendo dela saca para outras partes, foi necessário que desse Reino lhe viesse a sustentação... e porque este mantimento era somente para os que tinham para o comprar por preços mui excessivos, a mais gente morria como de peste pelas ervas e sevandilhas que comiam. Uns achavam mortos pelas estradas, outros em suas casas, outros expirando por não haver quem lhes acudisse com um bocado de pão. Muitos que antes tinham escravos de cujo trabalho viviam, mortos

eles ficaram sem portas e alguns por serem honrados, não ousaram descobrir a extrema necessidade que padeciam tomavam por remédio deixar-se morrer e quando alguns acabavam manifestar-se a alguém era a nós...[27]

Vale sublinhar que toda essa diversidade de fatores atua para restringir as possibilidades de crescimento econômico do arquipélago, influindo para o esgotamento do sistema escravocrata, na medida em que age como condição ou integra os processos e os mecanismos que interferem em seu funcionamento. Nesse sentido, é importante esclarecer que a compreensão do crescimento e mais tarde da estagnação da economia cabo-verdiana depende das funções econômicas que cada ilha desempenha, o que se refere ao modo peculiar por meio do qual, mesmo ocasionalmente, organizam-se e articulam-se enquanto economias subsidiárias e de subsistência com o setor exportador.

O Trato Negreiro e a Mão-de-obra Escrava

Não há dúvida de que nesse processo histórico-social a mão-de-obra escrava faz-se presente e ainda que em graus diferenciados constitui um elemento essencial da vida de Cabo Verde, já que nela se apóiam as atividades econômicas para as quais não há até então substituto possível. Em particular até fins do século XIX, é possível afirmar que nas ilhas de Sotavento o escravo é mais do que instrumento de trabalho; ele representa a própria materialização da riqueza do morgado. Assim, é compreensível, num primeiro momento, atribuir grande valor às dificuldades dos senhores de terra em realimentar o sistema, garantindo a reprodução e a reposição dos escravos.

Pode-se sugerir que dessa consideração deriva um ponto sobre o qual existe concordância para um significativo número de estudiosos. Ele se refere à diminuição substantiva da mão-de-obra escrava pelas limitações impostas ao tráfico negreiro, como fator determinante para a explicação do colapso do sistema escravocrata. No entanto, a afirmação deve ser matizada, pois o impacto das restrições ao tráfico é variável; suas conseqüências, do ponto de vista econômico, são específicas a cada espaço geopolítico, conforme a maior ou menor participação do escravo no sistema de produção, de acordo com o produto exportado. No caso particular de Cabo Verde, o tráfico é apenas um entre outros fatores responsáveis pela falência do sistema escravocrata. Muito embora essa idéia esteja aberta à discussão, é possível fundamentá-la com a sucinta exposição historiográfica que se faz a seguir.

As limitações ao tráfico impostas pela Inglaterra a Portugal remontam aos anos de 1810 a 1815. Se em 1810 a restrição de Portugal não coíbe efetivamente "a ação de seus súditos aos territórios sob seu domínio", o tratado de 1815, conforme seu art. 1º, abole o tráfico ao norte do Equador. Por sua vez, o art. 4º determina que até que ocorra a abolição geral e final não se consideraria

> lícito aos vassalos portugueses o comprarem e traficarem em escravos em qualquer parte da costa d'África que não seja a sul da linha equinocial (...) nem tão pouco empreenderem este tráfico debaixo da bandeira portuguesa para outro fim que não seja de suprir de escravos as possessões transatlânticas de Portugal.

Além disso, também se estipula

> que as altas partes contratantes se reservam e obrigam a fixar por um tratado separado o período em que o comércio de escravos haja de cessar universalmente e de ser proibido em todos os domínios de Portugal.[28]

Em contrapartida, a Inglaterra abre mão do reembolso do empréstimo de 600 mil libras esterlinas feito a Portugal em 1809. Poucos anos depois, em 1817, é assinada uma convenção adicional que, além de ratificar as regras estabelecidas em 1815, reconhece aos ingleses o direito de inspecionar em alto-mar os navios que parecessem estar fazendo tráfico ilegal, até quinze anos após a abolição total do tráfico decretado por Portugal, o que deveria ocorrer no prazo mais curto possível.

Nesse período, o preço dos escravos registra substancial alta, o que coincide com uma queda considerável dos preços das culturas de rendimento do arquipélago. Essas condições são favoráveis para que a Espanha, por intermédio de algumas de suas poderosas empresas, tente burlar os tratados, aliando-se a reinóis portugueses e mestiços cabo-verdianos de Santiago. A estratégia é simples e consiste em vendas reais ou simuladas de navios aos moradores de Santiago, com o fornecimento de mercadorias indispensáveis ao comércio na costa africana. A utilização desse artifício faz que sejam nacionalizados, entre 1835 e 1836, cerca de 24 navios na alfândega de Praia, sendo dezenove espanhóis, três americanos, um inglês e um brasileiro, responsáveis pelo transporte de um número bastante grande de escravos às Antilhas.

O decreto de 17 de dezembro de 1836 surge para impedir essa nacionalização de navios, dificultando suas matrículas de sorte a conter o tráfico clandestino.

> A importância que o tráfico clandestino assumiu em Cabo Verde entre 1835 e 1842 pode ser medida, além de outros, pelo número de navios em circulação: 88, ao todo, ou sejam, os condenados, os dados por suspeitos e os detidos pela polícia do Rio de Janeiro (...)[29]

Esse quadro aumenta sobremaneira a pressão inglesa sobre Portugal para fazer cessar o tráfico e, na seqüência, publica-se o decreto de 10 de dezembro de 1836 pelo qual é declarada a "inteira e completa abolição do tráfico de escravatura nos domínios portugueses", proibindo a exportação e a importação de escravos. Uma única exceção é feita ao colono português que de uma parte dos domínios portugueses na África for estabelecer-se em outra dos mesmos domínios, ou ilhas africanas (art. 3º), desde que obtenha autorização especial e o número de escravo a transferir por colono não seja maior que dez (art. 4º, §1º). No caso específico de Cabo Verde, esse artigo permite que se receba legalmente da Guiné dez escravos por colono que se mude definitivamente para Santiago.

Mas, para Cabo Verde, qual a gravidade desse conjunto de medidas? Ao contrário do que se pode considerar num primeiro momento, há um importante volume de tráfico de 1815 a 1856, portanto, até seis anos após sua proibição. Por sua vez, a mão-de-obra se mantém, mesmo porque com inúmeras dificuldades o tráfico clandestino na costa africana, sobretudo na Guiné, dura até 1860.

Outra explicação se faz necessária. É que em meados do século XIX a maior parte das regiões da América abandona o tráfico, sendo que em Cuba e no Brasil, grandes mercados consumidores de mão-de-obra escrava, ele se torna ilegal. Em conseqüência, há grande diminuição das importações, o que acarreta queda no preço dos escravos na costa da África.

Como os dados disponíveis sobre os preços no início do século XIX são bastante escassos e algo contraditórios, o momento exato do declínio ainda está por ser confirmado. Mas é bastante evidente que, em algum ponto entre 1780 e 1850 eles reduziram-se à metade.[30]

Quanto ao sistema cabo-verdiano de produção baseado no trabalho escravo, não se desmantela apenas como decorrência imediata do conjunto de medidas legais promulgadas por uma Metrópole dependente das pressões político-econômicas inglesas. De acordo com a indicação disponível:

(...) A porcentagem de escravos – que era de 6,9% em 1827, subiu para 7,1% em 1834, e para 9,4% em 1844, embora se tivesse observado ligeiro acréscimo de população, nesse decênio. Em 1856, a população livre e liberta crescera bastante (89.310, em 1861) e a percentagem de escravos desceu, portanto; e em 1868 a população decresceu (...), e a percentagem de escravos manteve-se estacionária – os mesmos 5,8% de 1856. (...) a instituição resistia de certo modo à dura provação a que estava sendo submetida. Tudo isto prova que as forças empregues no seu combate enfrentaram uma resistência tenaz dos importantes interesses econômicos investidos no comércio e no tráfico.[31]

Assim, em certo sentido, os impedimentos ao tráfico trazem conseqüências imediatas às atividades comerciais, causando o estancamento da acumulação de alguma riqueza e a vitalidade necessária para a economia manter-se.

Já as atividades agropecuárias, para as quais o escravo é vital em termos da força de trabalho, ressentem-se mais lentamente, respondendo aos resultados decorrentes dos sucessivos decretos responsáveis pelo processo gradativo por meio do qual a abolição ocorre.

Apenas a título de exemplo, é oportuno lembrar que em 1842 tornam-se livres todos os filhos de escravos; em 14 de dezembro de 1854 é a vez dos escravos do Estado, não obstante a obrigação de trabalhar por mais sete anos; pela lei de 30 de junho de 1856 são libertos os pertencentes às Câmaras e Misericórdias, e pela de 25 de julho do mesmo ano são alforriados os escravos das igrejas. Finalmente, em 28 de abril de 1858 é fixado um tempo determinado improrrogável de vinte anos para a abolição de todas as formas de escravatura, prazo antecipado para 1869, quando os escravos tornam-se libertados desde que cumprida a obrigação de servirem seus senhores até 29 de abril de 1878. Para Cabo Verde, essa data é antecipada para 1874, e nos demais territórios para 1876. Culmina o processo o decreto de 28 de abril de 1875, que proclama a abolição definitiva em 1876, seguida da tutela por dois anos, quando os então ex-escravos devem ser contratados de preferência por seus antigos senhores, com exceção da Ilha de São Vicente, onde a abolição ocorre em 10 de março de 1857 por portaria régia.

Desse modo, a abolição *de jure* coloca um ponto final na predominância institucionalizada da mão-de-obra escrava. Na realidade, todavia, a desintegração do regime ecravocrata que se acelera nesses 36 anos implica utilização com maior violência de complexos mecanismos que integram a própria natureza do sistema escravocrata, desde o início de sua constituição. De fato, até sua dissolução, persistem as dificuldades de exportação, ao lado de um número decrescente de braços. Essa economia caracteriza-se pela decadência na qual o produto do trabalho escravo é muito inferior, em termos financeiros e contabilísticos, às despesas acarretadas por sua manutenção. É certo que nos seus últimos anos a organização e o controle da mão-de-obra já não se fazem para aumentar a produtividade, mas para sustentar a organização do trabalho, o que requer supervisão e disciplina marcadas por alto grau de opressão. Nesse sentido, manter o escravo implica aumentar a coação direta e contínua, acirrando os antagonismos entre senhores e escravos.

A partir daí há um notório processo de enfraquecimento do sistema, cuja fragilidade se expõe mediante os descontentamentos manifestados em várias ocasiões e de modos diversos.

A Repressão e a Ordem

Embora não seja possível dimensionar o grau de pressão que exercem, os nove jornais fundados em Praia entre 1877 e 1889 veiculam ideais abolicionistas alicerçados em questões morais, condenando a coação física, cumprindo o papel de porta-vozes de uma insatisfação cada vez mais crescente.[32] Também as sublevações de tropa e de degredados fazem-se presentes, ao lado das ações de banditismo predatório por parte de escravos fugidos que desafiam a força da lei e da ordem estabelecida, gerando certo pânico.

Por sua vez, há os pequenos levantes de escravos e rendeiros, muitos dos quais escravos tornados trabalhadores livres, encorajados pela injustiça inerente à estrutura da sociedade tradicional e sufocados por seus mecanismos de violência, mesmo quando não institucionalizados, exercidos diretamente pelos morgados e justificados pelo direito consuetudinário. Esses levantes merecem especial atenção em virtude de tornarem mais claro o funcionamento do sistema. Nesse sentido, o destaque recai nos levantes de 1822 e de 1835. O primeiro é de rendeiros contra o administrador do vínculo da Ribeira do Engenho, na Ilha de Santiago em 1822, revoltados contra as violências praticadas nas mais variadas ocasiões, notadamente na cobrança abusiva das rendas. O segundo data de dezembro de 1835 e é uma rebelião de escravos que visa assassinar os brancos proprietários, saquear suas moradas e tomar posse dessa ilha.

Nessa situação extrema desvenda-se o mecanismo de manutenção da ordem escravocrata:

> O certo é que na noite de seis do mesmo mês e ano acima referido, findo o sumário, intentaram os escravos, pelas onze horas e meia da noite, o assalto à vila; vieram em grande número, armados com espingardas, e parte deles a cavalo. Descobertos por um piquete que rondava o vale da Fonte Ana, que foi reforçado de pronto, pretenderam os escravos atacá-lo havendo um tiroteio de ambos os lados. (...) Os escravos, encontrando grande resistência, fugiram desordenadamente. Nas casas do quartel general reuniram-se no dia sete os proprietários principais, estando presente o governador Marinho, a fim de tomarem em consideração as medidas preventivas para sufocar a rebelião.
>
> Depois de lido o sumário do processo criminal e provada a existência da rebelião, decidiram que devia haver de pronto um castigo exemplar; que os açoites eram pouco salutares pela experiência de outras ocasiões em que os escravos tinham feito a mesma tentativa, demais sendo esta presente sublevação a mais séria que tinha aparecido e de que não havia memória; resolveu-se, por fim, pelo voto unâmine de todos, que se *deviam* fuzilar os indicados no sumário como chefes da rebelião, dos quais já se encontravam oito presos.[33]

Sobre a desmedida brutalidade nas relações por parte dos senhores, donos absolutos da força, são vários os testemunhos e registros efetuados por algumas autoridades administrativas do poder colonial. Em todos ganha destaque a figura do capataz, responsável pela execução dos "rigores" impostos, isto é, de castigos corporais e maus-tratos inquestionavelmente abusivos, de absoluto desrespeito à pessoa humana, implicando a própria morte dos escravos. Assim, a transgressão das normas e desacato aos senhores revelam o inconformismo do escravo e certo desejo de liberdade. Contudo, à medida que a opressão aumenta, o medo é menor que o inconformismo, e outros levantes se sucedem como, por exemplo, o dos rendeiros de Nicolau dos Reis Borges, com a adesão de outros trabalhadores dos arredores de Achada Falcão, em 13 de janeiro de 1841, e o de escravos na Ilha do Sal, em 1846, provavelmente ao lado de outros ainda não estudados.

Todas essas circunstâncias só fazem crescer ainda mais o temor dos proprietários já manifesto há muito, como se constata com base em um significativo parágrafo da provisão de 13 de outubro de 1723, expedida pelo Conselho Ultramarino, no qual se lê:

> [...] que não se consinta que os Negros escravos, e forros da Ilha de Santiago, nomeem autoridades dentre os seus, com os títulos de governador, capitães-mores etc., nem os deixem formar em companhias, porque sendo o número de Negros maior que o dos Brancos facilmente se podem aqueles levantar comandados pelos seus chefes, assassinarem os brancos, e fazerem-se senhores da Ilha.[34]

Resumindo o que até aqui se expôs, tudo indica fortemente que em particular nos séculos XVII e XVIII nenhum mecanismo é efetivo o suficiente para evitar que as insastifações se manifestem. Mas as revoltas não são a única forma de se posicionar contra as condições de vida. As fugas para os altos dos montes, seja para escapar dos ataques dos corsários ou como conseqüência das secas e fomes, seja para não sofrer as sanções de que são acusadas por crimes leves ou graves, são uma alternativa de luta que em especial os escravos usam para conseguir manter-se, ainda que numa existência miserável. Sobre como suas fugas interferem na vida econômica das ilhas, é interessante a exposição do governador de Cabo Verde, Antonio Coutinho de Lencastre, num ofício redigido em agosto de 1804. Ele se refere à agricultura de Cabo Verde como

> em grande abatimento pelas freqüentes fugidas de escravos, que protegidos por algumas pessoas desta ilha, de tal forma se escondem, que não é possível aos senhores deles, os poderem-nos apanhar e castigar; e sendo outrossim de primeira necessidade que se dê providências mais adequadas para prevenir, obviar e extinguir este pernicioso abuso,

se ordenava fosse proposto em

> cada uma das freguesias desta ilha dois homens com as qualidades precisas para preencherem os empregos, um de capitão-de-campo (também conhecido por capitão-do-mato) e outro de meirinho da serra, os quais terão de obrigação, não só prenderem os escravos fugitivos, mas também aquelas pessoas que os ocultarem e forem autores de semelhantes fugas.[35]

Assim, a escravidão mostra custos bastante onerosos, em particular os voltados à produtividade e à prevenção de fugas entre os escravizados. Não obstante, prevalecem a disciplina e o conformismo, em virtude dos mecanismos socioculturais dos quais deriva uma aceitação passiva da escravidão, cujos efeitos perversos se irradiam, contaminando as relações de trabalho posteriores.

Mudança e continuidade

O Colapso do Sistema Escravocrata

A lentidão do processo com que se desfaz a dicotomia entre senhores e escravos que expressa no plano estrutural as relações básicas de produção refere-se diretamente à ausência de alterações substanciais no caráter da propriedade fundiária. As principais linhas do problemas mostram que as modificações tanto na propriedade da terra como em especial nos meios utilizados para sua exploração não são significativas. A estrutura agrária se mantém, persistindo várias características desse período até hoje.

Revendo o processo no seu conjunto podem-se destacar primeiro as questões relativas ao caráter da propriedade fundiária e, em segundo lugar, os aspectos da organização do trabalho, ambos como dois elementos do mesmo par dicotômico fundamental para a formação, o funcionamento e o próprio colapso do sistema escravocrata.

Em meados do século XVIII o fracionamento dos morgadios é notório. As razões são várias e abrangem desde a erosão dos solos e o baixo índice pluviométrico, tendo as secas como conseqüência e a fome como corolário, até as referentes aos direitos de propriedade e herança. É interessante observar, por mais paradoxal que pareça, que são os mesmos fatores que atuam tanto no sentido da concentração quanto da desconcentração das herdades, isto é, ao mesmo tempo em que a fome impõe a venda de pequenas frações de terra aforadas (o que freqüente nas ilhas de Barlavento) ou mesmo herdadas por parte de uns, outros há que ao comprá-las aumentam suas propriedades. Vale a pena documentar esse fato:

> A fome obrigou por muitas vezes um grande número de habitantes a venderem aquelas terras que possuíam aforadas Barlavento, ou se viram privados delas com a morte de seus pais, os quais, deixando uma terra, e muitos filhos, e estes devendo herdá-la por igual porção, não lhes é permitido reparti-la, e nenhum deles tendo com que pagar a porção dos outros, sucede que não ficam com a terra, e esta é vendida, e quase sempre clandestinamente aos mais poderosos; e os pobres filhos ficam com uma bagatela de dinheiro, que logo gastam, e expulsos daquela terra, que tantos anos os alimentou durante a vida de seus pais, daqui sucede que a maior e melhor parte do terreno é possuído por poucos, ficando os outros muitos sem nenhum, ou com muito pouco, e inferior, e se veêm obrigados a cultivarem-se anualmente, e por tempo incerto as terras alheias a meias, a terças ou a quartas; de modo que todo o trabalho é do pobre trabalhador e o principal lucro do possuidor do terreno; originando-se disto o não serem aquelas terras nem zelosamente cultivadas, nem plantadas daquele fruto que, exigindo maior tempo e trabalho, desse maior proveito ao lavrador. Pior sucede nas terras que foram dadas a renda temporal e arbitrária, e que ordinariamente não passam do triênio, e muitas vezes de um ano, pois o primeiro rendeiro que a arrendou por um preço tênue (mas sempre superior ao fôro das outras), visto o trabalho primário que precisava fazer: este rendeiro, depois de ter arrendado uma terra inculta, e nela feito o primeiro e mais custoso trabalho; este rendeiro, acabado o seu breve prazo, não somente vê aumentado a capricho e por cobiça o preço primário da renda, mas de ordinário se vê bárbara e injustamente expulso por um novo rendeiro, daquela terra que ele primeiro abriu e cultivou, e que por todos os títulos devia perpetuamente, e por uma renda inalterável, desfrutar. Às conseqüências disto são de todos conhecidas, e tendem visivelmente à decadência das herdades e dos seus produtos (...)[36]

Retenham-se dessas considerações dois pontos. Em primeiro lugar, o fato de as secas acarretarem fome devido à alta abusiva dos preços dos poucos gêneros alimentícios disponíveis, à grande mortalidade do gado e ao elevado número de mortos entre os habitantes das ilhas. Em decorrência, seguem-se pragas de insetos e epidemias.

Os que sobrevivem ficam num estado de plena carência, isto é, na mais absoluta miséria. Vendem suas terras, suas casas e, sem uma semente sequer, acabam por ir trabalhar nas terras de outros ou migrando para São Tomé e Angola, numa busca inútil por condições menos ultrajantes de vida.

No entanto, é preciso ter claro que esse flagelo não resulta apenas da seca, assim como a agricultura não se resume a uma simples "aposta nas chuvas". Isso é apenas uma parcela do problema. O principal está nas culturas e na precariedade ao modo de cultivá-las, porquanto sem preparação do solo e com instrumentos e técnicas arcaicas. Acresça-se um fator absolutamente fundamental que advém da desigualdade da distribuição da terra e da exploração da mão-de-obra capitaneada por feitores para os quais administrar é sinônimo de oprimir e maltratar. O resultado é uma agricultura pouco eficiente e de baixa produtividade, suscetível à contingência dos fatores geo-econômicos em geral.[37]

Em segundo lugar, a questão decisiva diz respeito à grande propriedade, mais conhecida como propriedade rústica, até por relacionar-se mais com a qualidade do solo, se regadio ou sequeiro, do que propriamente com sua extensão. Afirma-se hoje, aliás, que o mininfúndio é característico da estrutura agrária cabo-verdiana. De todo modo, as principais linhas do problema são bastante claras e mostram que as modificações não são em si significativas a ponto de alterar a estrutura agrária que, aliás, ainda mantém vários traços do período colonial.

Recapitular algumas observações sobre propriedade e herança e acrescentar outras ajuda a compreender a propensão ao parcelamento da terra. Basicamente compostos por latinfúndios e instituídos no âmbito das Ordenações Afonsinas, os morgadios e todos os bens a eles vinculados são considerados pelas regras de herança propriedades inalienáveis e indivisíveis, sendo, portanto, proibido vendê-las ou trocá-las. Define-se assim a concentração da propriedade em mãos de pequeno número de colonos brancos e de uns poucos mestiços.

Todavia, já no decorrer dos dois primeiros séculos de colonização o processo de trabalho das terras em pequenas parcelas é uma tendência cada vez maior, portanto reconhecida em fins do século XVIII, quando a Coroa tenta revertê-la com a regulamentação do acesso à terra, em 1753, revista e atualizada em 1792. Deve-se, porém, lembrar que a efetividade de um decreto é sempre limitada pela força operativa da tradição e dos costumes e, por conseguinte, do direito consuetudinário que não é exatamente o mesmo em cada ilha do arquipélago. Mas, em particular em Santiago, no Fogo e em Santo Antão, é sabido que não só os filhos legítimos como também os *escravinhos*, filhos naturais das ligações mantidas entre os indivíduos das classes dominantes com suas escravas, forras ou servas, são igualmente herdeiros. Na maioria das vezes esses herdeiros retalham a terra recebida em várias frações e vendem-nas.

É importante notar que o Regimento de 1753 garante o princípio da indivisibilidade da propriedade aos que com sua influência e poder aquisitivo podem comprar boas porções de terra com preços baixos sobretudo nas freqüentes épocas de crise. Essa tendência mostra-se tão forte que em 1954 é apontada em um registro a respeito da decadência da agricultura em Santo Antão:

> (...) os descendentes dos patriarcas das gerações anteriores, uns, como não podia deixar de ser, encaminhavam-se para profissões mais lucrativas ou menos contingentes (que a agricultura); outros mostraram-se incapazes (ou impotentes, com a fragmentação das heranças) para resistir à avalanche das estiagens prolongadas; outros ainda (e não poucos) dissiparam o patrimônio herdado e é possível que esteja agora a cumprir-se algures a profecia dum desses patriarcas que censurava a mândria dos filhos nestes termos: "Pai burro-de-carga, filho fidalgo, neto ladrão". Natural, portanto, que muitas heranças fragmentadas, dispersas se tenham enfeixado ou tendam a enfeixar-se em novas mãos, algumas bem merecedoras de empunhar o facho aceso pelos antigos patriarcas, outras, pelo contrário, como simples resultado de actividades parasitárias, sabido como é que a usura devora insaciavelmente uma boa parte, como o cancro das letras, a juros fantásticos, substituídas periodicamente. Ora, para o usurário, como também para o comerciante – são eles que o dizem "a agricultura, em Cabo Verde, é a arte de empobrecer alegremente".[38]

É oportuno sublinhar a atuação concomitante de processos opostos e complementares: o de concentração e o de fragmentação da propriedade rústica de maiores dimensões, prevalecendo o primeiro nas ilhas de Santiago, Fogo e Brava, a despeito da lei de extinção dos morgadios de 19 de maio de 1863, que passa a vigorar em 10 de outubro de 1864. É que esse dispositivo legal não implica confisco e redistribuição da terra, não alterando as condições do sistema de plantações que sobrevive, por meio de uma significativa mudança no sistema de mão-de-obra.

Por sua vez, o fato de as grandes propriedades rústicas predominarem em conjunturas econômicas marcadas pela extrema escassez e baixa produtividade refere-se a instrumentos financeiros facilitadores de sua manutenção ou aquisição. O primeiro é o Banco Nacional Ultramarino que, por intermédio de suas agências de Santiago e São Vicente, concede, entre 1868 e 1870, empréstimos com garantias hipotecárias aos proprietários nativos.[39] E mesmo anos mais tarde, entre 1920 e 1940, quando esmagados pelos juros altos e sem meios de amortizar o capital eles perdem suas terras, a concentração destas permanece, uma vez que sua titularidade passa, na sua maioria, para portugueses que as adquirem a preços baixíssimos, assenhorando-se da maior parte das melhores terras de Santiago, Fogo e Brava. Como a terra em Cabo Verde representa uma forma de entesouramento, ou seja, de "reserva de valor", também os imigrantes que se encontram nos Estados Unidos passam a adquiri-la, modificando suas condições de parceiros, rendeiros ou pequenos proprietários para o de grandes proprietários, conhecidos no interior de Santiago como *mercanos*. No entanto, o modo de organizar a produção não se altera, ou seja, o processo de produção agrícola continua a girar em torno do controle das entidades de comercialização, uma vez que este é o único fluxo de renda significativo.

Com isso se torna possível, até 1975, a permanência de alto grau de concentração da terra, ainda que já se faça presente uma tendência à desconcentração, mediante a compra de pequenas parcelas por parte dos emigrantes que integram o conjunto de cerca de 140 mil pessoas que deixam Cabo Verde entre 1950 e 1973. O que se constata, porém, é que nem se destrói a grande propriedade rústica, embora sua exploração por conta própria seja reduzida tanto numericamente como em área, nem se impulsiona sequer uma modernização conservadora; antes conjugam-se latifúndios e minifúndios, permanecendo o sistema indireto de exploração do homem, com baixa oportunidade, utilização de técnicas atrasadas e fraca divisão social do trabalho. Aqui se aproxima outro aspecto essencial, que diz respeito especificamente à organização do trabalho.

O Sistema de Organização da Economia Agrícola

Sobre os trabalhadores agrícolas, sobretudo os rendeiros e parceiros, as informações são poucas. Contudo, as generalizações que se seguem dispõem de considerável apoio. O que ocorre é que o arrendamento, assim como a parceria, toma formas mais claras e definidas somente em fins do século XIX, embora tão antigas quanto a implantação do sistema escravocrata. É possível até afirmar que a agricultura cabo-verdiana assenta-se na escravidão e na produção para subsistência cuja organização do trabalho encontra-se bem próxima do regime servil. Na realidade, há três aspectos básicos do próprio processo de constituição do trabalho escravo que favorecem, mais tarde, a passagem para outras formas de trabalho. O primeiro deles é o fato de os senhores delegarem aos escravos a responsabilidade por seu próprio sustento, cedendo-lhes pequenas parcelas de terra para serem trabalhadas aos domingos e feriados, as quais após a abolição poderão ou não ser arrendadas.

O segundo aspecto refere-se ao surgimento, já no final dos primeiros cem anos após a descoberta das ilhas, dos primeiros pretos e mulatos forros cuja manumissão é dada em testamento pelos senhores para expiação de seus pecados, ou por bom comportamento e bons serviços prestados. Esses forros, ao lado dos escravos fugidos, trabalham na maioria das vezes como rendeiros, principalmente a partir do momento em que diminui o número de escravos, nas terras de montanhas e encostas denominadas *cutelos* ou *fios de cutelo*.

Há ainda um terceiro aspecto: à volta dos morgadios as terras de sequeiro e de clima muitas vezes insalubre são ocupadas por pequenos agricultores que produzem para sua própria subsistência. A pobreza é extrema, daí advindo sua vulnerabilidade, sobretudo às intempéries como o *harmatão* ou *lestada*, ou mesmo às secas, quando acabam por entregar suas terras aos morgados, engrossando o contingente de rendeiros ou parceiros.

É a partir da segunda metade do século XIX, quando a escravatura é abolida, que o sistema de mão-de-obra baseado no arrendamento e sobretudo na parceria prevalece. Mas em que consiste a relação entre parceiros, rendeiros e proprietários de terra? Com variações de ilha para ilha os rendeiros, mediante um contrato que dura entre um e três anos, comprometem-se a pagar ao proprietário da terra que cultivam uma renda fixa em moeda ou em gêneros. Como o acordo é verbal, o rendeiro fica absolutamente vulnerável às alterações impostas pelo proprietário e, para garantir os meios de subsistência para si e sua família, acaba assumindo os mais variáveis compromissos, desde ser obrigado a dar ao morgado seis dias de trabalho gratuito logo que fosse por este avisado, até regar as terras da horta, caso haja, e limpar *as levadas*. Por sua vez, o rendeiro fica proibido de cortar árvores no terreno arrendado, em particular a purgueira, cujas sementes tem de colher e entregar em casa do morgado. Além disso,

> (...) numa primeira cláusula os rendeiros comprometiam-se a não cortar os frutos senão depois de liquidado o montante da renda, cuja data, caindo em janeiro, coincidia justamente com a época das colheitas do milho e do feijão. Pagando a renda, quer com dinheiro emprestado a juros, quer com numerário conseguido pela venda de animais ou de qualquer peça de valor, os rendeiros viam-se obrigados a vender uma parte das suas produções para satisfazerem os encargos assumidos; isto provocava, por um lado, uma afluência momentânea de produtos nos mercados de que resultava redução dos preços e, por outro, a diminuição das reservas alimentares do agregado familiar (...). Enquanto não pagassem a renda, sem poderem colher, desesperados, os rendeiros assistiam à redução dos seus frutos, comidos pelos ratos ou destruídos pela intempérie. Outras vezes, os arrendatários mandavam colher, pagando-se da renda em atraso e das verbas despendidas com a colheita, com grande prejuízo para aquele que trabalhara a terra! Estes e outros factos levaram freqüentemente a actos de desespero, sujeitando-se os rendeiros que violassem a letra do contrato ao "despedimento sem reclamação alguma", ou a serem punidos com a prisão, pois não era difícil o "morgado" manejar a autoridade administrativa.[40]

Também é usual o rendeiro ser castigado com sanções, como o aumento desmedido do preço da renda ou mesmo com a expulsão das terras nas quais trabalha. Quase um século e meio mais tarde, ainda se encontra em Cabo Verde o "camponês-rendeiro" – o trabalhador da terra que converte em moeda paga por antecipação o equivalente à sua cota de frutos, caso em que o proprietário obtém o valor de cerca da metade da colheita.

No entanto, é certo que sobretudo quando da relação de parceria torna-se possível compreender o conjunto das relações sociais que permanecem até hoje, com todas as facetas econômicas, culturais e políticas que as constituem. Ao parceiro cabe pagar a licença de sementeira nos quinze primeiros dias do mês de junho, e só mediante a apresentação do recibo ao encarregado pode começar a trabalhar a terra. Também fica obrigado a pagar três dias de trabalho para cada parcela de terra, durante os quais fica à disposição do proprietário em especial nos períodos de sementeira, no descasque do feijão ou no armazenamento do produto; entregar a metade da produção ao proprietário; fazer a colheita as suas custas; transportar a parte que cabe ao proprietário para só depois arrecadar a sua; manter intocável toda e qualquer árvore existente na propriedade, já que pertencente ao arrendatário.[41]

A esses deveres acresça-se uma série de restrições. A primeira delas diz respeito à própria terra dada em parceria, cujo solo é de má qualidade, com o terreno acidentado e de difícil acesso, além de o regadio contar com pouquíssima água disponível. A segunda refere-se ao fato de ao parceiro só ser permitido o cultivo de produtos de baixo valor comercial, correndo as despesas agrícolas por sua conta, dificultando ainda mais a manutenção do seu baixo nível de vida, impelindo-o a aumentar os ganhos em outras atividades agrícolas ou mesmo como artífices, no caso dos homens, e *rabidantes,* no das mulheres.

Além disso, as relações de parceria se definem e regulam por diferentes papéis desempenhados pelo parceiro que integram o modo de manifestação do comportamento social. Assim, ainda que apresentadas no processo histórico de forma variável, segundo suas condições de existência e de consciência social, é freqüente caber ao parceiro "a guarda" da cultura do proprietário, ficando sob sua responsabilidade qualquer dano que ocorra, além da prestação de trabalhos gratuitos na terra explorada pelo proprietário.

É bem verdade que mais recentemente, já no século XX, manifesta-se uma propensão a desaparecer as prestações obrigatórias e as restrições quanto a casas de moradia nas terras de morgadio. Por sua vez, a remuneração do trabalho por meio do salário passa a ser mais freqüente. De todo modo, é certo que esses trabalhadores rurais agrícolas vivem uma existência miserável, já que fazem parte de uma economia entre estagnada e decadente e de uma agricultura quase sem traços de modernização, na qual ainda prevalece o regime indireto de exploração.

Sequer os refluxos de mão-de-obra devido a secas e migrações forçadas chegam a desarticular o sistema de posse da terra.[42] Nesses períodos há diminuição do nível de atividade comercial, assentada na produção da "grande" propriedade rústica e, em contrapartida, acentuam-se as culturas de subsistência. Daí a preferência por formas de trabalho que oferecem maior flexibilidade exigida por essa situação, como muitas formas de parceria seguidas por tantas outras de arrendamento.[43]

Sob tais condições, em dependência direta da agricultura, vive ainda, em 1975, 90% da população, e em 1984 cerca de 80%, sendo apenas um terço das unidades agrícolas geridas por conta própria. Tudo indica fortemente que daí decorre o fato de em torno de 40% da população cabo-verdiana viver abaixo da linha de pobreza, sendo desse total mais da metade constituída de parceiros, rendeiros e trabalhadores rurais assalariados.[44]

A ausência de medidas capazes de alterar substancialmente essa situação explica que, em 1991, 85% dos cabo-verdianos dependem por completo de uma agricultura de subsistência de sequeiro à base do milho, precária ao extremo, cujo rendimento é da ordem dos 170 dólares anuais *per capita*, valor inferior ao limite de pobreza.[45]

De mais a mais, a seca flagela o arquipélago, agravando sobremaneira a situação de penúria, uma vez que acarreta enorme número de desempregados. Como resposta, a partir de 1976-77, são instituídos os Programas de Emergência, por meio dos quais se criam muitos empregos em trabalhos de captação, conservação e distribuição de água, defesa e restauração dos solos e reflorestamento das áreas altas, aumentando as culturas de regadio.[46]

Por fim, para a compreensão do sistema em seu conjunto, apreendendo as causas e o significado da questão rural cabo-verdiana, faltam dados estatísticos sobre o rendimento desse setor, além de informações primordiais sobre vários aspectos, como as divisões de propriedade e as existentes entre os vários trabalhadores do campo. Essa lacuna permanece até mais recentemente e é apontada em 1980 pelo ministro do Desenvolvimento Rural na própria Introdução do Anteprojeto de Lei de Bases. Diz ele:

> O conhecimento da estrutura agrária cabo-verdiana é tarefa difícil. Começa por Cabo Verde nunca ter tido um cadastro organizado da propriedade rústica: nunca teve serviços cadastrais dignos desse nome. A última tentativa morreu logo após os primeiros passos, sem que se possa encontrar explicação plausível que não seja o desinteresse a que o nosso País estava voltado até a Independência.

> Os registros existentes distribuem-se pelas conservatórias de registros (Barlavento e Sotavento), pelas matrizes concelhias e de freguesia e pelas repartições concelhias de finanças. Não poderemos afirmar com certeza, mas haverá dezenas de anos que os registros centrais não são atualizados, pois não se faz o balanço anual, sem contar o elevadíssimo número de transações e partilhas que implicam transferência de propriedade e que são feitas à margem de qualquer registro legal.[47]

Seja como for, já existem bons estudos locais sobre o trabalho no campo, permitindo sugerir que se conduza a análise de forma que, além de enumerar as situações e descrevê-las, torne-se possível compreender a estrutura e os mecanismos sociais básicos, responsáveis por sua manutenção. Por isso, embora o padrão predominante seja o de sistema de colheitas partilhadas, as formas indiretas não se alteram ao longo do tempo do mesmo modo em todas as ilhas, o que explica a diferença hoje existente. Sob tais condições, pode-se sustentar que o arrendamento compreende grande variedade de situações, havendo uma diferenciação interna entre os trabalhadores do campo, derivada sobretudo do vínculo básico por meio do qual se define a relação com o proprietário de terras. Pode-se distinguir: o *camponês-parceiro*, trabalhador que ao conservar um pouco de terra própria acaba por se tornar apêndice do proprietário; o *camponês-parceiro relativamente autônomo*, cujo vínculo se estabelece pelo pagamento direto da renda trabalho; o *camponês-rendeiro*, tipo de parceria assentada em laços familiares e comum a todo o arquipélago; e o *camponês-trabalhador rural*, pequeno proprietário e/ou parceiro que se transforma em trabalhador assalariado, cuja presença é maior em Santo Antão e Santiago.[48]

De qualquer modo, não causa surpresa afirmar que há um denominador comum entre os camponeses. Suas ações refletem e confirmam o senso de diferença entre eles e o restante da sociedade. Mas esse é um assunto multifacetado, e tratá-lo implica ter presente que os agentes desse processo são muito mais do que meros "suportes físicos de operações econômicas".[49]

Mundos do Trabalho

Pensar a dominação em Cabo Verde requer ter em conta que às diferenças geradas pela própria condição material de existência estão congenitamente articulados os elementos constitutivos de uma sociedade cuja estrutura é verticalizada e as relações ocorrem a partir da desigualdade, configurando o mando e a submissão, o favor e a clientela, a superioridade e a inferioridade. Claro que isso se refere, diretamente, às condições específicas com base nas quais se formam os padrões de comportamento que orientam a forma de interação entre os agentes sociais, desde a constituição da sociedade escravocrata alicerçada no mundo rural até seu colapso, estendendo-se aos dias de hoje. Nesse sentido, parece oportuno lembrar que

> (...) nas áreas onde as condições econômicas foram propícias surgiram vínculos rígidos de subordinação (caso da Ilha de Santiago); contrariamente, nas ilhas onde vigorou o minifúndio foram tênues esses vínculos (...).[50]

Uma vez atentos à ressalva quanto às especificidades entre as ilhas e no interior de cada uma delas, podem-se destacar alguns dos requisitos e das condições de funcionamento da sociedade cabo-verdiana, identificando uma série de traços comuns característicos de um padrão de vida rústico em que a tônica é a diferença social presente nos mais diversos valores e práticas culturais. Daí derivam estilos de vida contrapostos, não obstante complementares, que

> (...) implicam os modos de viver o alimento, o vestuário, a relação homem-mulher, a habitação, os hábitos de limpeza, as práticas de cura, as relações de parentesco, a divisão das tarefas durante a jornada e, simultaneamente, as crenças, os cantos, as danças, os modos de cumprimentar, as palavras-tabus, os eufemismos, o modo de olhar, o modo de sentar, o modo de andar, o modo de visitar e ser visitado, as romarias, as promessas, as festas de padroeira, o modo de criar galinha e porco, os modos de plantar feijão, milho e mandioca o conhecimento do tempo, o modo de rir e de chorar, de agredir e de consolar (...). [51]

Nessa sociedade polarizada como é, entre os privilégios de poucos e as carências de quase toda a população, a discriminação institucional e simbólica é aceita como forma costumeira e legítima. O registro feito por Lucas de Senna, datado de 1818, contém no capítulo "Mulheres na igreja", um dos aspectos *do estilo de vida senhorial* que marca uma das facetas da posição de domínio da *aristocracia rural* cabo-verdiana. Segundo a exposição do autor:

(...) as ricas, como todas vão acompanhadas de uma enfiada de escravas atrás de si, cada uma têm o seu dever particular para com a sua senhora. Uma leva um rico pano, que todas para isso têm de propósito e à maneira de um pequeno tapete. Estende-lho no chão para a senhora se ajoelhar. Outra é para consertar o vestido e cobrir-lhe os pés. Outra para lhe arranjar o toucado da cabeça. Outra para ir cumprimentar a sua amiga, que lá está ou entra depois. Porém nenhuma delas lhe leva o livro por não ser traste de seu uso. As outras mais ordinárias e pobres, logo chegam à porta fazem uma mesura muito grande, entram e vão-se direitas à pia de água benta, tocam a encher as mãos e levar às sepulturas lá da sua particular devoção. Em tendo feito isto, fazem outra mesura e ajoelham, antes de se benzerem (às vezes esquece-lhes), viram para trás a ver se têm os pés cobertos. Não estando, cobrem-nos e, se lhes lembra, benzem-se. Ora, como aqueles panos de que usam são curtos, qualquer movimento que façam, ficam-lhes os pés logo descobertos. Se elas não dão por isso, logo a que está detrás as avisa e, assim, umas às outras reciprocamente se avisam daquela indecência (nisto acho-lhes razão porque todas vão descalças) e por conseguinte estão neste fadário durante todo o tempo da missa. Acabado que seja o Santo sacrifício da missa, levantam-se, sacodem os seus panos, fazem sua mesura, e vão às pias de água benta fazerem o mesmo que à entrada. Se é dia de festa, por cujo motivo devam demorar na igreja, cada uma leva de fora uma pedra para se assentarem, e quando saem tornam a pôr a dita pedra no seu lugar; sendo certo que se as deixassem ficar na igreja, podia-se calçar (calcetar) com elas.[52]

É possível que haja exceções em algum aspecto, mas esses relatos várias vezes tornam-se ainda mais contundentes quando fornecidos pela produção literária,

(...) um veio riquíssimo, capaz de oferecer possibilidades para que se recupere a especificidade sócio-cultural de uma determinada sociedade, através da revelação do ideário dos protagonistas, da permanência ou não dos valores culturais e da possibilidade de mostrar, entre outros aspectos da estrutura sócio-cultural, como se transforma a imagem da família, do homem e da mulher, do processo de trabalho, das relações entre o campo e a cidade.[53]

São numerosos os escritores que retratam a sociedade cabo-verdiana como um lugar onde reina a assimetria. Nesse sentido, um ponto constante em suas narrativas diz respeito à habitação. Segundo um anônimo, referindo-se aos primórdios do processo de colonização, na Ilha de Santiago em outro tempo houve (...) muitos homens brancos, naturais e principais de terra, descendentes dos primeiros povoadores, com casas bastante opulentas, por serem senhores da maior parte das terras da ilha (...)[54]

Mas essa regra não dura muito. Logo, ao lado dos casarões e mais tarde dos sobrados, os funcos espalham-se pelos cimos do montes. São modalidades de abrigo pobres, de gente miserável, têm tipo africano, de planta circular construída em pedra solta, disposta de forma irregular e cobertura cônica em colmo ou folha de coqueiro.

Figura 8 – Um dos funcos do Tarrafal, na Ilha de Santiago.

Porém, ao longo do tempo, as diferenças deixam de ser demasiadamente acentuadas, passando as casas a distinguir-se dos casinhotos

(...) – pode-se considerar! – apenas nas aparências exteriores. Regra geral, tinham uma porta e duas janelas, um quintal, eram emboçadas e caiadas, sendo todas térreas como os casebres.[55]

Em síntese, sobre a área rural parece que importa ter em conta que "(...) em todas as ilhas, a habitação é extremamente modesta e pouco confortável, no geral reflectindo uma pobreza extensa".[56]

Figura 9 – Casinhoto da ilha de Santiago.

Figura 10 – Casa da ilha de Santiago.

Entretanto, tais afirmações estão longe de permitir considerar a inexistência de diferenças materiais entre ricos e pobres. Elas apenas se apresentam por vezes menos sensíveis, o que é próprio de situações de existência em sociedades cuja vida econômica oferece pequenas possibilidades de acumulação de riqueza.

Por sua vez, outro aspecto interessante é o que se refere aos padrões de alimentação. Aos senhores é servida a cachupa com carne de porco, guisado de galinha com mandioca, cabidela de cabrito, xarém e pastéis de massa tenra, fartamente temperados com manteiga da terra, colorau, pimenta, folhas de louro e outros ingredientes. Já para os guardas e feitores são reservados os produtos das culturas intercalares, como a batatinha, o feijão, o milho e a mandioca. E, por fim, para os escravos e, mais tarde, para os rendeiros e parceiros ficam o milho, o feijão e um ou outro legume, quando possível. "Comer milho cru é regalo para esses esfaimados."[57]

Costuma-se dizer que essas indicações são inequívocas quanto à diferença entre ricos e pobres. Ao lado delas alinham-se mecanismos sociais, de grande força persuasiva, como os cultos, cerimoniais e rituais, as manifestações folclóricas e a língua, que conservam central importância na constituição e manutenção dos vários estilos de vida, expressando relações sociais de marcada natureza assimétrica. Nesse sentido, um exemplo significativo é o "choro", cerimonial típico da Ilha de Santiago no século XIX. Descreve Lucas de Senna:

> Quando morre uma pessoa rica (...) ajuntam-se em casa do morto todos os seus parentes e amigos para darem pêsames à mulher, filhos, pais ou irmãos, etc., e isto com muita choradeira. E depois de sair a enterrar toca a fazer banquete, isto é, a rezar pela alma daquele que cá deixou a comesaina. O altar que se tinha arranjado para o cadáver, sempre fica armado, e diante dele se reza o terço e a ladainha em altas vozes, tudo a seu modo e na sua linguagem. Acabada esta interessante devoção, tanto para a alma do morto, como para a barriga dos devotos falsos, já está pronta a mesa, isto é, as iguarias dela, porque a mesa é uma esteira sobre a qual comem todos assentados no chão. E é por isto que a este banquete vulgarmente se chama esteira. Consta o dito banquete de tudo aquilo que o defunto possuía antes da sua morte. Se é filho ou pai é obrigado a pôr tudo como herança sua, relativo a víveres, vitualhas, etc., que de tudo se fazem diferentes pratos e guisados, acompanhados com muito frasco de aguardente, de maneira que no fim da função tudo fica bêbado, de um e outro sexo, do que resultam brincadeiras, risadas, cantarolas à sua

moda, que tudo é gritaria, bailes, e depois de tudo o mais que à mocidade se segue. Esta mesma ordem deve conservar-se por espaço de oito dias sucessivos, sem alteração: terço, banquete, e tudo o mais, de sorte que no fim dos oito dias, pouco ou nada resta aos herdeiros, do que toca a mantimentos. Alguns repetem isto mensalmente, isto segundo o capricho ou posses de cada um. O pobres, não querendo faltar ao mesmo rito, como não podem imitar os ricos, enquanto ao banquete, contentam-se com alguma mandioca cozida ou assada, e aguardente. Outros que nada podem, satisfazem-se só com a reza, porque esta é infalível.[58]

São vários os provérbios com os quais seria perfeitamente possível concluir essa citação. No entanto, a escolha recai sobre um dito popular que expressa, com a maior simplicidade, a constatação resignada de uma sociedade cindida – "lé com lé, cré com cré".

Também compõem o ideário popular as cantigas de trabalho, que com sua função lúdica, acompanham de forma ritmada o intenso cansaço das penosas atividades agrícolas, pastoris e pesqueiras. Ao lado delas alinham-se as cantigas de "desabafo" e "mal-dizer", nas quais os juízos de valor intervêm com insistência. Seu espírito influencia muitas composições crioulas, como, por exemplo, a que diz:

O patrão comeu a carne,
O negro raspou o osso;
Porque ele é que foi achado
Com o osso na mão,
ele é que matou a vaca,
ele é que é ladrão.[59]

Do mesmo modo, algumas mornas retratam de forma eloqüente a indignação do pobre:

Morgado de unha reado,
Dunde bêm tanto riqueza?
Sê trabalho que ta dá,
Nhô ê ladrom de pobreza.[60]

Outro ponto significativo merece atenção especial. Diz respeito ao bilingüismo, isto é, à coexistência da língua portuguesa e do crioulo. A primeira,

(...) manejada quando o voo aponta por caminhos de reflexão mais profunda e se alarga por âmbitos mais vastos. O crioulo para as coisas directas, rasteiras, domésticas, imediatas (...), o português para a aventura da reflexão, para as motivações que podem não deixar de ser populares mas irrompem de uma ambição mais vasta. (...) Freqüentemente, o cabo-verdiano só no crioulo descobre o imo da sua alma: a ironia, o desdém, a graça, o tom de chacota, o pitoresco e as subtilezas do sentimento amoroso.[61]

O mais importante é que, mesmo na intimidade, o português é utilizado para expressar autoridade e mando. É a língua do colonizador, pela qual é transmitida uma série de valores que apontam o sentido da socialização e da opressão. Ademais, o português é o idioma dos livros, da cultura dominante, é o idoma que confere prestígio e define uma situação privilegiada, tanto que sua aprendizagem formal é reservada a poucos. Por sua vez, o crioulo é a língua do cotidiano, a que incorpora os cabo-verdianos, aproximando-os e unificando-os no mesmo espaço cultural.

Contudo, quer numa ou noutra língua, a linguagem se apresenta como um elemento significativo, merecedor de atenção especial. Por meio das convenções verbais socialmente produzidas, torna-se possível entrever a divisão profunda que fragmenta a sociedade cabo-verdiana. A linguagem evidencia a maneira de pensar da gente sofrida pela pobreza, socializada de acordo com uma visão de mundo oposta, não só a seus próprios interesses fundamentais, bem como à sua própria práxis. A linguagem dos pobres reflete submissão e respeito impostos, mas também reproduz o intercâmbio entre os valores universais e os de seu próprio senso comum, abrangendo os elementos embrionários de uma cultura dos dominados.

Todo esse conjunto de mediações simbólicas, do qual fazem parte as cantigas, o rito, as danças, os gestos e as falas, enraíza a experiência do presente no passado. Cabe, em especial aos mais velhos, os mais atingidos pelas adversidades, cujo poder se assenta na experiência carregada de lembranças, o papel social de transmitir as redes de convenção verbal que ajudam a soldar as relações sociais em seus aspectos familiares, vicinais, profissionais, políticos e religiosos, entre outros.[62] É dos mais velhos a principal responsabilidade pela socialização dos "miúdos". E numa sociedade profundamente marcada pela densidade do mundo oral e por uma cultura ágrafa, eles se fazem contadores de histórias. Contos ou fábulas, as narrativas são o resultado de uma elaboração grupal sobre a luta pelos meios materiais de vida, as mais variadas práticas sociais, os símbolos e os valores que são assim transmitidos de geração a geração, garantindo a produção de um modo de coexistência social e criando, pouco a pouco, uma consciência grupal. Sobretudo com a criança compartilha-se a história vivida dia após dia, povoada de promessas para que a chuva caia, do medo da fome, do íntimo contato com a miséria, a doença e a morte, do sacrifício constante e da submissão prescrita pela Igreja e abençoada por Deus, ainda que por vezes permeada pelo *pecado da queixa* e *pelo anseio de rebeldia*.

Esse processo de socialização envolve a incorporação de mitos e estereótipos responsáveis pelos estigmas que marcam a fundo a existência social e psicológica do cabo-verdiano. A título de exemplo, vale lembrar a apreciação que se faz do negro e do trabalho manual. Quanto ao negro, deve-se salientar que tem sido freqüentemente enfatizado pelos intelectuais cabo-verdianos e repetido pela população em geral que não há preconceito racial em Cabo Verde. Entretanto, sobre essa questão controversa pode ser feita ao menos uma observação, qual seja, a do seu necessário desdobramento em dois momentos distintos: o que vai do descobrimento até o final do século XVIII e o que se estende por todo o século XIX, consolidando-se no século XX.

Num primeiro momento, a discriminação de cor é transparente e até ostensiva. Data de 1784 um testemunho a esse respeito. Dele consta uma referência aos brancos como sendo

> muito respeitados e venerados dos pretos, que ficaram sendo seus rendeiros; e de tal forma era o respeito que os pretos tinham aos brancos que, vindo a cavalo o preto, e, retirando-se para fora do caminho, esperava que passasse o branco para o reverenciar; e, havendo passado, tornava a montar para ir continuando a jornada. Nenhum preto entrava na cidade a cavalo, mas esta e outras cerimônias já deixaram de ter uso, ainda que os pretos reconhecem sempre grande superioridade nos brancos, e se reconhecem seus subordinados.[63]

É importante frisar que a partir dessa discriminação e da forma como ela ocorre são constituídas as representações recíprocas entre brancos e negros. Nesse processo, estabelece-se uma noção de ordem hierárquica que persiste mesmo com o fim da escravidão e permanece presente sob o elemento contratual até pelo menos 1975.

Nos séculos XIX e XX, o próprio colapso do sistema escravocrata e a dinâmica da ordem social diminuem consideravelmente as situações nas quais se pode identificar, com clareza, a existência de discriminação racial. É que ao longo desses quase duzentos anos a miscigenação é intensa, passando a maior parte de cabo-verdianos a ser constituída por mulatos. A cor sofre uma nítida reificação e é utilizada apenas como critério para identificar três grandes grupos; o da "gente branca", formado por pessoas de nível socioeconômico mais elevado, isto é, por aqueles que moram, alimentam-se e vestem-se bem, além de terem acesso à escolaridade formal; o da "gente preta", constituído pelos pobres, os mais carentes da população, os esfarrapados subalimentados e, por fim, o "grupo dos mulatos", composto pelos que embora desprovidos de tradição, ascendem socialmente, tornando-se, muitas vezes, grandes comerciantes e agricultores, passando a ser, senão aceitos, tolerados pelos brancos, agora diante de um processo contínuo de inversão da pirâmide social.[64]

Tudo indica, portanto, que o critério passa a ser socioeconômico, e a discriminação, social, e não racial. É significativo que superioridade e inferioridade imponham-se como critério básico para identificação e agrupamento dos agentes sociais em grupos distintos, o que permite não só a coexistência entre a discriminação social e a racial, como o próprio ocultamento desta. Pode-se sugerir que por esse processo negro e branco, discriminação social e racial são termos de pares dicotômicos que passam a ser utilizados como intercambiáveis. Isso não causa surpresa, até porque não é uma característica absolutamente peculiar à sociedade cabo-verdiana. Pelo contrário, até onde se pode dizer ela ocorre com freqüência, sobretudo nas colônias portuguesas, e é inegável a função privilegiada que a Igreja Católica ocupa nesse processo. Não parece haver nenhuma dúvida de que a doutrina católica não só permite como incentiva esse ocultamento, fornecendo subsídios para que a dominação portuguesa seja explicada enquanto parte de uma *missão cristianizadora*, em nome do *interesse geral da humanidade* e, assim, isenta de racismo. De forma similar, mais tarde, a partir do século XIX, os portugueses passam a qualificar sua missão de *civilizatória*, justificando a política de *assimilação* pela *superioridade* da civilização *cristã* ocidental.

O importante é que esses processos de inversão ideológica promovem o obscurecimento das relações de dominação-subordinação, ao mesmo tempo em que criam vários estigmas. Deles, o primeiro a lembrar é o que se refere ao trabalho manual, desqualificando-o, promovendo uma progressiva ruptura entre os trabalhadores manuais e não manuais, uma vez que estabelece diferenças internas entre eles, acentuadas por seus estilos de vida e, mais recentemente, pelo uso ou não da educação formal.[65]

Todos esses padrões de integração e funcionamento que constituem os modos de existência típicos da sociedade cabo-verdiana não se combinam de forma determinada e invariável. Nela, em momentos distintos, transparece com intensidade e formas diversas o jogo complexo de contradições derivado das relações de trabalho. No entanto, o problema crucial está em que, embora a forma de exprimir a dominação tenha importantes variações regionais, ela sempre se fundamenta na violência.

Historicamente, a dominação nas ilhas de Sotavento, em especial em Santiago, Fogo e Maio, aparece, de modo típico, como fundada na violência de mando, tanto institucional quanto simbólica. No caso dos escravos, a brutalidade impera na aplicação de castigos corporais. Os negros escravos são acorrentados por longos anos, açoitados dia após dia, torturados com o calor da fogueira e brasas colocadas sobre o corpo ou ainda privados de alimento e água por vários dias. Sobre esse ponto deve-se observar que vale para os senhores da terra em geral, uma vez que estas são as regras de conduta específicas do sistema escravocrata.

Mas o término da escravidão não põe fim ao caráter rotineiro das formas exacerbadas de crueldade. Apesar de as relações de trabalho passarem a ser contratuais, o costume prevalece. As hortas são guardadas por capatazes, sempre munidos de cacetetes, prontos para agir. A distribuição dos produtos que servem de pagamento é feita sob o olhar vigilante de policiais que, empunhando chicotes, não hesitam em dar umas chibatadas, acusando-os de terem escamoteado alguns grãos. Por meio dessa coerção aberta mantém-se viva a condição de escravo.

Além disso, os rendeiros e parceiros acusados de maus pagadores ou maus cumpridores das "obrigações" são expulsos e têm seus casebres destruídos. A eles também são impostos castigos corporais aplicados pelos capatazes ou pelas próprias autoridades policiais. Consta de uma reclamação de um grupo de rendeiros da propriedade de Engenho ao governador da Colônia de Cabo Verde, no ano de 1946, que: "Em 1944 ele fez do alçapão da casa onde mora a cadeia para os rendeiros, depois de nos castigar barbaramente a palmatoadas três vezes ao dia (...)".

E, mais adiante, apontam para outro problema crucial, qual seja, o da cobrança abusiva de rendas:

> O M. depois da renda paga tira trinta feixes de cana aos rendeiros em cada cem e depois de trapichada ele tira mais vinte por cento e ainda os rendeiros são obrigados a entregar-lhe todo o produto a preço barato, a fim de ele vender a elevado preço.[66]

A esse respeito a informação prestada pelo rendeiro Nicolau ao administrador de Praia, encaminhada ao governador na informação nº 4.162, também é bastante significativa. Consta que:

> Esclareceu o Nicolau que além da renda anual paga mais: pela plantação de banana feita por ele 80S00; pelo carriçal preparado por ele 100S00; (...), por cada trato de terreno arrendado, seis dias de trabalho; (...) por cada casa construída na propriedade...

E assim enumera uma série de taxas abusivas.[67]

Outros momentos há em que predomina a prepotência. É conhecida a história do trabalhador agrícola que anda léguas de terno, gravata e pés descalços, levando notas para o acerto de conta com o arrendatário que o faz esperar horas até recebê-lo.

Mas é preciso observar que todas essas facetas da desigualdade encontram-se intimamente ligadas à medição do favor que encobrindo os laços de dependência, falseiam a práxis real. Dito de outra forma: mediante o favor o sobretrabalho é transfigurado numa "ajuda", que inclui desde trabalhar a terra, procurar feixes de lenha, alimentar e abater o gado até transportar água e prestar serviços domésticos. Também pelo artifício é promovida a inversão completa do significado da sobretaxa, transformando o melhor da colheita do trabalhador agrícola em presente para o morgado, como manifestação de amizade.

A contrapartida também se reveste de resíduo emocional: o morgado *protege* o camponês, cedendo-lhe uma parcela de terra mais cultivável, emprestando-lhe sementes e instrumentos de trabalho, assim como, mais recentemente, facultando-lhe o acesso à agua por meio da utilização da motobomba. E mais: em recebimentos pela *ajuda, honestidade e colaboração,* escolhe entre os filhos dos rendeiros mais velhos e de preferência a ele ligados por compadrio, os "homens" responsáveis pela guarda de seus terras e plantações.

Essa troca de favores é um vigoroso mecanismo de manutenção da dependência pessoal e, como é revestida de aparente igualdade, escamoteia a realidade, criando vários impedimentos para que o trabalhador rural venha a conhecê-la de forma mais objetiva. Além do mais, é inegável que como as relações de produção estão fincadas na violência de mando e na submissão, as relações sociais e políticas conservam-se sem alterações substanciais. Significa dizer que o conjunto de mecanismos de incorporação e exclusão promove e reforça a aceitação passiva, forte elemento de preservação do equilíbrio social. E com vigor, seguramente até 1976, a disciplina e o conformismo prevalecem.[68]

Submissão e Revolta

Com o uso de mecanismos básicos de socialização e controle são obtidos os desempenhos adequados de papéis sociais instituídos por um tipo de sociedade como a cabo-verdiana, assim como a complementaridade das expectativas de comportamento estabelecidas entre proprietário fundiário à trabalhador agrícola. Deste, espera-se trabalho, conformismo e humilde submissão, enquanto àquele é atribuído o exercício do mando. Ora, que significado tem isso tudo na formação e na manutenção da sociedade cabo-verdiana?

O fato principal que merece ser explicado refere-se à razão pela qual a submissão prevalece ao longo dos séculos, sendo eventuais as manifestações de rebeldia. Podem ser feitas algumas observações sobre essa questão, levantando alguns pontos que parecem cruciais. É plausível admitir que o lento processo de deterioração econômica, a permanência do regime indireto de exploração da terra, a pequena elasticidade do mercado de trabalho dado o excedente de trabalhadores agrícolas em relação à quantidade de terras aráveis disponíveis, a reduzida mobilidade social e, por fim, o receio de ser incluído no grupo de trabalhadores compulsoriamente transferidos para as roças de São Tomé e Angola restringem os horizontes do trabalhador que tende a aceitar os padrões impostos.[69] Além disso, o medo da exclusão e da morte à míngua, somado à impotência diante das condições que lhe são dadas, determinam a falta de alternativas visíveis, o que, por sua vez, aumenta o grau de aceitação dos padrões impostos, ainda que estes impliquem uma série de privações. Pode-se dizer ainda que há uma forte tendência para que esses padrões sejam aceitos como justos, o que, aliás, constatou-se recentemente, ainda após a independência. Os exemplos são vários, e um deles refere-se ao fato de o rendeiro raramente atribuir "justeza" em cultivar a terra da qual ele tem a posse útil sem efetuar o pagamento da renda.[70] Neste ponto é fundamental o papel da Igreja Católica, no seu conjunto, que reforça os símbolos de um modo de vida submisso, diluindo os antagonismos estruturais de classe.

A segunda observação ressalta o fato de que as carências, sobretudo a fome, são atribuídas às intempéries como as secas e o vento leste e os flagelos imputados às nuvens de insetos e às epidemias. Assim, os fatores geoclimáticos passam a ser considerados os responsáveis por uma situação de vida miserável, abaixo dos níveis de pobreza. Além disso, estes elementos são comuns a toda a sociedade e, ainda que atingindo cada um dos grupos de formas e em graus desiguais, permitem que seja encoberta a clivagem inerente à constituição da sociedade cabo-verdiana, ao mesmo tempo em que reduzem as possibilidades de o proprietário fundiário ser alvo de descontentamento ou ainda de algumas hostilidades.

Tais observações tornam-se mais significativas quando ligadas a uma terceira, referente exatamente à obediência, que, aliás, ocorre em razão direta do reconhecimento da legitimidade do mando do proprietário fundiário e, portanto, de sua aceitação. Esse ponto é da maior importância porque coloca no centro da análise o papel do proprietário fundiário. A ele cabe executar inúmeras funções, como proporcionar segurança contra "inimigos externos", manter a ordem e administrar a justiça, resolvendo ainda as disputas entre habitantes da aldeia. Cabe-lhe também regulamentar as relações de trabalho, reforçando a utilização dos mecanismos pessoais sobre os impessoais de mercado, o que implica definir a "ajuda" e reforçar ou desencorajar as relações de compadrio, além de punir.

Esses são os motivos pelos quais a obediência ao proprietário fundiário é aceita pelo trabalhador agrícola. A esse respeito, é importante lembrar os mecanismos pelos quais isso ocorre. Sabe-se que o conteúdo desses papéis sociais, a sua complementaridade e os sentimentos humanos que os acompanham são elementos constitutivos dos modos sociais concretos, por meio dos quais se reproduzem os bens simbólicos. Estes são reintroduzidos a cada geração, e sua eficácia é mantida com práticas sociais que os apresentam como adequados e, portanto, válidos. Paradoxalmente, é nesse mesmo processo de reatualização do passado no presente que os trabalhadores do campo, ao reinventarem e reorganizarem os bens simbólicos, criam, ainda que dentro de estreitos limites, alguns pequenos espaços de significação de seus modos de vida, dos quais podem passar a fazer parte alguns elementos de resistência à dominação.

É oportuno lembrar que a resignação não exclui possíveis pontos de fricção. No entanto, é preciso muito mais para que os trabalhos do campo transformem suas queixas em protestos eficazes, estando um dos requisitos no grau de solidariedade e coesão existente entre eles. É exatamente essa a quarta observação que se torna necessária. Nesse sentido, ainda fazem falta alguns registros feitos pelos próprios camponeses acerca da vida no campo. De todo modo, as informações sobre as comunidades agrícolas identificam duas formas de colaboração – a "djuda" e o "djuntamon". Afirma o historiador Antonio Carreira:

> As comunidades rurais mantiveram sempre entre si relações amistosas, com elevado sentido de entre-ajuda nos trabalhos de lavoura, apascentamento de gado etc. Esse espírito de cooperação, de entre-ajuda designado "Djunta-mon": juntar as mãos, para coadjuvar, para trabalhar, entenda-se, é uma característica que se vai perdendo entre os insulares, devido em especial às transformações por que a vida nas ilhas está passando e em que a emigração tem grande influência. No entanto, ainda hoje, nos locais mais isolados há tarefas que se executam pela conjugação de esforços de vizinhos e amigos, constituindo indicativo seguro do sentido da vida comunitária, na medida em que, nos tempos recuados, essa entre-ajuda era permitida até aos escravos submetidos à disciplina das fazendas agrícolas. Parece que o costume é de origem africana (embora em Portugual exista ainda agora) e se ficou devendo bastante à acção dos escravos fujões que, esperando-se à tutela dos senhores, fundaram os seus pequenos sítios, como seus funcos, onde passaram a viver – tal como está registrado nos textos da segunda metade do século XVI e seguintes.[71]

Sabe-se ainda que ambos os sistemas de trabalho estão presentes nas culturas de sequeiro. O "junta-mão" é um importante mecanismo utilizado no trabalho do grupo doméstico, em especial na sementeira e na "monda", isto é, a limpeza do terreno feito à mão ou com enxada de boca larga. Sua base de recrutamento é alargada, não se reduzindo apenas aos familiares; implica troca de refeições e, como é evidente, de trabalho. Em síntese, o "junta-mão" requer "uma devolução estipulada de idêntico valor ou utilidade dentro de um período de tempo definido e limitado".[72]

Por sua vez, "djuda" é um mecanismo de fraca reciprocidade empregado sobretudo por famílias pequenas, compostas por pessoas bastante idosas ou jovens. A "djuda" é utilizada para serviços diversificados, deles fazendo parte a recolha e o transporte de água para uso doméstico.

Contudo, há diferenças substanciais no grau de cooperação, a começar pelas próprias restrições inerentes à reciprocidade exigida pelos mecanismos de ajuda mútua, residindo a maior delas no tamanho das famílias e na faixa etária de seus membros. Além disso, a utilização desses mecanismos é esporádica. A esses senões acresça-se a desqualificação do mutualismo por parte dos próprios trabalhadores agrícolas. Isso ocorre com freqüência em algumas regiões, e o exemplo mais típico é encontrado no Paúl, em Santo Antão, onde o pequeno proprietário em via de proletarização, com condições econômicas muito semelhantes às do parceiro, rejeita o "junta-mão", uma vez que entende esse mecanismo como símbolo da sua falta de condições para pagar a força de trabalho de que necessita. Pode-se afirmar que "o prestígio social está nesse caso por cima da racionalidade econômica."[73]

Também ajuda a limitar o sentido de comunidade a dependência dos trabalhadores agrícolas do uso de recursos escassos, como a água, nacionalizada apenas com a independência, e o acesso à motobomba, o que não os une em torno de tarefas comuns, chegando mesmo a desencorajá-las.

Outra dificuldade, tão ou mais séria do que as anteriores, diz respeito ao fato de os trabalhadores agrícolas integrarem um universo fundado em valores individualistas e paternalistas. Pode-se dizer ainda que eles mantêm a relação com o sistema inclusivo-exclusivo mediante a figura do morgado que intermedeia as relações com o mundo exterior nos níveis econômicos, político e jurídico, configurando assim o clientelismo como modo de participação do sistema mais amplo.

Por fim, no caso de Cabo Verde, ao lado desses obstáculos que ocorrem em maior ou menor grau, segundo situações específicas do ponto de vista histórico, há outros que também desfavorecem a coesão, a começar pela própria insularidade e o difícil acesso às ilhas, passando pela história e chegando às particularidades internas de cada uma delas. Aliás, muito embora verdadeiras, tais afirmações não são passíveis de generalização, até porque a vida em sociedade não é um espaço estruturalmente fixo, mas um campo no qual se desenvolve uma pluralidade de práticas que podem ou não criar situações de cooperação, com tarefas comuns capazes de formar hábitos e sentimentos de solidariedade, aumentando ou não o nível de coesão.

Levando tudo isso em conta, torna-se possível começar a entender por que numa sociedade na qual a maioria dos homens vive situações de carência quase plena, o número de revoltas é pequeno. No que concerne diretamente às revoltas de trabalhadores agrícolas, guardadas as diferenças e matizes, é interessante observar que todas têm em comum o fato de eclodirem quando uma nova exigência, imposta de repente, quebra as regras e os costumes aceitos. Significa dizer que tanto as revoltas de escravos como as de rendeiros que surgem ao longo de todo o século XIX, sobretudo na sua segunda metade, e as do início do século XX, ocorrem por problemas específicos e têm alvos bastante limitados. Todas se insurgiram contra os abusos cometidos pelos proprietários fundiários. É essa a razão que leva os escravos em 1835 a assassinatos e saques de casas, na tentativa de assenhorarem-se da Vila da Praia. Da mesma forma, as revoltas de rendeiros de Ribeira do Engenho, em 1823; Achada Falcão, em 1841; e Ribeirão Manoel, em 1910, todas na Ilha de Santiago, são sempre motivadas pela recusa do pagamento de rendas abusivas e contra a violência com que é efetuada sua cobrança. São todas revoltas ocasionais, esparsas e efêmeras.

Estudar as revoltas depende, fundamentalmente, de pesquisas que abranjam os aspectos econômicos, sociais, políticos, culturais e ideológicos numa conjuntura histórica específica, para que se possibilite avaliar as determinações dos movimentos, bem como sua organização e a relação entre sua base social e a liderança. Isso seria importante sobretudo para captar as combinações entre as reivindicações particulares dos trabalhadores e outras inquietações e queixas que por vezes também estão presentes. É o caso da revolta de Ribeira de Engenho, em que além da recusa em pagar as rendas, sob alegação de que o regime de propriedade estava extinto com a nova Constituição, aparecem idéias políticas inspiradas pela independência do Brasil, ressaltando a condição almejada por Cabo Verde. Há também o exemplo de uma revolta que se dá em 1886, em Santo Antão, ao que tudo indica, concomitante a outras de menor repercussão em Santiago, da qual participam republicanos que se rebelam contra o governo português.

De todo modo, até onde se pode dizer, todas as revoltas são sufocadas com a maior presteza e brutalidade possíveis. Mas, seja como for, esses pequenos movimentos alertam Portugal quanto à necessidade de regulamentar as relações de trabalho, o que, aliás, ocorre logo após a revolta de 1841. No entanto, as tentativas de corrigir, disciplinar ou regulamentar o mercado de trabalho com os Decretos nº 962, de 21 de outubro de 1914, e nº 2.637, de 21 de setembro de 1916, e a Portaria Local nº 233, de 28 de junho de 1917, carecem de vigência prática. Significa dizer que se mantém o sistema de organização de economia agrária cabo-verdiana, dando ensejo para que surja uma série de pequenos movimentos e de reclamações entre 1946 e 1961, encaminhadas ao governador de Cabo Verde e ao ministro do Ultramar por parte de grupos de rendeiros, queixando-se de abusos na cobrança de renda e da brutalidade com que são punidos.[74]

Em síntese, a insatisfação permanece, e a pressão, ainda que lentamente, não deixa de crescer. Por sua vez, 1956 é o ano de fundação do Partido Africano da Independência da Guiné e Cabo Verde, que, em 1963, desencadeia a luta armada na Guiné portuguesa, ao mesmo tempo em que organiza a luta política clandestina em Cabo Verde, atuando para transformar o conflito, até então mais difuso do que explícito, patente no plano empírico. No caso de Santa Catarina, na Ilha de Santiago, por exemplo, a reconstituição dos protestos não deixa dúvidas sobre sua natureza reivindicante, sua capacidade de aglutinação e de organização. Aos poucos, também fica evidente que o sentido da ação não se restringe a uma pauta economicista, incluindo a luta por direitos sociais e políticos, o que implica uma bandeira de luta pela independência do arquipélago.

Esse é o contexto com o qual se consegue captar o significado do Decreto nº 47.344, de 15 de novembro de 1966, aprovado por portaria de 24 de maio de 1967 do governo colonial português, que coloca em vigor o Regulamento do Arrendamento Rural em Cabo Verde. Sua maior importância reside no fato de delinear como prioritárias as relações sociais no campo, reconhecendo o trabalhador como vítima de flagrantes injustiças sociais e, portanto, protagonista de um problema social inadiável tendente a explodir a qualquer momento. O regulamento é uma tentativa de corrigir e disciplinar o mercado de trabalho mediante normas regulamentadoras da locação de serviços na agricultura, antes regidas pelos postulados do direito comum e passando a sê-lo por um regime processual e penal de exceções. Nesse sentido, ele transfere o uso e a fruição de um prédio rústico do proprietário para o cultivador, por certo tempo, mediante determinada retribuição. Também exige que o contrato seja feito por escrito, além, de eliminar a necessidade de intervenção notarial e criar a possibilidade de assinatura a rogo, caso um dos contratantes não saiba assinar.

Visando maior produtividade, o referido regulamento procura dar mais segurança e estabilidade ao cultivador, estabelecendo a garantia de pelo menos três anos para a validade do contrato. Findo esse período, o contrato pode ou não ser renovado por mais três vezes sucessivas, exceto por desligamento por justa causa ou por decisão do cultivador. É importante salientar que essa imposição cria a possibilidade de o proprietário, após um mínimo de seis anos e tendo aumentado seu capital, sujeitar o camponês a um processo de proletarização; no entanto, isso não chega a ocorrer, em virtude da escassez de mão-de-obra, em face do êxodo rural. O regulamento ainda anula todas as cláusulas que obrigam o arrendatário a trabalhos extraordinários em benefício do proprietário fundiário, ou mesmo a pagamentos extras, justificados, por exemplo, como "contribuições prediais" e reparo de prejuízos resultantes de causas imprevisíveis. Noutros termos, pelo regulamento o proprietário fundiário torna-se impedido de cobrar taxas não estipuladas por contrato escrito.

O regulamento é bem mais amplo e complexo, mas, no essencial, essas cláusulas são suficientes para ter uma idéia de como as medidas objetivam dar segurança ao trabalhador agrícola, tornando os desmandos proibidos por lei. Além disso, surgindo qualquer questão entre proprietário e cultivadores, esta passaria a ser examinada pela Comissão Arbitral criada em cada Conselho de Competência para julgar e decidir.[75]

Portanto, por meio desse regulamento, o Estado português, além de disciplinar o mercado de trabalho, tenta ser o guardião dos interesses dos trabalhadores do campo em Cabo Verde. É evidente que por trás disso persiste a tendência concentradora e unitarista de Portugal, que visa, antes de tudo, suster o ascenso do movimento de libertação nacional. No entanto, sua sensibilidade política não é suficiente nem para evitar o avanço da organização do movimento liderado pelo Partido Africano para a Independência de Guiné e Cabo Verde (PAIGC) nem para coibir os abusos praticados pelos proprietários fundiários. Estes, mediante sua força política, impedem a implementação do regulamento com considerável sucesso em Santiago e integralmente em Santo Antão. Os dados são claros nesse sentido, apontando que entre 1967 e 1975 são registrados, embora quase nunca cumpridos, 19 mil contratos de arrendamento e parceria em Santiago e alguns na ilha do Fogo; nas demais, a situação permanece inalterada, pelo próprio desconhecimento da existência do regulamento.

Em síntese, os objetivos de Portugal ficam bem longe de ser alcançados. Se, no entanto, o ponto institucional-legal, importante por expressar a busca de um pacto, fracassa, também a meta em aumentar a produtividade nas ilhas não é alcançada, uma vez que se mantêm intactos o sistema de organização da produção e de distribuição de renda. Aliás, o malogro é sensivelmente acentuado devido à seca de 1969, que atinge seu ponto culminante em 1972/73, sendo registrado um decréscimo de 17% da população. A miséria e a fome aumentam sobremaneira. Importam-se alimentos e inicia-se o "Sistema de Apoio" que, no entanto, oferece aos trabalhadores salários de fome, ao mesmo tempo em que se torna um mecanismo adicional para uma abusada corrupção entre as camadas do funcionalismo público e do comércio.

Seja como for, o Regulamento de Arrendamento Rural contém dispositivos regulamentadores do mercado do fator trabalho, deixando o campo livre para a sociedade se organizar e reivindicar uma nova legalidade. Não surpreende que essa seja exatamente uma das tarefas do PAIGC: despertar em homens e mulheres resignados e estóicos o desejo de lutar por justiça e "terra para todos".

Notas e Referências

(1) Nesse sentido, afirma Perry Anderson: "A diferença decisiva entre qualquer destes tipos de imperialismo e o clássico imperalismo transformador do século XIX é cara. Um explorou suas possessões coloniais para os fornecimentos de matérias-primas e para colocação e consumo dos artigos produzidos na metrópole, freqüentemente manufaturados, por processamento de produtos primários oriundos das mesmas áreas. O outro tipo obrigava, simplesmente, sob o apoio da força, a uma permuta vantajosa de produtos primários ou, no melhor dos casos, ao controle da sua extração". In *Portugual e o fim da ultracolonialismo*. Rio de Janeiro, Civilização Brasileira, 1966, Coleção Documentos da História Contemporânea, vol. 17, p. 22.

(2) É rica a bibliografia que trata do colonialismo e, entre outros, destacam-se: Karl Marx, *Formações econômicas pré-capitalistas*. Rio de Janeiro, Paz e Terra, 1975, p. 120; Karl Marx. *El capital*. México, Fondo de Cultura Económica, vol. II, p. 638, vol. III, p. 320; Max Weber, *História geral da economia*. São Paulo, Mestre Jou, 1968, cap. IV: "Origem do capitalismo moderno", p. 249-321; Paul A. Baran, *A economia política do desenvolvimento econômico*. Rio de Janeiro, Zahar Ed. 1960, cap. 2; Georges Balandier, "The colonial situation: a theoretical aproach". In *África: social problems of change and conflict*. São Francisco, Pierre L. Van der Berghe (ed.), Chandler, 1951, p. 34-61.

(3) Sobre o papel da Igreja Católica, vale consultar: Sérgio Buarque de Holanda (org.), *A época colonial, 2. Administração, economia, sociedade*. São Paulo, DIFEL, 1985, Livro Segundo: "Vida espiritual", p. 51-90.

(4) Vale lembrar que, na época, os escravos não são incluídos nos inventários populacionais. Em 1513, em Ribeira Grande, na ilha de Santiago, há 162 habitantes, sendo 58 homens, quatro mulheres brancas solteiras, dezesseis negros, dezesseis negras, doze padres e 56 residentes naturais de Portugual. A respeito do povoamento, são de leitura obrigatória os livros de Antonio Carreira, notadamente, *Cabo*

Verde: formação e extinção de uma sociedade escravocrata (1460-1878), patrocínio da Comunidade Econômica Européia – Instituto Cabo-Verdiano do Livro, 1983; e *Cabo Verde: classes sociais, estruturas familiar, migrações*. Lisboa, Bibl. Ulmeiro nº 9, 1977, p. 12. Convém ressaltar que, na transcrição das citações deste livro, respeitamos a grafia original, apesar das incorreções que notamos em algumas delas.

(5) Os cinco principais itens da "Carta de privilégios aos moradores de Santiago", de 1466, encontram-se transcritos no livro de Antonio Carreira, *Cabo Verde: formação e extinção de uma sociedade escravocrata* (1460-1878), op. cit., p. 29-43.

(6) Antonio Carreira, *Cabo Verde: formação*... op, cit., p. 32.

(7) Perry Anderson, *Portugual e o fim do ultracolonialismo*, op. cit., especialmente o cap. II. "História do colonialismo português: colonização reflexa", p. 15-38.

(8) Não serão considerados os ilhéus e a ilha de Santa Luzia por sua fraca presença econômica, social e política no arquipélago.

(9) Maria Manuel Torrão, "Subsídios para a história geral de Cabo Verde (1): O algodão da ilha do Fogo: uma matéria-prima de produção afro-européia para uma manufactura africana". In *Revista Magma*. Cabo Verde, ano III, nº 5-6, maio de 1990.

(10) Orlando Ribeiro, *A Ilha do Fogo e as suas erupções*. Lisboa, Ministério do Ultramar – Junta de Investigações do Ultramar (Memórias, Série Geográfica), 1954, p. 141.

(11) João Lopes Filho, *Contribuição para estudo da cultura cabo-verdiana*. Lisboa, 1983, p. 18.

(12) João da Silva Feijó, *Ensaios e memórias econômicas sobre as ilhas de Cabo Verde* (século XVIII). Praia, ICL, 1986; Manuel Ruiz Lucas de Senna, *Dissertação sobre as ilhas de Cabo Verde, 1818*. Praia, 1987.

(13) Mateus Nunes, *Problemas da Ilha de São Nicolau*. Lisboa, Junta de Investigacão do Ultramar, Estudos, Ensaios e Documentos, 1962.

(14) Jose E. Kasper, *Ilha da Boa Vista*. Praia, ICL, 1987.

(15) Felix Monteiro, "A Ilha de São Vicente de Cabo Verde, relatório de Joaquim Botelho da Costa", *Revista Raízes*, nº 7-16, 1980, ano 4. Praia, Imprensa Nacional, 1981, p. 127-213.

(16) Gottfried Stockinger, "Santo Antão: Herança colonial e transformação social", Ensaio Sociológico, CV, Ministério do Desenvolvimento Rural, abril de 1982; e João Pereira Silva, "O papel das instituições rurais na transformação agrária para o desenvolvimento rural". Praia, s.d., mimeo.

(17) Antonio Carreira, *Cabo Verde* (*aspectos sociais, secas e fomes do século* XX), CV, Ulmeiro, 1984, p. 138.

(18) Vitorino Magalhães Godinho, "A estrutura na antiga sociedade portuguesa", Coleção BAB, nº 139. Lisboa, Arcadia, 1971, pp. 75-6. Apud Antonio Carreira, *Cabo Verde: formação e extinção...*, op. cit., p. 368, nota 17.

(19) Antonio Carreira, "A capitania das ilhas de Cabo Verde", Separata da *Revista de História Econômica e Social*. Lisboa, 1987, p. 46-7.

(20) Antonio Carreira, *Cabo Verde: classes sociais, estrutura familiar, migrações*, op. cit., p.12.

(21) José Maria Semedo, "A Formação histórica do espaço do Arquipélago de Cabo Verde – séculos XV-XVI, uma tentativa de abordagem". In *Revista Magma*, op. cit., p. 24.

(22) Luiz Felipe de Alencastro, "O aprendizado da colonização". In *Revista Economia e Sociedade*, nº 1, Campinas agosto de 1992, Instituto da Unicamp.

(23) Antonio Carreira, *Cabo Verde: formação e extinção...*, op. cit., p. 135-216.

(24) Idem, p. 150.

(25) *Guia de fontes portuguesas para a história da África*. Lisboa, Instituto Português de Arquivos, 1991, p. 56-66.

(26) Ilídio do Amaral, *Santiago de Cabo Verde, a terra e os homens*. Lisboa, Memória da Junta de Investigação do Ultramar, nº 48, 1964, p. 184. Cabe ressaltar, segundo A. Carreira, "A despeito de tudo, veio a surgir certa melhoria durante a administração da Companhia do Grão-Pará e Maranhão, que, devido ao seu poder financeiro, foi pagando com regularidades os ordenados e animando o

movimento comercial". In "A capitania das ilhas de Cabo Verde" (Organização civil, eclesiástica e militar, séculos XVI-XIX – subsídios), Separata da *Revista de História Econômica e Social*. Lisboa, 1987, p 44.

(27) O relato de padre Barreira consta da Anua de 1611 (Brásio, IV, p. 465). In Antônio Carreira, *Cabo Verde: aspectos sociais, secas e fome do século* XX. Lisboa, Ulmeiro, 1984, p. 17-8.

(28) Antonio Carreira, *Cabo Verde: formação e extinção...*, op. cit., p. 387.

(29) Idem, p. 391.

(30) Patrick Manning, "Escravidão e mudança social na África". In *Novos Estudos Cebrap*. São Paulo, CEBRAP, nº 21, junho de 1988, p. 25.

(31) Antonio Carreira, *Cabo Verde: formação e extinção...*, op. cit., p. 427.

(32) Alfredo Margarido, "A perspectiva histórico-cultural de Pedro Monteiro Cardoso". In Pedro Cardoso, *Folclore caboverdiano*. Praia, Da Solidariedade Caboverdiana, 1983, p. XXXVIII. Os jornais referidos são: *Independente* (1º/10/1877); *O Correio de Cabo Verde* (19/2/1879); *Echo de Cabo Verde* (abril de 1880); *A Imprensa* (1º/10/1880); *A Justiça* (17/4/1881); *O Protesto* (4/2/1883); O *Povo Praiense* (13/7/1886); *O Praiense e A Praia* (1889).

(33) Cristiano José de Sena Barcelos, *Subsídios para a história de Cabo Verde e Guiné*. Lisboa, Tipografia da Cooperativa Militar, 1904, p. 224-5.

(34) "Sinopse das ordens da Metrópole de execução permanente conteúdas nos 33 primeiros volumes do Arquivo da Secretaria Geral do Governo da Província de Cabo Verde e Costa da Guiné, de 1615 a 1818, ilha Brava, 13/1/1854." O referido documento encontra-se no Arquivo dos Serviços de Administração Civil, em Praia. In Carreira, *Cabo Verde: formação e extinção...*, op. cit., p. 356.

(35) Arquivo Histórico Ultramarino – Cabo Verde – Papéis Avulsos (1808-1812), maço nº 50. Apud Carreira, *Cabo Verde: formação e extinção...*, op. cit., p. 348.

(36) Antonio Pusich, "Memória ou descrição fisico-política das ilhas de Cabo Verde de 1810". In Anais do Conselho Ul-

tramarino, Parte não oficial, 1860-1861 (art. 131, § 3º). Transcrito por A. Carreira em *Cabo Verde: formação e extinção...*, op. cit., p. 370-72 e em *Migrações na Ilha de Cabo Verde*. Praia, Instituto Caboverdiano do Livro, 1983, p. 48-9. É importante salientar que a unidade da propriedade se mantém, quando não se torna maior, mas a unidade de cultivo torna-se menor.

(37) Essa idéia encontra-se desenvolvida por Barrington Moore Jr., *As origens sociais da ditadura e da democracia – senhores e camponeses na construção do mundo moderno*, São Paulo, Martins Fontes, 1983, p. 311-404.

(38) *Revista Cabo Verde*, ano V, nº 53, fevereiro de 1954, p. 6. O artigo sobre a decadência da agricultura em Santo Antão é de autoria de Felix Monteiro e encontra-se citado no livro de A. Carreira, *Migrações na Ilha de Cabo Verde*, op. cit., p. 49-50.

(39) É importante acrescentar que antes mesmo da abertura da Agência do BNU, na Praia, a Santa Casa de Misericórdia e as confrarias religiosas, desde o século XVII exercem função de instituições de crédito. A elas estiveram hipotecadas várias propriedades rústicas e urbanas de Santiago com juros de até 5% ao ano. A propósito, consultar Antonio Carreira, *Migrações...*, op. cit., p. 64, nota 38.

(40) Ilídio do Amaral, *Santiago de Cabo Verde, a terra e os homens*. Lisboa, Memória da Junta de Investigações do Ultramar nº 48, 1964, p. 198-9.

(41) Gottfried Stockinger, "Santo Antão: Herança colonial e transformação social", Publicação do Ministério do Desenvolvimento Rural. Rep. de Cabo Verde, abril de 1982, p.19.

(42) O primeiro contingente de trabalhadores forçados deu-se com destino à Guiné, na segunda metade do século XVIII, quando Guiné e Cabo Verde são um "feudo" da Companhia do Grão-Pará e Maranhão. Um século depois, em novembro de 1863, outro grupo é recrutado por força de lei para trabalhar nas roças de São Tomé e Príncipe. Dessa data em diante, a emigração forçada processa-se regularmente, sempre com inegáveis desvantagens para o cabo-verdiano.

(43) Antonio Carreira, "Aspectos da administração pública em Cabo Verde no século XVIII", mimeo, 1986, p. 188.

(44) "O papel das instituições rurais nas transformações agrárias nos países africanos de língua oficial portuguesa", Relatório sobre o Seminário de Praia (7-13 de dezembro de 1984), regido por Christian Sigrist, p. 41.

(45) Oswaldo Cruz e José Maria Semedo, "Conseqüências do crescimento rápido da população – O caso de Cabo Verde". Texto apresentado durante a realização do Ateliê para Formadores de Educação em População e em Nutrição, S. Jorge dos Órgãos, INIA, CV, FAO (Organização das Nações Unidas para a Alimentação e Agricultura). Mimeo, 28 de outubro a 1º de novembro de 1991, p. 5. Ainda sobre a população rural é oportuno consultar o Relatório da Mesa-Redonda dos Parceiros de Desenvolvimento Praia, Min. Das Finanças e do Planejamento, 16-18 de nov. de 1992.

(46) Aristides Pereira, Relatório do CSL. Apresentado ao 111º Congresso do PAIGC, Mindelo, CV, p. 100.

(47) João Pereira da Silva, "A reforma das estruturas agrárias de Cabo Verde", Introdução ao Ante-Projeto da Lei de Bases pelo ministro do Desenvolvimento Rural, Ed. do Gabinete da Reforma Agrária, s/d., p. 5-6.

(48) João Pereira da Silva, "O papel das instituições rurais na transformação agrária para o desenvolvimento rural" mimeo, s/d, p. 19-21.

(49) Alfredo Bosi, *Dialética da colonização*. São Paulo, Cia. das Letras, 1992, cap. I: "Colônia, culto e cultura", p. 11-63.

(50) Gabriel Mariano, "Do funco ao sobrado ou o mundo que o mulato criou", Separata da *Revista de Estudos de Ciências Políticas e Sociais*. Lisboa, p. 38.

(51) Alfredo Bosi, *Filosofia da educação brasileira*, Rio de Janeiro, Civilização Brasileira, 1985, p. 157-8. Vale lembrar que a dimensão simbólica e seu alcance estão presentes tanto na sociologia de Max Weber, quando trata a legitimidade da dominação, como fazem parte do pensamento marxiano, pela noção de hegemonia, de A. Gramcsi.

(52) Antonio Carreira, *Cabo Verde: formação e extinção da sociedade...*, op. cit., p. 303-4.

(53) Leila Maria Gonçalves Leite Hernandez, "Anotações preliminares sobre a sociedade caboverdeana". In *Revista Magma*, CV, ano III, nº 5/6, maio de 1990, p. 43.

(54) Antonio Carreira, *Cabo Verde: formação e extinção...*, op. cit., nota 21, p. 373.

(55) João Rodrigues, *Casas e casinhotos*. São Vicente, CV. Publ. Gráfica do Mindelo, 1981, p. 101.

(56) Antonio Carreira, *Migrações...*, op., cit., p. 60. É necessário ter presente que há diferenças não só entre as ilhas como no interior de cada uma delas, referentes às habitações das zonas rurais e às dos pequenos centros urbanos.

(57) Luis Romano, *Famintos*. Lisboa, Ulmeiro, 1983.

(58) Antonio Carreira, *Cabo Verde: formação e extinção...*, op. cit., p. 434.

(59) Citado por Arnaldo França in *Notas sobre poesia e ficção caboverdiana*. Praia, CV, 1962, p, 13. Uma descrição pormenorizada encontra-se in Ilídio do Amaral, *Santiago de Cabo Verde...*, op. cit., p. 253-4.

(60) Pedro Cardoso, *Folclore caboverdiano*. Lisboa, Solidariedade Caboverdiana, 1983, p. 68.

(61) Manuel Ferreira, *A aventura crioula*. Lisboa. Plátano, p. 134; 145.

(62) Ecléa Bosi, *Memória e sociedade: lembranças de velhos*, São Paulo, T. A. Queiroz, 1983, cap. I: "Memória-sonho e memória-trabalho", p. 5-49.

(63) Testemunho de um Anônimo, in Antonio Carreira, *Cabo Verde: formação e extinção...*, op., cit., p. 302-3. A respeito da divisão brancos/negros, um trabalho que merece ser consultado é o de Alfredo Margarido, "A perspectiva histórica-cultural de Pedro Monteiro Cardoso". In Pedro Cardoso, *Folclore caboverdiano*, op. cit., p. XXXI – LXXXIII.

(64) Orlando Ribeiro, *A Ilha do Fogo e sua erupções*, p. 164; A. Carreira, *Cabo Verde: formação e extinção...*, op. cit., p. 451; Ilídio do Amaral, *Santiago...*, op. cit., p. 189.

(65) Carreira chega mesmo a referir-se à aversão que o caboverdiano cria em relação ao trabalho agrícola. A esse respeito consultar A. Carreira, *Classes...*, op. cit., p. 65.

(66) Sobre as reclamações, vale consultar Júlio Monteiro Jr.: *Os rebelados da ilha de Santiago*, de Cabo Verde. Lisboa, Centro de Estudos de Cabo Verde, 1974, p. 232 e seguintes.

(67) Idem, p. 237-8.

(68) João Pereira da Silva, "O papel das instituições rurais",... op. cit., p. 13. O autor sublinha que esse sistema de organização da economia agrícola mantém suas características básicas até os anos de 1980.

(69) Pedro Cardoso, *Folclore caboverdiano*, op. cit., Vale lembrar que a primeira emigração forçada para São Tomé ocorre no século XVIII, formando-se em 1903 a Sociedade de Emigração para São Tomé e Príncipe. Antonio Carreira estima que entre 1900 e 1973 emigraram 79.392 caboverdianos para São Tomé. Também é preciso lembrar que em 1947 os cabo-verdianos são contratados para trabalhar nas minas de diamantes e empresas de pesca de Angola nesse mesmo esquema.

(70) Gottfried Stockinger, "Santo Antão; herança colonial e transformação social, ensaio sociológico". Praia, Ministério do Desenvolvimento Rural, CV., mimeo, 1982, p. 39.

(71) Antonio Carreira, *Cabo Verde, classes sociais*, op. cit., p. 32. Cabe lembrar ainda a existência do contrato pago em moeda, conhecido como "tomar colada", isto é, trabalhar por conta de outro. A esse respeito, consultar Orlando Ribeiro, *A Ilha do Fogo e suas erupções*, op. cit., e Ilídio do Amaral, *Santiago de Cabo Verde*, op. cit.

(72) M. Sahlins, *Stone age economics*. Chicago, Aldine, 1972. In Trigo de Abreu, "Família e trabalho numa comunidade de Cabo Verde", *Revista Internacional de Estudos Africanos*, São Paulo nº 3, jan./dez. de 1985, p. 93-4.

(73) G. Stocking, *Santo Antão*..., op. cit., p. 28.

(74) Acerca das revoltas do século XIX, é útil ter em conta que elas coincidem temporalmente com as ocorridas em vários pontos das Américas, em especial nas Antilhas e no Brasil. Uma hipótese que pode ser sugerida refere-se ao colapso das sociedades escravocratas e ao enrijecimento do sistema com maior controle e violência tanto em relação aos escravos quanto aos trabalhadores agrícolas como rendeiros e parceiros. Especificamente sobre as revoltas no Brasil, pode-se consultar Sérgio Buarque de Holanda, *A época colonial*, op. cit., p. 394 ss.

(75) João Pereira Silva, "O papel das instituições rurais"..., op. cit., p. 21-6.

Capítulo 2

Gente de sobrado, de loja e de funco

Acerca da sociedade cabo-verdiana

As Classes Sociais

A questão de qualificar a estrutura social cabo-verdiana impõe algumas considerações teórico-metodológicas que apontam para o fato de os agentes do processo histório-social, por meio de uma relação ativa que se estabelece entre eles, autoconstituir-se enquanto classes sociais. Nesse sentido, a definição de classe passa, em grande parte, pela ação dos próprios agentes, conforme o modo como vivem a história. Em outras palavras: as classes sociais formam-se historicamente, de acordo com a maneira como os grupos partilham condições comuns de existência e, ao fazê-lo, atribuem-lhes significados conferindo-lhes sentido. É exatamente nesse processo de elaboração de experiências que, além de serem identificados interesses semelhantes, os grupos constituem coletividades políticas, isto é, sujeitos coletivos. Significa dizer que os homens são ao mesmo tempo produtos sociais e sujeitos atuantes de realidades objetivas. Isso se refere tanto à forma como se repõem as forças produtivas como ao processo de incorporação da dimensão simbólica.

Referência fundamental para essa abordagem de classe social é Edward Thompson, para quem

> (...) A classe acontece quando alguns homens, como resultado de experiências comuns (herdadas ou partilhadas), sentem e articulam a identidade de seus interesses entre si, e contra outros homens cujos interesses diferem (e geralmente se

> opõem) dos seus. A experiência de classe é determinada, em grande medida, pelas relações de produção em que os homens nasceram – ou entraram involuntariamente. A consciência de classe é a forma como essas experiências são tratadas em termos culturais: encarnadas em tradições, sistemas de valores, idéias e formas institucionais.[1]

Vale sublinhar que dessa forma abre-se a possibilidade de redimensionar a teoria das classes, podendo-se apreender as diferenças entre uma sociedade como a cabo-verdiana e aquelas dos países que integram o chamado "modelo clássico".

Essa perspectiva teórica permite captar a extrema simplicidade da estrutura social nos primeiros 250 anos de colonização, marcada, a fundo, pela dicotomia entre senhores e escravos, bem como o processo pelo qual ela se desfaz lentamente na ordem social de classes em formação.

Está claro que, no caso de Cabo Verde, há um condicionamento geral que é a forma como sua economia está vinculada, por meio da Metrópole, ao mercado mundial. Nesse sentido, até a independência há duas situações fundamentais: a primeira, na qual a formação da sociedade ocorre com a ação de grupos sociais que controlam principalmente o comércio de escravos negros, assim como detêm a propriedade de terra; a segunda, iniciada com o fim do sistema escravocrata, apresenta uma crescente complexidade da estrutura social, sobretudo com a constituição das classes médias.

No primeiro período em apreciação, não resta a menor dúvida de que são os morgados os detentores de riqueza, *status* e domínio. Sobre esse ponto, deve-se observar que

> (...) "Os coronéis" do interior viviam à margem das leis e da ordem. Prendiam, amarravam e espancavam escravos e pretos livres, confiados na pouca, ou nenhuma, força das autoridades constituídas. Em relação aos escravos nem sequer admitiam outra "justiça" que não fosse a feita a seu arbítrio, prepotentemente. As sanções eram severas e desumanas. Fiavam-se no seu dinheiro ou na sua influência, e por vezes na certeza de que os lesados não se queixavam ou, se quisessem fazer, não teriam audiência na vila ou na cidade. Estavam de resto protegidos pela solidariedade dos proprietários vizinhos. "Coronéis" houve que desafiavam o poder dos governadores ou, quando menos, falavam-lhes de igual para igual.[2]

Em última análise, os proprietários fundiários

> (...) com os contratadores dos tratos e resgates e os arrendatários da cobrança de dízimos formavam o topo da engrenagem econômica das ilhas. A par delas andava o proprietário rural mais modesto. Por isso não se hostilizavam abertamente, embora no fundo alimentassem alguma animosidade surda, na razão direta do antagonismo de alguns negócios.[3]

Também integram as classes dominantes outras categorias sociais ligadas às atividades administrativas, militares e religiosas, surgidas em decorrência da própria realidade do processo de colonização e do funcionamento da produção colonial. Já aos funcionários administrativos, cabe colocar em funcionamento os mecanismos de aquisição, preservação e exercício do poder real, com a função de limitar a autonomia dos colonos, o que, como é sabido, poucas vezes se dá a contento, dada sua falta de eficiência, o que restringe as possibilidades de seu controle efetivar-se.

Por fim, compõem as classes dominantes elementos do clero cujas funções são definidas com base nos objetivos da Igreja Católica, no âmbito do processo colonizador. Quanto a estes, o principal refere-se à atuação daquela como a mais importante parceira da Coroa no projeto totalizante de colonização, ao limitar a esfera de poder dos senhores de terra, punindo com a excomunhão todos que desrespeitem o monopólio da navegação e comércio ultramarino outorgado ao rei D. Afonso e ao infante D. Henrique, de acordo com a bula *Romanus Pontifex*, de 1454. Em Cabo Verde tem-se o registro de que, ao menos uma vez, no ano de 1633, a pedido do governador de Cabo Verde ao bispo da diocese, alguns mercadores são excomungados.[4]

Por sua vez, as bulas papais editadas entre 1455 e 1481 protegem os portugueses da excomunhão, liberando-os para adquirir escravos, sob a justificativa de que o faziam para contribuir com a Igreja na diminuição do número de infiéis.

Cabe salientar que a excomunhão é uma forma de punir não só os colonos, como também, e em alguns casos parece que, principalmente, os cristãos-novos. A título de exemplo, vale citar o documento datado de 30 de outubro de 1544, quando, em nome dos interesses da Coroa, o capitão de Santiago, Antonio Correia Sousa, adverte sobre o grande número de "cristãos-novos contrabandistas" que tomam conta de Guiné, na altura ligada político-administrativamente às ilhas de Cabo Verde. Observa que:

> ao presente não há mais que lhe dar boa conta desta sua cidade, senão que Guiné está perdida por causa das muitas mercadorias que esta multidão de cristãos-novos lá levam, porque lá e nesta ilha toda é coalhada deles, por respeito deste Corregedor os trazer tão favorecidos.[5]

Aliás, a Igreja ocupa primordial papel na repressão e extorsão dos cristãos-novos. A longa citação que se segue vale por sua acuidade:

> Enfim, as medidas restritivas da fixação de residência de fidalgos e de cristãos-novos em Santiago e nos rios de Guiné inseriam-se no plano manuelino de perseguição de judeus e de cristãos-novos, e para além da questão religiosa, no receio de eles se fixarem e, com o seu conhecido tacto comercial, prejudicarem ainda mais o negócio dos cristãos e o do próprio monarca. A parte relativa aos fidalgos é que parece um pouco mais confusa. De resto, a perseguição tenaz a judeus no tempo de D. Manuel – que abrandava sempre que estes dispunham de dinheiro para peitar a corte – deu lugar à instalação nas ilhas de Cabo Verde e na costa africana (isto sem falar no êxodo para Flandres, S. Tomé e mesmo Angola) de apreciável número de *"homens da nação"*, autênticos ou forjados, conforme também elucida Almada em 1594. Assim, escaparam aos agentes do rei e às torturas da Inquisição.[6]

Também é a atuação da Igreja que completa a forma de colonizar, não apenas garantindo a exploração efetiva do território, como vinculando os colonos aos reinóis, mediante uma relação de submissão. A esse respeito, é sabido que além do processo de colonização dos colonos, que difunde os valores culturais do cristianismo segundo a versão católica, o clero secular desempenha significativo papel perante o trato negreiro.

Já no século XVI, com o primeiro núcleo urbano na ilha de Santiago, surge o primeiro bispado, residência dos missionários a quem é atribuída a tarefa de evangelização dos negros escravos, tanto dos que seriam exportados para os mercados de trabalho de Cartagena, América Central, Antilhas, Brasil, Índias, Sevilha e outras partes, quanto dos que permaneceriam como mão-de-obra em Cabo Verde.

Nessas condições, o cristianismo católico e o escambo constituem duas faces da mesma moeda. Significa dizer que a Igreja coloca-se a serviço da exploração do trabalho escravo. A ela cabe catequizar os negros tornando-os *ladinos*, isto é, batizados, e capazes de se comunicar pelo *pidgin*, dialeto baseado na língua portuguesa, ou de praticar um ofício como de carpinteiro, pedreiro, ferreiro, calafate, alambiqueiro, trapicheiro, alfaiate ou outro, condições necessárias para que alcancem o dobro do preço pelos negros *boçais*. Só então, mediante uma taxa paga pelos traficantes, os negros são entregues. É evidente que para os traficantes interessa que os escravos sejam liberados num prazo mais curto, diminuindo assim seus prejuízos com a mortandade e as despesas de manutenção dos navios e suas tripulações. *O batismo coletivo* põe fim ao atrito. Ele prescinde da preparação prévia e mediante uma taxa à Igreja, os negros, numa cerimônia coletiva, são batizados e entregues aos traficantes.

Uma vez apontados os grupos que compõem a reduzida classe dominante, sempre mencionando sua relação com os escravos, a grande maioria da população, deve-se registrar a presença, ainda que em percentual pequeno, de categorias intermediárias constituídas por foreiros, sesmeiros, rendeiros e parceiros, em número majoritário nas ilhas do grupo do Barvalento, embora minoria em Sotavento, além de profissionais de ofício e pequenos negociantes do interior, homens livres, forros e libertos, ao lado de degredados pelas mais diversas razões e de agentes de baixa categoria dos serviços públicos. Convém ressaltar que, em geral, essas categorias não apresentam gradações significativas a ponto de caracterizarem situações radicalmente distintas da dos escravos, quer em termos de estilo de vida, quer quanto ao alto grau de dependência para com as classes dominantes.

Com a desagregação do sistema escravocrata a sociedade torna-se mais complexa. Em termos gerais, a composição das classes dominantes sofre apenas pequenas alterações, mantendo-se como grupo hegemônico o dos proprietários fundiários que continuam controlando grande parte do comércio externo e interno, além dos meios de comunicação interilhas e de longo curso. Com eles há o setor dos comerciantes que com a maior liberdade de comércio, em fins do século XVIII, adquire crescente peso na sociedade da colônia. A seu lado situam-se os integrantes do clero secular, do funcionalismo civil, os militares de patente e, bem mais tarde, três industriais de peixe em conserva.

Mas, ao se especificar a estrutura social cabo-verdiana a partir do século XVIII, há um aspecto em particular que merece cuidadosa atenção. É que a reorganização social conta com a presença cada vez mais significativa da classe média. Ora, quais as categorias constitutivas da classe média até a independência?

Cabe advertir que não se inclui entre os objetivos deste trabalho classificar de maneira mais completa a classe média segundo sua posição estrutural, sendo suficiente reter que seus agentes constitutivos ocupam posições distintas no processo social de produção. A classe média compõe-se de indivíduos que vivem de salários; não obstante, apresentam diferenças de ocupação, renda e prestígio, o que contribui para sua crescente heterogeneidade interna em termos de formação econômica e social. De reconhecida dificuldade histórico-sociológica para defini-la, a começar pela falta de informação de conjunto sobre sua origem, ainda assim há elementos para identificá-la. Sabe-se que a classe média constitui-se basicamente de duas categorias, sendo a primeira formada por trabalhadores manuais, na maioria habitantes das ilhas de Santo Antão, São Nicolau e Boa Vista e, em número consideravelmente menor, nas ilhas de Santiago, Fogo e Brava. Trata-se de artesãos e salineiros, pequenos comerciantes e proprietários possuidores de um a três hectares de terra. Estes compõem não só a camada mais numerosa como a mais diversificada desta categoria, abrangendo "o pequeno proprietário que vive quase na miséria e aquele que vive em certa abastança".[7]

Considerada em conjunto, esta é uma categoria marcada pelas diversas situações de trabalho, cada uma delas resultado de uma combinação particular de elementos, como as relações de trabalho, a forma e o nível de remuneração e o grau de escolaridade.[8] Daí provém sua diferenciação política, tendendo em particular os proprietários mais abastados a apresentar uma prática política concreta, coincidente com as das frações das classes dominantes ou com o próprio conjunto delas. Por sua vez, os demais setores propendem, num sentido amplo, a uma prática política alinhada com a das classes populares.

A outra categoria que compõe a classe média apresenta um crescimento contínuo, ligado a uma ligeira ampliação do aparelho urbano burocrático e de serviços. Integram-na trabalhadores não manuais, como os agentes de nível intermediário do serviço público e do comércio, os empregados de escritórios, os profissionais liberais e os estudantes. Como a anterior, também mostra uma divisão entre seus setores, fundada nas várias situações de trabalho, responsáveis por sua diferenciação política.

Neste ponto, deve-se indicar que a classe média como um todo apresenta, ao mesmo tempo, agentes de conservação e de mudança social. Durante estes, é importante ressaltar os poucos profissionais liberais e intelectuais e, em especial, os estudantes, que com base nas relações históricas reais, ao longo do próprio processo de constituição da classe média, formam, aos poucos, um grupo social com interesses e ideais próprios, isto é, com identidade particular, passando a pesar ativa e decididamente na condução da luta contra o sistema colonial.

Por fim, mas não menos importante, há as classes populares, aqui abrangendo

> todos os setores sociais assalariados, semi-assalariados ou não assalariados, cujos os níveis de consumo estão próximos aos mínimos socialmente necessários para a subsistência.[9]

Portanto, delas fazem parte entre 90 e 95% da população e são compostas por rendeiros, parceiros, pequenos proprietários com nesgas de terra de até um hectare, os poucos trabalhadores assalariados do campo, os agentes da mais modesta categoria dos serviços públicos, os pescadores, os marinheiros de navios de cabotagem e o pessoal de estiva dos cais, os poucos tecelões que ainda existem, empregados domésticos, pedreiros, oleiros, carpinteiros, seleiros e ferreiros, entre outros.

Aqui cumpre esclarecer que a maioria dos trabalhadores rurais de terras de sequeiro, fora da época das "as-águas", desenvolve outras atividades, apresentando grande semelhança com a descrição feita por Lévi-Strauss do *bricoleur*

> (...) apto a executar grande número de tarefas diferentes; mas, diferentemente do engenheiro, ele *não* subordina cada uma delas à obtenção de matérias-primas e de ferramentas, concebidas e procuradas na medida do seu projeto: seu universo instrumental é fechado e a regra de seu jôgo é a de arranjar-se sempre com os meios-limites, isto é, um conjunto, continuamente restrito, de utensílios e de materiais, heteróclitos, além do mais, porque a composição do conjunto não está em relação com o projeto do momento, nem, aliás, com qualquer projeto particular,

mas é o resultado contigente de todas as ocasiões que se apresentaram para renovar e enriquecer o estoque, ou para conservá-lo, com resíduos de construções e de destruições anteriores.[10]

De todo modo, é preciso esclarecer que as classes populares apresentam uma heterogeneidade interna determinada pela desigualdade regional, setorial e tecnológica das formas de produção, o que tem a ver, diretamente, com a peculiaridade da sua formação histórica. Em comum, têm o fato de pertencerem ao mesmo mundo rural, cavado na violência do mando e na submissão. Por isso, têm uma capacidade difusa de identificar interesses e de articular suas aspirações políticas específicas, atuando como massa no sentido empregado por Marx, em termos de que seus setores guardam entre si

(...) apenas uma ligação local e em que a similitude de seus interesses não cria entre eles comunidade alguma, ligação nacional alguma, nem organização política, nessa medida não constituem numa classe.[11]

No entanto, nem por isso se considera que a "posição estrutural determina a consciência de classe", o que na verdade nada mais seria do que uma retomada do velho dilema entre as consciências "falsa" e "verdadeira", questão tantas vezes criticada pela teoria marxiana mais recente e em especial por Hobsbawm. Coloca-se que a posição estrutural de classe é apenas um ponto de partida, fazendo-se necessário indicar as condições históricas concretas em que determinada prática social é revestida de seu caráter de classe.

Resta saber quais as possibilidades das classes populares, enquanto atores históricos reais, de intervir politicamente no quadro de uma sociedade feito a cabo-verdiana. Por hora, fica registrada esta questão fundamental para o entendimento da natureza e do próprio caráter do movimento social, que acaba por dar apoio à luta de libertação nacional.

Para concluir, uma última observação: como o espaço político não é um lugar estruturalmente fixo, e sim um campo de práticas, nele interpenetram-se vários processos dinâmicos, como os de miscigenação, de educação formal e de emigração que trazem incorporado, as questões da desigualdade e dos interesses divergentes, aí contidas as relações de dominação.

"O pilão e a mó de pedra"

Costuma-se dar bastante ênfase à mestiçagem como fator crucial da formação da sociedade cabo-verdiana. Sua grande extensão, maior que em todas as outras colônias portuguesas, faz o imaginário popular coincidir com a literatura e os ensaios sociológicos ao considerar que "do funco ao sobrado" ergue-se "o mundo que o mulato criou".[12] A confrontação de certos textos, porém, permite pensar a mestiçagem como uma questão possível de ser vista de outro ângulo. É quando se evidencia que a mestiçagem em si mesma, como variável explicativa, encerra alguns equívocos.

O primeiro, o qual já se fez menção, gira em torno das freqüentes explicações referentes à estrutura social, nas quais a variável mais destacada como o critério para classificar os grupos sociais é a cor. Com isso, torna-se transparente o enraizamento do preconceito de cor que minimiza os aspectos estruturais que marcam a história da colonização.

O segundo equívoco diz respeito ao fato de a mestiçagem ser uma conseqüência do "(...) desaparecimento ou inoperância de preconceitos rácicos e, portanto, a afirmação de um sentido, mais actuante, de democracia étnica e social".[13]

Ora, a mestiçagem é cavada na diferença entre homens brancos e mulheres negras e, de acordo com essa dissimetria, o homem branco "mistura-se" às escravas. Não há, pois, como idealizar esse processo como se o colonizador fosse autoritário e violento apenas no mando, mas generoso e igualitário na corporeidade. Ou ainda, numa versão igualmente ingênua e romântica, de que a negra de Cabo Verde é uma colonizada ao mesmo tempo tão submissa e generosa que o português permite-se sucumbir à sua sensualidade.

Por fim, o terceiro equívoco, essencialmente ligado aos anteriores, reporta-se ao alto grau de assimilação existente. Sobre esse ponto, é significativa a consideração de Gabriel Mariano:

> Em Cabo Verde julgo poder afirmar que o processo aculturativo desabrochou no florescimento de expressões novas de cultura, mestiças "desde as suas origens mais remotas"; que no arquipélago puderam o negro e o mulato apropriar-se de elementos da civilização européia e senti-los como seus próprios, interiorizando-os e despojando-os das suas particularidades contingentes ou meramente específicas do

europeu. Com efeito, os elementos introduzidos com os portugueses, tanto materiais como espirituais, puderam ser incorporados na paisagem moral do arquipélago, passando a ressoar com familiaridade, quer no comportamento do negro, que no do mulato, influindo, por conseguinte, nas suas reacções mais íntimas. Da mesma forma que elementos levados pelos afro-negros foram assimilados pelo branco europeu, tornando-se irremediàvelmente comuns aos dois grupos étnicos.[14]

Para contestar essa idéia, recorro a mais uma citação, plenamente justificada pela extrema sagacidade de seu autor, ao apontar as diferenças e rupturas nos chamados processos de assimilação ou aculturação. Escreve Alphonse Dupront:

Há encontros que matam. Falaremos igualmente, a propósito deles, com uma espécie de humor negro, de trocas de cultura? De resto, os antropólogos responderiam: há assimilação. Mas não é esta também uma forma de humor negro? E, como embusteiros da vida que somos, agruparemos sob a mesma insígnia verbal os processos de morte e os processos de vida?[15]

Figura 11 – Mulher de Santiago de Cabo Verde utilizando a *mó de pedra* para feitura da farinha de milho.

Feitas essas observações, é importante frisar que a cor da pele não explica a estrutura de classes, menos ainda a mestiçagem pode ser considerada um fator responsável por uma democracia racial no arquipélago, tampouco a assimilação é um processo igualitário em que culturas se interpenetram com igualdade.

É compreensível que o mulato de negatividade seja transformado numa positividade que representa uma categoria que apreende a própria identidade nacional. Deve-se, porém, ter claras as implicações decorrentes da ambigüidade do mito da mestiçagem que promove uma perda em termos da especificidade da cultura negra, além de encobrir as inúmeras dificuldades concretas para que ela possa realizar-se.

Dito isso, pode-se destacar uma das formas como historicamente ocorre a mestiçagem em Cabo Verde e as implicações daí advindas, em especial no que se refere à mobilidade social. É preciso explicar que desde os primórdios da colonização o homem branco e a escrava negra têm filhos, o que em Barlavento ocorreu em números bem reduzido, mas em Sotavento, com exceção da ilha de Maio, alcança uma porcentagem bastante expressiva. Pragmaticamente, o pai branco ajuda o filho mestiço que é tão herdeiro quanto os legítimos. Acresça-se o fato que pelo grande número de "filhos de fora", quando o direito costumeiro passa a ser muito pouco operante, acarretando disputas e litígios com os filhos legítimos, é publicada a Provisão de 1753, aliás revista e atualizada em 1792. Como se pode constatar, ela parte de um diagnóstico da situação vigente, restringindo por força de lei o direito de herança apenas aos "herdeiros legítimos". Consta que:

> Não só os filhos naturais herdam, como devem; senão os que são de coito danado, e punível; assim como os sacrílegos, adulterinos e incestuosos; todos aqui costumam herdar: ainda quando há herdeiros legítimos. Os filhos incestuosos são os havidos entre parentes em grau proibido para contrair matrimônio e que também se estende ao parentesco espiritual. Os adulterinos são os que têm o homem, ou mulher, casado fora do matrimônio. Os sacrílegos são os filhos de clérigos, ou frades; uns, e outrem, são todos totalmente indignos, e incapazes; não podem herdar.[16]

Esse é um exemplo da extensão da mestiçagem e de seu efeito quanto à ascensão econômica por parte dos mulatos que pouco a pouco acabam ocupando posição de destaque na sociedade cabo-verdiana, alguns passando a compor a classe dominante, ainda que com menor prestígio do que os primeiros proprietários fundiários.[17]

Em virtude de ser um meio de mobilidade social ascendente, a educação formal contribui não só para as migrações internas do campo para a cidade e entre as ilhas, como para a própria emigração em direção aos países da Europa e das Américas. Por sua vez, cria, ainda que em pequeno grau, um isomorfismo entre estudantes e cargos administrativos, além de ter relevante papel para a elaboração de idéias nativistas num primeiro momento e, mais tarde, para a concepção de um ideário nacionalista.

É bom esclarecer que o investimento em escolas não é preocupação efetiva de Portugal, tanto é que Cabo Verde por ocasião de sua independência, conta com pequeno número de escolas e elevado índice de analfabetismo, da ordem de 70%. Aliás, a educação formal pode ser considerada elitista desde suas origens, quando consagrada ao clero, a partir de 1525. Já o ensino laico tem seu início quase duzentos anos depois, em 21 de janeiro de 1770, com a nomeação de um "mestre de gramática para Santiago". Em 1773, requisita-se que seja designado um mestre de leitura, escuta e latim, e apenas em 1817 é criada a primeira escola primária oficial em Praia, que poucos anos depois fecha, para reabrir em 1840.

Quanto as demais ilhas, em 1869 é fundado o Seminário de São Nicolau, como parte de uma política mais ampla da Metrópole, formalizada em 30 de novembro de 1869, com a Reforma do Ensino de Ultramar. Bem mais tarde, em 1912, é criado o Liceu D. Henrique, em São Vicente, fechado em 1936 e reaberto no ano seguinte.

A criação de escolas, com a conseqüente possibilidade de uma educação formal, para a classe dominante e os setores da classe média ascendente, promove uma mobilidade geográfica do campo para a cidade, que exerce forte atração, como ponto capaz de fornecer uma quantidade significativamente maior de oportunidades para uma circulação vertical. Além disso, é sabido que

> mesmo que em alguns casos, um indivíduo, enquanto permanece no campo, obtenha sucesso acumulando dinheiro ou fazendo algo preeminente (famoso, influente, nobre) tem de obter a ratificação da cidade. Um camponês rico continua sendo somente o poeta da "sua vizinhança" e não é conhecido do mundo.[18]

Por sua vez, a escola também exerce especial atração perante as classes populares, ainda que o acesso a ela lhes seja lento e penoso. O objetivo de ascender socialmente, conseguir melhores ganhos e alcançar uma melhoria de nível de vida faz da educação formal um projeto familiar. No entanto, os estabelecimentos de ensino são poucos e, longe de promover o crescimento generalizado da alfabetização, reforçam a ruptura entre ricos e pobres, tendência que se acentua gradativamente até os anos 1960, conforme avaliação de A. Carreira. Observa o pesquisador que:

> (...) Nas concentrações urbanas como a Praia e o Mindelo tem-se a impressão de que se esboçou um "choque" (de resto sem conseqüências sociais de maior) entre os alunos oriundos das classes abastadas ou mais favorecidas, e os dos estratos sociais seguintes, designadamente filhos de pescadores, estivadores, lavadeiras, cozinheiras, empregadas domésticas, etc., que passaram a freqüentar o ensino secundário que, até certa altura, lhes estava praticamente quase vedado. Parece que os primeiros (os filhos-família, mas sobretudo as mães destes) não vêem com bons olhos a busca da elevação do nível intelectual daqueles que eles reputam seus inferiores na escala social. O facto deriva, em nossa opinião, dos resquícios ainda subjacentes daquele tipo de discriminação social que perdura nas classes privilegiadas, e transmitida aos jovens através de uma educação arcaica, deformada, que deveria ter desaparecido, desaparecido já. Parece-nos que esta situação se exteriorizou mais (ou se exacerbou mesmo) com a explosão escolar após a instituição do ciclo preparatório em quase todas as ilhas e da expansão do curso secundário geral, na Praia e no Mindelo. Grande parte das camadas sociais dos estratos mais elevados ainda se não consciencializou para compreender o fenômeno mundial da franca e salutar democratização do ensino, bem como a conseqüente extinção de privilégios de classe.[19]

Na verdade, ainda é muito difícil avaliar o peso de quem tem o reconhecimento, por parte dos diversos setores da sociedade, da importância moral da alfabetização. De todo o modo, o preconceito de classe dos liceus, ao que tudo indica, apresenta-se hoje em grau bastante reduzido. Por outro lado, o ciclo preparatório alcança grande parte da população, e a taxa de analfabetismo apresenta-se em franco declínio. Também o curso secundário geral está se estendendo, deixando inclusive de ser privilégio das cidades-capitais.

Não obstante, permanece o prestígio em torno dos que têm diploma universitário, e é essa a busca da maioria dos jovens. Isso traz, por um lado, como conseqüência certo desequilíbrio no mercado de trabalho, havendo uma oferta inferior à demanda para os jovens egressos dos cursos universitários e, por outro lado, falta de formação adequada para o preenchimento de vagas de nível intermediário. Além disso, notadamente na administração pública, as disputas pelos postos de segundo e de terceiro escalões criam verdadeiros pontos de fricção entre os "jovens doutores" e os "velhos experientes". Esse fato, bastante agravado pela inelasticidade do mercado de trabalho, constitui um dos muitos entraves para que a administração pública cabo-verdiana torne-se eficiente e eficaz.

Entretanto, apesar desse papel central da disputa no âmbito do mercado de trabalho, a educação formal possibilita outro desdobramento que merece ser ressaltado, dada sua extrema relevância. Refere-se à formação de funcionários cabo-verdianos preparados para preencher postos de segundo escalão do funcionalismo público ultramarino, ou seja, em particular na Guiné portuguesa, onde entre 1920 e 1940 cerca de 70% dos oficiais da administração pública são cabo-verdianos ou seus descendentes. Cumpre-se, assim, a velha e sempre reatualizada política do *divide et impera*. Também vale dizer que no próprio arquipélago são poucos os cabo-verdianos que ocupam postos de direção na administração pública (reservados para os portugueses), o que se altera a partir de 1960. Por ocasião do 25 de abril, em Portugal, o secretário-geral do governo provincial é um cabo-verdiano.

A esse respeito é pertinente a proposta sugerida por Cláudio Furtado, de

> (...) verificar se entre os cabo-verdianos formados pela antiga Escola Superior Colonial, mais tarde Instituto de Estudos Ultramarinos, que passou a chamar-se, no período imediatamente anterior à Revolução dos Cravos, Instituto Superior de Ciências Sociais e Políticas Ultramarinas, quais os que foram indigitados a trabalhar na Administração Pública cabo-verdiana e o cargo que desempenham. Acresce-se que, no caso concreto de Cabo Verde, os oficiais da administração pública gozavam de um grande prestígio e poder na sociedade cabo-verdiana.[20]

Levando tudo isso em consideração, cabe perguntar por que os escolhidos pela Metrópole são cabo-verdianos. A resposta abrange inúmeros fatores, e o primeiro deles é o da barreira epidemiológica, dificultando o acesso dos portugueses à Guiné portuguesa, Angola e Moçambique, o que, como se sabe, praticamente não ocorre em Cabo Verde. Por sua vez, os negros africanos de diferentes grupos étnicos que permanecem no arquipélago participam de intenso processo de miscigenação e, o que é principal, de assimilação. Assim, ao contrário das demais colônias, não há diversidade étnico-cultural em Cabo Verde. Some-se o fato de que a falta de condições geoeconômicas do arquipélago desloca o alvo da sua colonização, da exploração econômica para a criação de um espaço predominantemente administrativo, fornecedor de mão-de-obra qualificada para as demais colônias.

Esse conjunto de condições diminui o grau de dificuldade para a criação e o funcionamento, ainda que precário, das escolas, possibilitando a formação de uma mão-de-obra apta e, sobretudo, ideologicamente confiável, já que fruto de um processo de inculcação de verdades ontológicas da civilização cristã ocidental. Desse modo, a Metrópole utiliza essa mão-de-obra cabo-verdiana como correia de transmissão da administração colonial, criando em Angola, Moçambique e, em particular, na Guiné portuguesa, certa animosidade por parte dos nativos para com os cabo-verdianos.[21]

Para concluir, duas considerações. A primeira é sobre o papel decisivo, nesse processo, da relação que se estabelece entre os jovens estudantes e os homens de imprensa. No seu extremo provincianismo, ainda que sedimentando particularismos e regionalismos, a imprensa escrita unifica interesses comuns. São sete os periódicos que passam a circular a partir de 1877 até 1886,[22] e começam paulatinamente a sugerir algumas reivindicações políticas, embora de forma tímida e, por vezes, ambígua. De todo o modo, a língua impressa acaba criando "campos unificados de intercâmbio e comunicação, (...) embrião da comunidade nacionalmente imaginada".[23]

A segunda consideração diz respeito ao papel singular desempenhado pelo sistema escolar na formação de uma elite intelectual capaz de questionar, cada vez mais, a história oficial. Em busca de educação formal, ou mesmo de formação profissional, são inúmeros os que emigram para Portugal, principalmente Coimbra e Lisboa, cidades que passam a constituir verdadeiros centros de integração de jovens provenientes de diferentes colônias. E é no acesso aos recursos intelectuais e na troca de experiências que esses estudantes percebem, com maior clareza, que naquele momento as particularidades histórico-culturais ficam muito aquém dos liames que os unem em torno do objetivo comum da luta pela independência de seus países. Aos poucos, a resistência se concebe e, de forma lenta, mas continuada, são gestadas as idéias anticoloniais.[24]

A Diáspora

A precariedade da vida econômica e a extrema pobreza, a fome e a alta taxa de mortalidade, acentuadas nas épocas de secas, pragas e epidemias, expulsam amplos setores da sociedade para fora do arquipélago. O que se busca, tanto nos deslocamentos interilhas como para outros continentes, é a possibilidade de alterar uma situação que se mostra permanente e inviável. A aspiração básica do emigrante é lutar por sua sobrevivência e a de sua família para, num segundo momento, poder criar melhores condições de vida. Nesse sentido, o emigrante equaciona possibilidades de trabalho, levando em conta suas aspirações referentes à estabilidade do emprego, ao nível e à regularidade de remuneração e as possibilidades de ascensão profissional.

É importante frisar que a saída de cabo-verdianos do arquipélago, em certo sentido, não pode ser considerada espontânea, pois mesmo que não se refira a constrangimentos institucionais, é causada por alto grau de dificuldade econômica.[25] É assim, desde o primeiro grupo do qual se tem registro, que nos últimos dez anos do século XIX parte da ilha de Brava, em navios baleeiros, com destino aos Estados Unidos. De lá até nossos dias, a emigração não pára de crescer.

Vale lembrar que entre 1900 e 1924, fase conhecida como norte-americana, a emigração se mantém constante, embora com oscilações no fluxo, em virtude da combinação de três fatores principais: as restrições colocadas por Portugal, como o decreto de 1903, o qual estabelece um alto custo para o passaporte; as medidas facilitadoras, como a isenção do passaporte, que ocultam ou mesmo servem de pretexto para forçar a movimentação para as colônias portuguesas; e as objeções colocadas pelos Estados Unidos para a entrada de emigrantes analfabetos, a partir de 1917. Aliás, a referida restrição suscita reivindicações e até indignação por parte de intelectuais e homens de imprensa cabo-verdianos em relação ao governo português, como se constata na leitura da carta de Eugênio Tavares. Em tom pungente, afirma o intelectual cabo-verdiano que:

> (...) Proibir a emigração caboverdeana para os Estados Unidos é dirigirmo-nos ao povo caboverdeano, e dizer-lhe: "Amigo, tira os sapatos; despe o casaco; pega na enxada e salta para os morgadios de Santiago, do Fogo, de Santo Antão, onde há falta de braços. Foste, até aqui, o livre trabalhador da América; de agora passas a ser uma espécie de contratado de São Tomé. Até hoje comeste à tua mesa, em pratos e com talheres, o pão que o suor do seu rosto livremente fecundou e amadureceu: de hoje em diante irás comer, em gamelas de pau, o pão da escravidão que o diabo amassa – dessa escravidão encamizada de liberdade, que é um insulto à dignidade humana." (...)[26]

Por meio dessa carta, tornam-se públicas algumas questões cruciais da injusta estrutura econômico-social de Cabo Verde, salientando como única alternativa a emigração. Quanto à tendência de interrupção de fluxo, não pode durar e de fato não dura. Assim é que nos anos 1920 a emigração para os Estados Unidos registra um crescimento, não obstante entre 1929-30 até por volta de 1945 ela volte a decrescer. Em contrapartida, diversifica-se para países do próprio continente africano, como Angola e Segenal, e para nações latino-americanas como Argentina, Brasil, Chile e Uruguai.

Por sua vez, a partir de 1950 até por volta de 1973, o número de emigrantes triplica em relação à década anterior. É a conhecida fase do "grande êxodo" em direção aos países da Europa, como Portugal, Holanda, França, Luxemburgo e Itália, em decorrência de quatro fatores: as secas e as mortes dos anos 1940 e fins dos anos 1960, início da década de 1970; a Segunda Guerra Mundial, que agudiza os problemas econômicos das ilhas, incluindo a redução de oferta de empregos e maiores dificuldades para a importação de alimentos; a falta de envio de recursos financeiros por parte da administração colonial; as políticas financeira, monetária e fiscal restritivas, praticadas por Oliveira Salazar, tanto à frente do Ministério das Colônias como enquanto presidente do Conselho de Ministros.

Paradoxalmente, as imensas dificuldades pelas quais o arquipélago passa combinam-se com a grande expansão pós-guerra na Europa e a necessidade de mão-de-obra sem o pré-requisito da especialização. Para ter uma idéia da magnitude desse processo é preciso indicar que, segundo censo de 1980, cerca de 700 mil cabo-verdianos vivem no exterior, ou seja, o dobro dos que permanecem no arquipélago, tendência que aliás é mantida até os primeiros anos de 1990, não obstante as crises do petróleo de 1973 e 1978-79, acarretando a retração do mercado, tenham ocasionado a redução do fluxo imigratório.[27]

Um aspecto relevante é que ao longo do tempo esse processo acaba constituindo um fator de diferenciação social, uma vez que o valor da remessa para o sustento da família depende do país para o qual cada cabo-verdiano se dirige, sendo, via de regra, significativamente maior por parte dos que trabalham nos Estados Unidos em relação aos que trabalham em Portugal, dada a tendência de primeiro grupo ser constituído por trabalhadores especializados, ocupar empregos com melhor remuneração e pelo próprio fato de ser o dólar uma moeda mais forte do que o escudo português.

Em conseqüência, ao contrário do que ocorreu nos anos 1950 quando alguns americanos, com a compra de morgadios, transformam-se em "mercanos" de Santiago, a partir do final dos anos 1970 o número de médios e pequenos proprietários aumenta consideravelmente, delineando-se uma tendência à desconcentração das terras.

Deve-se observar que apesar da complexidade do padrão de emigração e da distribuição dos grupos em diferentes países, até onde se pode dizer, a emigração vista em conjunto é, em primeiro lugar, um "projeto familial".[28] É certo que os emigrantes não só mantêm forte vínculo com sua família como promovem sua ascensão social, seja com a aquisição de terras – valor básico em torno do qual são definidas as aspirações no sistema tradicional cabo-verdiano – seja com a acumulação de capital em mãos de um pequeno grupo de comerciantes, que pouco a pouco cresce e torna-se expressivo econômica, social e, em anos mais recentes, politicamente.

Esse fato conduz à constatação de que, embora a diáspora seja permanente, não corta os laços entre os emigrantes e sua terra natal. Ao contrário, esse processo é da maior relevância, já que as remessas dos emigrantes são absolutamente vitais para a economia cabo-verdiana, seja seu destino a aquisição de terras, a aplicação em investimentos públicos, seja ainda o equilíbrio do déficit da balança de pagamentos cabo-verdiana.

Mas é preciso deixar claro que quaisquer que sejam os ganhos econômicos, e sabe-se que são muitos, a emigração acarreta desdobramentos em outros níveis, como o social, o político-ideológico e o cultural. Na verdade, o processo migratório acaba gerando, a médio prazo, desdobramentos no processo de mudança das relações sociais, promovendo alterações na própria composição das classes média e dominante. Também traz mudanças nos papéis do homem e da mulher, passando esta a cuidar da agricultura e do apascentamento do gado, e a decidir como fazer uso do dinheiro e de outros bens.[29]

Por outro lado, os emigrantes, uma vez inseridos num sistema sociocultural mais amplo e bem mais complexo, passam pouco a pouco a almejar melhores níveis de produção e consumo. No que se refere às relações do grupo primário mais amplo, são mantidas, ainda que rearranjadas, nos países onde passam a viver. Na realidade, esse processo implica uma redefinição da nova área geográfica num espaço social cabo-verdiano. Assim, em países como os Estados Unidos e a Holanda, as comunidades cabo-verdianas fundam clubes desportivos, editam livros, imprimem jornais, produzem e gravam discos. Mas nem por isso se fecham em guetos incomunicáveis; ao contrário, adaptam-se aos novos padrões culturais modeladores da aparência, da conduta e mesmo do estilo de vida. Esse processo compreende, ainda, a apreensão de diferentes experiências e de um novo ideário que acaba acarretando a diversificação das aspirações em todos os graus.

Tudo isso sugere que a emigração é um processo psicossociológico[30] por meio do qual diminui gradativamente o predomínio da ação prescritiva ocorrida mediante o cumprimento de normas internalizadas. Na verdade, com o impacto da vida urbana e da educação moderna às quais são expostos, os emigrantes transformam-se em grupos de pressão, reivindicando transformações e almejando ampliação da participação política, desenvolvendo o espírito crítico acerca da estrutura vigente e da falta de liberdade em que vivem no arquipélago. Seus horizontes ampliam-se assim cada vez mais. Apesar de suas diferenças, de forma genérica, parece claro que:

> 1º – O caboverdeano não vai à América apenas à cata de alimento; 2º – O caboverdeano, quando regressa, (pois que sempre regressa quem como ele ama a família e a terra em que nasceu) traz, não só dollars, senão luzes; e apresenta, não só um exterior de civilizado, mas uma noção social por vezes mais justa que aquela que de outra parte lhe seria impossível trazer; 3º – Que o caboverdeano, na América, modifica o seu modo de ser moral, erguendo-se de um absoluto anonimato social e consciente elemento de progresso; 4º – Que, açacalado no contacto do

grande povo americano, o caboverdeano aprende a encarar a vida por um prisma elevado; cria necessidades que lhe educam a vontade em lutas mais nobres; integra-se na civilização, já se não adaptando dentro da estreita exigência da cubata e da cachupa; já dificilmente suportando as exigências tirânicas de um trabalho humilhante e mal remunerado, facto que por mais de uma vez o contra-indicou para as encomendas de forças fiscais periodicamente facturadas para São Tomé e Príncipe;
5º – Que, finalmente, o caboverdeano pertence, como todos nós sabemos, a esse número de homens cujas aspirações não se limitam à actividade mandibular.[31]

A esta voz somam-se outras, deixando rastros que são retomados ao longo do processo de contestação que antecede a organização e a práxis do movimento de independência.

Em síntese, pode-se dizer que todas as características apontadas encontram-se entrelaçadas e presentes não só entre os "americanos", mas entre os emigrantes de maneira geral, conduzindo em particular à observação de que, ao lado da permanência da ordem social e portanto do conjunto de padrões culturais que sustentam o grupo, surgem novos padrões e há o gradativo reconhecimento das várias dimensões da vida social. Essa descoberta parece ser o ponto central para que se possam compreender as relações entre a estrutura social e o comportamento político. Fica, no entanto, uma questão, qual seja, saber a ligação que pode guardar o processo de emigração com o movimento de independência, uma vez na situação cabo-verdiana a percepção da presença dos emigrantes considerados em conjunto é relativamente obscurecida pela dos estudantes e intelectuais sediados, num primeiro momento, em Portugal.[32]

Estrutura Político-administrativa

Convém recordar que a forma pela qual se distribui a terra é responsável por uma dupla determinação: social e política. Historicamente, é sabido que as câmaras municipais surgem como porta-vozes dos donatários e, mais tarde, dos morgados, autodelegando-se representantes dos poderes locais da Colônia. A primeira delas é criada em 1497 e composta por homens bons, eleitos pelos grandes proprietários, consistindo, portanto, numa esfera de poder político localizada nas grandes propriedades da Colônia. Não obstante, a Câmara guarda uma relação de complementaridade e tensão com o sistema político da Metrópole. Complementaridade ao sistema imperial, na medida em que não constitui um núcleo de soberania, tendo de reportar-se ao rei, ocasião em que se encontra legitimidade como representante da Coroa.

Por sua vez, a tensão manifesta-se sempre que os colonos têm seus interesses contrariados pela imposição dos direitos da Metrópole. No entanto, a Câmara não tem força suficiente para contrapor-se aos regulamentos coloniais e ao tribunal do rei, ou seja, ao interesses metropolitanos. Significa dizer que o poder da Coroa portuguesa estrutura-se tendo como objetivo central impor sua autoridade sobre a Colônia, em função direta do controle do trânsito de mercadorias, notadamente o comércio de escravos. É um processo gradativo de cerceamento dos poderes e da influência dos agentes econômicos que limita a autonomia dos colonos, submetendo-os a uma relação de submissão ao poder da Coroa portuguesa.

Por certo a extinção das donatarias e o surgimento dos morgadios são o marco desse processo, do qual faz parte a criação dos mecanismos de aquisição, preservação e exercício de um poder político-administrativo unificado. Em face desse propósito, são criados vários cargos, a começar pela nomeação, em novembro de 1518, dos corregedores das ilhas do Fogo e de Santiago. Dois anos depois, surge o feitor de escravos, tendo por função a superintendência do comércio em geral e, em especial, do tráfico de escravos. Em 1533, é instituído o cargo de feitor de algodões, com a incumbência de supervisionar a colheita, o armazenamento, a distribuição local e a exportação de toda a produção algodoeira das ilhas. Há ainda os agentes do rei, fiscais encarregados da arrecadação de impostos e da distribuição de algodão para os fazendeiros proprietários de escravos-tecelões que confeccionam a panaria. Nessa época, em 1530, surge o primeiro capitão de uma série de onze, responsável pelo exercício do poder na Ribeira Grande e nas vilas de Santa Maria. Meio século depois, em 1587, é designado o primeiro governador e capitão-general para a capitania, escolhido pelo rei dentre militares portugueses.

Os descontentamentos por parte dos colonos em relação aos monopólios e aos privilégios da Coroa não demoram a se fazer sentir. Mas nem por isso eles são extintos; da mesma forma, o direito ultramarino não modifica o oneroso sistema fiscal. Diante dessa situação, criam-se mecanismos para burlar os regulamentos reais, o que é facilitado pela ineficiência da máquina administrativa.

De toda forma, pode-se dizer que o período entre 1460 e o final do século XVIII caracteriza-se por uma atuação político-administrativa na qual, aos poucos, as prerrogativas das administrações municipais são reduzidas em detrimento das do governandor, cuja responsabilidade política é determinada pelo Ministério do Ultramar, que define suas competências específicas, compatibilizando-as com as da Assembléia Nacional. Equivale dizer que a autoridade política da Metrópole afirma-se sobre a Colônia.

É evidente que esse não é um processo linear, muito menos isento de divergências entre autoridades, o clero e os moradores. Ao contrário, por vezes, os embates chegam a alcançar graves proporções, dando lugar à formação de facções ativas armadas em apoio a um e outro dos grupos em conflito.[33] Tais desavenças, comuns nas várias praças e presídios,[34] sobretudo em épocas de crises acentuadas por fatores geoclimáticos, não ocorrem por motivos ideológicos, mas por rivalidades e pequenas disputas de ordem econômica ou mesmo por antigas rixas de família e individuais. Outras vezes, são causadas por desmandos das autoridades, já que os limites dos direitos e das obrigações inerentes aos cargos ainda não estão devidamente estabelecidos, predominando as normas costumeiras, o que possibilita a quem tem prestígio e autoridade atuar de forma discricionária, reafirmando seu próprio poder.

No século XIX, a influência do iluminismo faz-se sentir na Constituição de 1822, que no seu art. 20 define a nação portuguesa como "a união de todos os portugueses de ambos os hemisférios". As cartas constitucionais que lhe sucedem, nomeadamente as de 1826 (nos seus arts. 1º, 2º e 7º) e de 1838 (nos arts. 1º, 2º e 6º), reafirmam a ligação indissolúvel entre Portugal e seus territórios ultramarinos. Como decorrência, os assuntos concernentes às colônias passam a ser tratados pelos respectivos ministérios da Metrópole, o que implica maior centralização político-administrativa, elaboração de medidas absolutamente inadequadas às realidades das colônias e alto grau de desorganização nos serviços públicos dos territórios. Sob essas condições, o grau de ineficiência administrativa cresce a tal ponto que, em 1835, Sá da Bandeira recria a Secretaria do Estado da Marinha e do Ultramar, dividindo-a em duas secções, a da Marinha e, em 1838, a do Ultramar. A esta reestruturação seguem-se outras, visando adequar o estatuto legal à realidade dos territórios ultramarinos. Nesse sentido, em 1843, classificam-se os territórios por províncias; em 1851, é restabelecido o Conselho Ultramarino; em 1859, procede-se a uma classificação por assuntos; e, em 1868, o Conselho Ultramarino passa a chamar-se Junta Consultiva do Ultramar.[35]

De todo modo, a tendência à excessiva centralização mantém-se mesmo quando são facultados poderes especiais aos governadores em casos de emergência, como consta da Constituição de 1838 e do Ato Adicional de 1851, ou ainda em 1869, com a reforma Rebelo da Silva, que amplia os poderes dos governadores. Vale lembrar, contudo, que as finanças continuam a obedecer a princípios centralizadores, dependendo de Lisboa a primeira e a última palavra na concessão de fundos e na cobrança de impostos. As demais decisões também são tomadas na Corte, único poder legislativo do Império. Para ter uma idéia da mínima representatividade das colônias tome-se, como exemplo, a composição das cortes em 1854, quando são deputados pelo Ultramar cinco elementos pertencentes ao Estado militar, um eclesiástico e oito civis, sendo cinco do funcionalismo público e destes, quatro do continente e um de uma das colônias, no caso, Cabo Verde, representada pelo subdiretor da Alfândega de São Vicente.

No começo do século XX, mais precisamente em 1910, sob o "novo" imperialismo, e com o advento da República em Portugal, inicia-se o chamado período da política de autonomia. Consta do art. 67 da Constituição republicana que:

> Na Administração da Províncias Ultramarinas predominará o regime de descentralização, com leis especiais adequadas ao *estado de civilização de cada uma delas*.[36]

Seguem-se as medidas de centralização que se acentuam a partir de 1926, como se verifica pelo Ato Colonial de 1930, cujo maior responsável é Oliveira Salazar, e se assentam em cinco pontos principais: a unidade política da Metrópole e do Ultramar; a autonomia administrativa das colônias; a solidariedade econômica entre Metrópole e Ultramar; a nacionalização da economia colonial; e a integração das populações africanas. Por sua vez, em 1933, é promulgada a Carta Orgânica do Império Colonial Português e a Reforma Ultramarina, com um novo Estatuto Político, Civil e Criminal dos indígenas da Guiné, de Angola e de Moçambique.

Neste ponto, fazem-se necessárias algumas considerações. A primeira delas é que todas essas medidas e também as que lhes sucedem são regidas pelo ideal português de unidade do Império Ultramarino. Sabe-se, no entanto, que o resultado é bastante diverso. A política portuguesa no século XX acaba resultando em um grau ainda maior de divisão, exclusão e marginalidade. Dessa herança, nenhuma das cinco colônias africanas escapa, ainda que seja notória a diferença de intensidade empregada pela política colonialista – ou pelo ultracolonialismo, como prefere chamar Perry Anderson – em cada uma delas.[37]

A segunda consideração é que, especificamente quanto aos cabo-verdianos, como são considerados de acordo com o grau de assimilação, integrados à cultura portuguesa, são regidos pelo estatuto da cidadania comum aos moradores da Metrópole. Porém, uma vez mais é preciso chamar a atenção para a nítida disjunção entre a disposição jurídica e a realidade. Historicamente, é sabido que faltam ao cabo-verdianos os direitos básicos calcados na idéia de individualidade, nos direitos da pessoa e de representação. Numa palavra, sem se democratizar a política, o que é quase impossível no âmbito de um sistema colonial, não se transforma um sujeito em cidadão.

Em essência, mesmo após a Segunda Guerra Mundial, com toda a pressão anticolonialista, é promulgada uma série de leis que não alteram nada de significativo, até porque não é essa a intenção. Assim, a ampliação dos princípios de unidade política entre Portugal e as então designadas províncias ultramarinas, a autonomia orçamentária destas e mesmo a revogação do Ato Colonial, a ampliação da competência do governador e da Assembléia Nacional, o aumento da solidariedade econômica com o advento da moeda comum e a atenuação dos estatutos relativos às populações africanas em nada modificam a forçada submissão das ditas províncias, cada vez mais exploradas, como Angola e Moçambique, ou relegadas ao abandono, como Cabo Verde, mas reprimidas com constância pela violência, em grau cada vez maior, da Política Internacional e de Defesa do Estado (Pide).

Em síntese, é importante ter claro que

> (...) mesmo considerando as modificações no processo de acumulação capitalista, como no âmbito da política colonial, o caráter da colonização portuguesa permanece. A flexibilidade em torno do maior ou menor grau de centralização do poder em relação às colônias não altera, antes preserva a dominação política.[38]

Nesse sentido, a força vinculante é entre superior e subordinado, mediante um poder coativo externo que se reproduz internamente a cada colônia.

Por sua vez, os descontentamentos em Cabo Verde resultam de diferentes tipos de movimentos sociais expressos por formas políticas também variáveis. Isso inclui desde as primeiras revoltas de escravos e as rebeliões no campo, até os movimentos grevistas do século XX e as situações nas quais a crítica se faz a partir de um setor do próprio aparelho de Estado. Compreende ainda as primeiras manifestações de nativismo cujas raízes estão no mundo rural e no patriciado burocrático que começam a se opor aos estrangeiros, contando com importante ajuda das colônias de emigrantes, em especial as dos Estados Unidos e da Holanda.[39]

Por fim, quanto à face interna do poder em Cabo Verde, não se pode esquecer a grande influência da base agrária num sistema de dominação configurado sociologicamente como patrimonialista.[40] Significa dizer que no mundo rural ao qual pertence a maior parte dos cabo-verdianos cria raiz a subordinação pessoal ao *senhor de terras* quem tem poder e prestígio para fazer valer alguns de seus interesses e privilégios, por meio da pressão que exerce sobre a estrutura organizada do poder. Além disso, no pequeno mundo do campo, é a ele que cabe efetivamente fazer justiça, conceder benefícios, ou mesmo influir na distribuição de cargos administrativos. Assim é que o favoritismo, a manipulação e a troca de benefícios, numa palavra, a dependência pessoal, não só integra a cultura da sociedade como um todo, como nela predomina.

Nessas circunstâncias, parece estar claro que, sobretudo a partir do início do século XX, o papel das cidades e em particular das cidades-capitais, como Praia e São Vicente, não pode ser minimizado. Afinal, os filhos dos morgados, e de elementos das categorias da classe média ligadas às prebendas do Estado, encontram nas escolas dos pequenos centros urbanos o lugar de fermentação das primeiras idéias em torno das reformas social e política e, mais tarde, na segunda metade do século, de discussão sobre a própria luta de libertação nacional. Dessa forma, por um processo lento, muitas vezes descontínuo, mas cumulativo, constitui-se o processo de consciência social negadora do colonialismo. Contudo, mais do que isso, conquistar a independência implica passar do processo de submissão à desobediência e à revolta.

Notas e Referências

(1) Edward Thompson, *Formação da classe operária inglesa*. Rio de Janeiro, Paz e Terra, 1987, 3 volumes, vol. 1, p. 10.

(2) A. Carreira, *Cabo Verde: formação e extinção*..., op. cit., p. 354.

(3) A. Carreira, *A capitania das ilhas*..., op. cit., p. 42.

(4) Felipe de Alencastro trata com maestria dessa questão em "O aprendizado da colonização", op. cit.

(5) Brásio, Munumenta, 2ª, série II, Doc. nº 112, p. 372. Apud A. Carreira, *Cabo Verde: formação e extinção*..., op. cit., p. 76.

(6) A. Carreira, idem, p. 78.

(7) Mário de Andrade (coord.), *Obras escolhidas de Amílcar Cabral: unidade e luta, I: A arma da teoria*. Lisboa, Seara Nova, vol. 1, 1976, p. 108.

(8) Décio Saes, "Classe média e política no Brasil – 1930 a 1964", em especial o item I, em que trata da conceituação de classe média. In Boris Fausto (org.), *História geral da civilização brasileira, III: O Brasil Republicano, 3: Sociedade e política* (1930-1964). São Paulo, DIFEL, 1983, p. 449-57.

(9) F. C. Weffort, *Classes populares e política, contribuição ao estudo do populismo*. Tese de Doutoramento, USP, São Paulo, 1968.

(10) L. Strauss, *O pensamento selvagem*. São Paulo, Ed. Nal./ Edusp, 1970, p. 38.

(11) Karl Marx, O 18 *Brumário de Luís Bonaparte*. São Paulo, Escriba, p. 133. Essa passagem na qual Marx retoma a questão da "classe para si", tratada na *Ideologia alemã*, é de referência obrigatória. Dentre os autores marxianos atuais que a retomam, destaca-se Hobsbawm, em especial no seu artigo "Class consciousness in history". In. I. Meszáros, *Aspects of history and class conciouness in history*". Londres, Routledge e Kegan Paul, 1971.

(12) A expressão é de Gabriel Mariano em "Do funco ao sobrado...", op. cit.

(13) Idem, p. 42.

(14) Idem, ibidem, p. 33.

(15) Alphonse Dupront, *L'acculturazione. Per un nuovo rapporto tra ricerca storica e scienze umane*, 3ª ed. Turim, Einaudi, 1979, p, 89. Apud Alfredo Bosi, *Dialética da Colonização*, op. cit., nota 21, p. 30-1.

(16) A. Carreira, *Classes...*, op. cit., p. 23.

(17) É significativa a maneira como a ascensão do mulato é tratada por Teixeira de Souza in *Ilhéu de contenda*. Sintra, Publ. Europa-América, s/d., em particular, p. 266.

(18) Pitirim A. Sorokin, Carlo L. Zimmerman, Charles J. Galpin, "Diferenças fundamentais entre o mundo rural e o urbano". In J. de Souza Martins (org.), *Introdução crítica à sociedade rural*. São Paulo, HUCITEC, 1986, p. 216.

(19) A. Carreira, *Migrações...*, op. cit., p. 60.

(20) Cláudio Furtado, "A transformação das estruturas agrárias...", op. cit., p. 119.

(21) Como já foi registrado, em São Tomé o processo é um pouco diverso, já que a grande maioria de trabalhadores cabo-verdianos que segue para lá faz parte da emigração "forçada".

(22) Com a "legislação liberal" do marquês de Sá da Bandeira, em 1842, surge a tipografia em Cabo Verde e, com ela, o primeiro número do *Boletim Oficial do Governo Geral de Cabo Verde*. Alguns anos mais tarde surgem em Praia os jornais já mencionados na nota 32 do I capítulo.

(23) Benedict Anderson, *Nação e consciência nacional*. São Paulo, Ática, 1989.

(24) Leila M. G. Leite Hernandez, "Movimentos político-ideológicos". In *Países africanos de língua oficial portuguesa – Reflexões sobre história, desenvolvimento e administração*. São Paulo, FUNDAP, 1992, p. 59-74.

(25) Samir Amin, *Modern migrations in West Africa*. Oxford, 1975, p. 89. Especificamente sobre essa questão, consultar o texto de Deirdre Meintel, "Emigração em Cabo Verde: solução ou problema?". In *Revista Internacional de Estudos Africanos* nº 2 19/jun./dez., São Paulo, 1984, p. 93-120.

(26) Eugênio Tavares, "Noli Me Tangere" – Carta a D. Alexandre D'Almeida sobre a emigração cabo-verdiana para os

EUA. Praia, Imprensa Nacional, 1918. In A. Carreira, *Migrações...*, op. cit., p. 93.

(27) Pelo referido censo: 500 mil estão nos EUA, 40 mil no Segenal; 20 mil em Angola e 8 mil em São Tomé; 50 mil em Portugal; 15 mil na França; 10 mil na Holanda; 6 mil na Itália; 10 mil no Canadá; 2.500 no Brasil, sem contar as outras pequenas colônias espalhadas pela Europa, América do Sul e África Ocidental.

(28) Expressão cunhada por Eunice Durham em *A caminho da cidade*. São Paulo, Perspectiva, 1973, p. 128.

(29) Esse processo, no qual as mulheres passam a partilhar as responsabilidades econômicas, contribuindo para o sustento da família, é semelhante ao que ocorre em Cuba no século XIX, como demonstra Verena Murtinez Aliler, "Marriage, class and colour". In *Nineteenth century Cuba: a study of racial atitudes and sexual values in slave society*. Cambridge, 1974, p. 128.

(30) Essa é uma idéia sugerida pela leitura de Gino Germani, *Política y sociedad en una época de transición*. Buenos Aires, Paidós, 1968, partes I e II, p. 19-194.

(31) A. Carreira, *Migrações...*, op. cit., p. 91-2.

(32) Em rigor, os dados são insuficientes para que seja possível delimitar, de forma mais precisa, a significação e a magnitude dos emigrantes na organização, no apoio e mesmo na participação direta na luta política pela independência. Portanto, fica apenas o registro da questão.

(33) A. Carreira, "Alguns aspectos da administração pública em Cabo Verde no século XVIII", mimeo, 1986; e A. Carreira, "A capitania das ilhas de Cabo Verde (organização civil, eclesiástica e militar, séculos XVI-XIX – subsídios)", separata da *Revista de História Econômica e Social*. Lisboa, 1987, p. 33-76.

(34) Entenda-se por "praça" uma povoação fortificada e armada com permanência, enquanto "presídio" é o nome dado à praça de pequenas dimensões, com poucos meios de defesa, de tipo militar, onde se aglomeram as casas de degredados e delinqüentes, em cumprimento de penas que lhes são impostas pelas autoridades ou pelos tribunais.

A respeito, consultar: A. Carreira, *O crioulo de Cabo Verde – surto e expansão*. Portugal, 2ª ed., 1983.

(35) A. H. de Oliveira Marques, *História de Portugal, vol. III: Das revoluções liberais aos nossos dias*. Lisboa, Palas, 1986; *Guia de fontes portuguesas para a história de África*, op. cit.; Pedro Ramos de Almeida, *História do colonialismo português em África*. Lisboa, Stampa, 1979, vols. I e II; José Maria Pereira Neves, "Administração de transição", in Encontro Ministerial sobre o Estado e a Administração Pública para o Desenvolvimento dos Cinco PALOP. Praia, mimeo, 1989.

(36) O grifo é de minha responsabilidade.

(37) Perry Anderson, *Portugal* e o *fim*..., op. cit., a respeito da expressão, explica: "O prefixo é, em certo sentido, arbitrário, visto que sugere unicamente o elemento extremista do sistema. Mas a expressão é conveniente, pois tem sido agora moeda corrente entre os nacionalistas angolanos", p. 55.

(38) Leila M. G. Leite Hernandez, "Movimentos político-ideológicos...", op. cit., p. 60.

(39) Além da ajuda em dinheiro já mencionada, é importante considerar o próprio engajamento dos emigrantes na luta pela independência, sobretudo nos anos 1970, inclusive divulgando-a pelos jornais *Presença Caboverdiana*, em Lisboa, *Nós Vida*, na Holanda, *Kaober do pa Diante*, em Paris, e *Tchuba*, nos Estados Unidos.

(40) O conceito de estrutura patrimonialista é utilizado em sua formulação clássica. A esse caso especial de estrutura patriarcal e de dominação, ao poder doméstico descentralizado mediante a distribuição de terras e às vezes de pecúlios aos filhos ou a outras pessoas dependentes do círculo familiar, damos aqui o nome de "dominação patrimonial". In Max Weber, *Economía y sociedad*, México, Fondo de Cultura Económica, 1969, vol. III, p. 758.

Capítulo 3

Entre a concepção e a ação

A recomposição do passado

Colonialismo é mais que a não-liberdade. É, sobretudo, o exercício pelo qual a violência institucional e simbólica é naturalizada. Colonização é um projeto totalizante que implica uma *condição* que "traz em si as múltiplas formas concretas de existência no coração e na mente, o modo de nascer, de comer, de morar, de dormir, de amar, de chorar, de rezar, de cantar, de morrer, de ser sepultado".[1] Nesse sentido, pensamento e ação compõem aspectos complementares de práxis social, que integram o processo de constituição das classes sociais. Significa dizer que as idéias e as representações são "(...) dimensões constituintes da práxis e se exprimem em práticas que os sustentam e conservam em condições históricas determinadas".[2] Vale a pena lembrar que Marx critica Feuerbach exatamente por proceder a uma redução da "essência religiosa à essência humana".[3]

Essa perspectiva teórica permite afirmar que é absolutamente relevante realizar uma análise do pensamento social e político, buscando captar seus desdobramentos no espaço da prática política. Daí advém a necessidade de afastar os reducionismos, quer ao considerar as idéias simples manifestações decorrentes da infra-estrutura, ou meras importações de matrizes européias exóticas e, portanto, inadequadas à realidade cabo-verdiana. Nesse caso, é preciso ter claro que não se trata de incongruência, mas de condições impostas por circunstâncias históricas reais, ou seja, pelo "contexto social".[4] Melhor explicando: em cada conjuntura específica existe uma série de alternativas político-ideológicas, tanto determinadas pela organização da produção como condicionadas pelo arranjo político-institucional prevalecente.

Assim, é um equívoco considerar as idéias produzidas nas metrópoles européias incongruentes com as realidades das colônias, uma vez que ao mesmo tempo em que elas são reproduzidas são também interpretadas e, portanto, readaptadas a cada local e expressas na prática política.

Em Cabo Verde, pode-se dizer que só na segunda metade do século XIX, com a veiculação dos primeiros jornais, torna-se possível recuperar o clima de insatisfação que anima a luta ideológica até o começo do século XX. A maior parte da exígua literatura a que se tem acesso atesta que na virada do século um pequeno grupo de intelectuais cabo-verdianos demonstra acentuada simpatia pela corrente liberal, potencialmente hegemônica no Ocidente. Deve-se observar também que as primeiras elaborações reflexivas revelam pequeno grau de familiaridade com a teoria liberal como um todo. Em substância, é possível considerar o ideário liberal cabo-verdiano parcial e seletivo, o que se refere às circunstâncias históricas específicas do arquipélago, como sua pequena relação com outros países, sua condição insular e a própria censura imposta por Portugal.

Não é difícil perceber que esses fatores limitam os projetos políticos, em particular ao atribuir amplo significado à idéia de liberdade, não só a estendendo à esfera econômica, como privilegiando-a. Nesse sentido, é oportuno lembrar que para os colonos liberdade significa livre-comércio, abolição dos monopólios e fim dos privilégios, aí incluídos os excessos fiscais e a arbitrariedade de alguns funcionários da Coroa. Sabe-se que tais demandas, acrescidas do que consideram "pouco-caso administrativo da Metrópole", tornam o ambiente mais propício às pregações contestatórias.

Com essas circunstâncias, esboça-se um cabo-verdianismo que encerra uma crítica à potência colonizadora, por sua incapacidade em tentar livrar o país do atraso e da decadência, colocando-o na trilha do progresso econômico, por meio da criação de condições capazes de emparelhá-lo com as nações européias. Nesse momento, a perspectiva economicista prevalece em relação às idéias de autonomia política. Prepondera uma posição que, longe de propor uma ruptura com o instituído, reafirma os mecanismos estruturais que objetivam o ajustamento ao sistema. Transparecem, dessa forma, anseios de mudança contidos na proposta de uma solução portuguesa para administrar o arquipélago.

Pode-se argumentar, no entanto, que essas reivindicações mesmo centradas nos problemas emergentes, denunciam o caráter espoliativo do sistema colonial em vigor. O que pode, porém, causar alguma estranheza é o fato de os temas da abolição do tráfico e da escravatura ocuparem menor destaque no conjunto dos múltiplos descontentamentos expressos nas lutas políticas, não chegando a se formar um movimento abolicionista organizado. Pergunta-se como isso é possível numa conjuntura marcada pelo pensamento liberal, que estabelece relações de congruência entre os ideais do progresso econômico e a valorização dos seres humanos, exatamente pelo que os caracteriza na sua especificidade, e não pelo que apresentam de comum com os outros. Uma pista inicial para enfrentar essa questão sugere que, além de a importação de idéias não ser indiscriminada, ela é passível de várias leituras particulares. Os intelectuais cabo-verdianos costumam encarar a questão dos iguais e dos desiguais em termos históricos e sociais, mediante um discurso cujo raio de ação transcende o mundo do trabalho, do qual a escravatura é parte integrante, porém um fato especial, construindo argumentações e figurações de significado humano mais geral, relativas à África e aos africanos.

Sob tais traços enveredam para as questões do jugo colonial e da liberdade. O ponto de partida é a recusa das considerações das obras filosóficas e antropológicas dos séculos XIX e XX, que determinam a produção de uma historiografia oficial justificadora da política colonialista. Hegel, ao tratar dos fundamentos geográficos do Novo e do Velho Mundo, dá forma clássica à reflexão sobre a África e o africano, definindo-os de forma clara e concisa:

> Tal é o homem em África. Quando o homem aparece como homem, põe-se em oposição à natureza, assim é como se faz homem. Mas quando se limita a diferenciar-se da natureza encontra-se no primeiro estágio, dominado pela paixão, pelo orgulho e a pobreza; é um homem incapaz. No estado de selvageria encontramos o africano, enquanto podemos observá-lo; e assim tem permanecido. O negro representa o homem natural em toda a sua barbárie e violência; para compreendê-lo devemos esquecer todas as representações européias. Devemos esquecer Deus e a lei moral. Para compreendê-lo exatamente, devemos fazer uma abstração de todo o respeito e moralidade, de todo o sentimento (...).De todos os traços resulta que a característica do negro é ser indomável. Sua situação não é suscetível de desenvolvimento e educação. (...) Aquele que quer conhecer manifesta-

ções terríveis da natureza humana as encontrará em África. O mesmo nos dizem as notícias mais antigas que possuímos acerca desta parte do mundo; a qual não tem realidade histórica. Por isso abandonamos a África para não mencioná-la jamais. Não é uma parte do mundo histórico; não apresenta um movimento nem uma evolução, e o que tem acontecido nela em sua parte setentrional pertence ao mundo asiático e europeu. (...) O que entendemos propriamente por África é algo isolado e sem história.[5]

A condição de negro, por sua vez, é definida sobretudo por um sentimento de desqualificação, de "inexistência", que se forma lentamente no coração e na mente do negro. Fanon, num pungente desabafo, se autodefine:

Eu sou escravo não da idéia que os outros têm de mim, mas de minha própria aparência. (...) Quando gostam de mim, eles dizem que gostam apesar da minha cor. Quando não gostam, dizem que não é por causa da minha cor. De um jeito ou de outro, estou fechado num círculo infernal.[6]

Essas imagens, que podem ser qualificadas como teoricamente débeis, colocam a África à margem da história, ao mesmo tempo em que negam ao negro a condição humana. Guardam, assim, íntima solidariedade com a eficácia política, plantando no âmbito de toda a sociedade fortes raízes para uma práxis marcada pela submissão e obediência.

Levando tudo isso em consideração, compreende-se por que a África surge para os intelectuais como o espaço primeiro da historicidade. Sob esse aspecto, é primordial negar a situação aviltante na qual se encontra o continente, o que impõe um olhar capaz de valorizar seu legado histórico-cultural. Concebida como ponto de coincidência mítica entre os espaços material e cultural, abre lugar para o relato da ancestralidade, dando origem a um movimento de restauração de valores e criação de mitos. Em poucas palavras: esse é o instante em que o Egito mítico, engendrado por Pedro Monteiro Cardoso, ganha feição literária. Escolhendo o significativo pseudônimo de *Afro*, faz-se porta-voz de uma insatisfação com o presente que se desdobra em duas preocupações fundamentais: recuperar o passado e redimir a gente africana.

Numa tentativa iniciática de resgate da memória histórica da África, coloca o Egito como símbolo da força e da permanência de um legado cultural da raça negra, a despeito do domínio anglo-otomano. O passo seguinte é a proposta de ruptura com a tradição de subordinação imposta pelos europeus. Em outras palavras: aos africanos cabe, de testemunhas mudas, tornar-se lutadores, investindo contra o despotismo. Timidamente, a revolução é sugerida.

É evidente que toda essa operação teórica, impregnada de inspiração pan-africana, tem sentido mais simbólico do que real por referir-se de forma pouco concreta às condições histórico-sociais da África. Seria influência das reflexões de Cheik Anta Diop que, ao afirmar a origem *negra* da civilização egípcia, salienta a contribuição *negra* para o progresso humano? Ou de idéias de afro-americanos como W. Blyden, Casely Hayfors e Caster Woodson, levadas ao arquipélago, sobretudo pelos emigrantes cabo-verdianos nos Estados Unidos? Sem entrar no mérito desse debate, o mais importante, é, sem dúvida, reter que o conjunto dessas idéias contém a própria gênese da africanidade, abrindo o caminho necessário para que sejam fundadas as nacionalidades.[7]

Coloca-se dessa forma para os intelectuais cabo-verdianos, principalmente no início do século XX, um grande e instigante desafio, qual seja, o de construir a identidade nacional. Num mundo arbitrário e hostil, o empenho em captar a realidade contribui para que se atribua uma posição privilegiada ao *meio* e à *raça*, conceitos que correspondem a problemas concretos, além de constituírem verdadeira força impositiva, em virtude das teorias científicas do momento que têm, aliás, influência cada vez maior, regendo grande parte da literatura, pelo menos até os anos 1960.

Uma vez identificado como o principal obstáculo à crença no traçado progressista da história, o *meio* fundamenta o discurso. Tomando como categoria de conhecimento, é o elemento primordial para explicar uma realidade caracterizada pela rudeza das relações de produção e pela extrema miséria. Significa dizer que os fenômenos econômicos, sociais e até políticos são entendidos tendo como origem as vicissitudes e os percalços advindos do ambiente geográfico. O determinismo se impõe e o atraso econômico é imputado à natureza, marcada pela pequena fertilidade da terra, praticamente reduzida às áreas de regadio, por um sistema fluvial precário e por dois elementos climatológicos: o vento leste e a seca. Em suma, além de fundamentar o discurso, o *meio* é o maior responsável pela "escravidão da seca" e, em decorrência, pelas fomes e altas taxas de mortandade. Próprio desses anos que vão de 1880 a 1910 é o estudo de Christiano de Senna Barcelos, *Alguns apontamentos sobre as fomes em Cabo Verde*, desde 1719 a 1904.[8]

Ao lado do parâmetro do *meio* perfila-se o da *raça*, que ganha maior consistência a partir de 1910, fundando, ainda que de modo tímido, a consciência da nacionalidade. É certo que este não é um problema cultural *stricto sensu*, mas uma questão política que evidencia as relações de poder. Dito de outra forma: relações raciais são relações de coerção, que sempre envolvem oposições polares entre brancos e negros, o que se demonstra de forma pungente na ilha do Fogo, onde a divisão por *cor* impregna a organização das relações de dominação e marca duramente as relações sociais.

No entanto, é preciso salientar que a questão rácica do negro não incide com a mesma intensidade em todas as ilhas do arquipélago, apresentando-se de forma mais contundente na ilha do Fogo e em Santiago. Em parte por isso, no processo teórico de construção da identidade nacional acaba-se elegendo o mulato como categoria decisiva, identificado como produto histórico da intensa mestiçagem ocorrida, em geral, em todo o arquipélago.

Tem-se de considerar que o mulato, embora resultado do cruzamento entre duas raças concebidas como desiguais, de vez que uma é qualificada como "superior" e outra como "inferior", surge como o elemento verdadeiramente específico de Cabo Verde, tornando-se, como tal, imprescindível para pensar a constituição da nação. Nesse sentido, em vez de procurar saber a respeito da possível defasagem entre esse pensamento e a realidade social, prioriza-se o discurso que estabelece um nexo recíproco entre a atuação concreta do mulato – que por seu empenho, trabalho e capacidade acaba mais tarde sendo considerado o criador do mundo cabo-verdiano –, e o ideal de progresso.

Portanto, o raciocínio subseqüente é que, se Portugal se empenhasse para assegurar o desenvolvimento da agricultura, a exploração dos recursos minerais, a construção de estradas, a melhoria dos transportes interilhas e a implantação de escolas, garantiria o desenvolvimento econômico das ilhas. É importante ter em conta que essa idéia traz implícita a de uma forte presença do Estado, deixando como herança para os dias atuais a noção de que a principal forma de fazer política reside na elaboração de projetos governamentais.

Em reforço a tais considerações, caminha outra, a elas intrinsecamente articulada. Refere-se ao fato de que a partir do início do século e, de modo crescente, no decorrer de pelo menos cerca de cinqüenta anos, a assimilação é entendida como um processo harmonioso que, de certa forma, alcança resultados criativos. Essa idéia não é mera compulsão provinciana e encontra-se em perfeita sintonia com a norma portuguesa, aliás fiel à tradição européia, qual seja, obter a maior unidade e adesão à cultura metropolitana. Impõe-se, pois, a força da racionalidade ocidental, nela fazendo-se presente apenas um discreto ímpeto de rebeldia, sendo as reivindicações parte de uma heteronomia flagrantemente maior que a autonomia.

Exatamente por antepor menos entraves à ocidentalização, os cabo-verdianos não são incluídos no Código do Indigenato, ao mesmo tempo em que ocupam posições no segundo escalão da administração pública das demais províncias. Mesmo sob essas circunstâncias, que implicam o fato de estarem os cabo-verdianos, a partir de 1914, situados numa condição de cidadania portuguesa, esta se apresenta bastante restrita. O cabo-verdiano está limitado, de várias formas, na sua capacidade de organizar por si movimentos em defesa de seus direitos. Em suma: mestiçagem e assimilação tornam-se um nó de dupla laçada, quando se elabora a imagem da transição de um agregado heterogêneo para uma sociedade homogênea, num país em construção.

Assim, até por volta dos anos 1950, nem os acérrimos crioulos condenam a civilização ocidental; antes, combatem o fracasso dos portugueses em implantá-la. Sob esse aspecto compreende-se a relativa serenidade com que se reforça a posição privilegiada atribuída à *raça* como força determinante e ao *meio* como maior empecilho para que seja possível promover uma ruptura com o atraso.

Nessa perspectiva, não surpreende o fato de a problemática que diz respeito às emigrações vincular-se sobretudo ao meio, até porque os recenseamentos feitos desde os últimos quinze anos do século XIX permitem que se estabeleça uma relação direta entre os períodos das grandes estiagens e fome daí decorrentes, e as emigrações. Sem dúvida, a seca potencializa os inúmeros problemas referentes à estrutura da propriedade da terra e à organização do trabalho, mas, por si só, não explica a diáspora cabo-verdiana. Porém, apenas em torno dos anos 1950 a 1960 é que os intelectuais cabo-verdianos, incorporando outras teorias sociais, deixam de considerar a seca a causa necessária e suficiente para explicar o trabalho imposto ao liberto. Atentos, por um lado, à coincidência temporal entre a abolição da escravatura e o ano de 1863, data em que o primeiro contigente de emigrantes segue para as roças de fumo e cacau e, por outro, aos mecanismos régios que facilitam a emigração para São Tomé, e proíbem-na para os demais países, os intelectuais passam a pensar a *emigração forçada* como parte da herança perversa da escravatura. Em outros termos: os efeitos sociais das distorções agrárias são colocados em debate e a idéia de uma reforma não só é incorporada como ocupa um lugar central no ideário da luta de libertação.

Mas são da emigração *espontânea* os reflexos mais ricos e criativos de certa efervescência político-cultural que marca estes anos e os subseqüentes.

Na diáspora, crescente em Cabo Verde, é reforçada a idéia da existência de uma "comunidade imaginada".

> Ela é *imaginada* porque nem mesmo os membros das menores nações jamais conhecerão a maioria de seus compatriotas, nem os encontrarão, nem sequer ouvirão falar deles, embora na mente de cada um esteja viva a imagem de sua comunhão.[9]

Embora pareça paradoxal, a emigração está relacionada, diretamente, com o processo pelo qual se forma a consciência nacional. Em ambas as suas formas, tanto a *espontânea* como a *forçada*, ficam claras as causas socioeconômicas que as encorajam, ainda que seja esta última que os leve a perceber com mais nitidez a desigualdade social. Por sua vez, a emigração *espontânea* traz as bases da emancipação social e político-cultural, dando ensejo a um complexo processo de mudanças fundamentais no modo de apreender o mundo, o que se refere à gênese da consciência nacional.

Cabe reiterar que o cabo-verdiano emigra como única alternativa possível para modificar uma situação de vida que se apresenta como permanente invariável, subtraindo-lhe qualquer possibilidade de melhorá-la. No entanto, sua inclusão num sistema sociocultural mais amplo acaba contribuindo para que perceba uma série de necessidades para alcançar níveis mais altos de produção e consumo. Esse é, sem dúvida, o valor básico em torno do qual se definem várias outras aspirações, incluindo as que são requisitos para a própria emigração, como é o caso do grau mínimo de escolaridade, em particular tratando-se da que tem os Estados Unidos como destino. Aliás, por volta de 1917, essa questão provoca celeuma entre os intelectuais cabo-verdianos e o governo português, envolvendo críticas que abrangem desde a precariedade do sistema escolar até as características avilantes da própria organização do trabalho. Não surpreende o fato de também se discutir a importância da emigração como canal de circulação de idéias e, por que não dizê-lo, de novos ideais.

Por ser multifacetada, essa problemática encerra uma complexidade de elementos que se mostram de alguma forma interligados. O primeiro – a escolaridade – é o meio pelo qual se veiculam os mesmos conhecimentos a partir de uma única língua, criando-se um universo comum não só entre os cabo-verdianos como entre estes e os "peregrinos" das demais províncias portuguesas, o que, entre outras razões históricas, favorece o reconhecimento de problemas pertencentes a todos, unindo-os em torno da preparação de um projeto de luta pela independência de seus países. Além disso, beneficia o intercâmbio e a discussão de novas idéias provenientes de diferentes pontos do planeta. Em última instância, é possível considerar que, ao promover o idioma ensinado, abre-se passagem para mudanças fundamentais no modo como se apreende o mundo, o que acaba possibilitando que se "pense a nação".

O segundo elemento está intimamente articulado ao anterior e refere-se à imprensa como meio privilegiado para a transmissão de idéias. Ainda que seu alcance seja limitado pelo pequeno grau de dinamismo das tipografias e reduzido público de consumidores, dado o fato de ser a maioria da população analfabeta, mesmo assim a imprensa tem o papel de unir as pessoas, estabelecendo relações de solidariedade com os leitores, ao apresentar problemas que lhes dizem respeito de forma mais ou menos direta. Por outro lado, deve-se considerar também o papel que a imprensa ocupa ao reforçar os vínculos entre intelectuais de diferentes doutrinas produzidas na Europa Ocidental. Por sinal, este ponto sugere algumas questões: como se realiza a circulação de idéias? Como se processa a transferência do ideário europeu? Qual a originalidade das idéias daí resultantes? Responder a tais questões é bastante difícil e merece uma pesquisa que foge aos limites deste livro.

De qualquer modo, os dados disponíveis permitem afirmar que provenientes da França desembarcam em Coimbra, segundo as palavras de Eça de Queiróz, "torrentes de coisas novas, idéias, sistemas, estéticas, formas, sentimentos, interesses humanitários".[10] Em Portugal, sobretudo os estudantes dos diversos pontos do Império Ultramarino, não só tomam conhecimento como, na maior parte das vezes, aderem a esses sistemas explicativos, divulgando-os em seus países de origem. Outro canal transmissor importante é o Brasil, nação mencionada por influentes personalidades cabo-verdianas como, por exemplo, Pedro Monteiro Cardoso, que no final dos anos 1920 constrói um painel de generalidades político-culturais, estabelecendo uma série de identificações com Cabo Verde. Nesse sentido, não surpreende que o autor se refira a várias áreas da experiência cultural brasileira e, mais diretamente, à imagem de um país em construção cujo sentimento de brasilidade é marcante. Aliás, Cardoso dá maior ênfase à preferência de autores como Sílvio Romero e "aos temas essencialmente nacionais". O principal sentido de suas apreciações converge para a idéia de que cabo-verdianos e brasileiros são "irmãos no sangue e na linguagem". Lembra que para Cabo Verde são deportados dois "patriotas" da Inconfidência Mineira Domingos Vidal Barbosa, que permanece até o final da sua vida na cidade da Ribeira Grande, e José Resende Costa, que chega a deixar descendentes na ilha de Santiago. E, uma inequívoca referência à revolta de 1823, chama a atenção para o fato de que entre os manifestantes há quem defenda um movimento separatista, inspirado na independência do Brasil.

Seu testemunho não deixa dúvidas nem quanto ao fato de ser Cabo Verde um escoadouro para o qual o Brasil tem um papel de elo transmissor, nem ao de que o destino dessa marcha de idéias é a formação da nacionalidade.

Também esse é o ponto para o qual convergem as influências exercidas pelo romance *Noli me tangere*, hoje considerado o melhor produto da literatura filipina moderna. Parece oportuno lembrar que este é um dos primeiros livros escritos por um "índio", José Rizal, aliás conhecido como o "Pai do Nacionalismo Filipino". Ora, não é por mera coincidência que Eugênio Tavares intitula sua carta contestatória a D. Alexandre D'Almeida, escrita na ilha de Brava, em 10 de junho de 1918, exatamente *Noli me tangere*. Não parece descabido considerar que o título aponta para o fato de o movimento pró-emigração para os Estados Unidos incorpora gradualmente sentimentos nacionalistas. Dessa forma, é natural que ao elaborar um painel crítico da vida cotidiana do arquipélago dirija-se ao cabo-verdiano em geral, evocando a "comunidade imaginada" por meio de observações diretas e de algumas advertências, como a que se segue:

> E todos nós, que não somos ricos nem morgados nos sentiríamos chumbados a uma vida de precisões dentro deste estreito meio em que cabem, decerto, os nossos amores, mas em que sufoca, evidentemente, nossa atividade de homens livres.[11]

Por fim, mas simultaneamente com as demais idéias de outras procedências, entram no arquipélago as dos Estados Unidos, articuladas às da Declaração dos Direitos do Homem, feita pelos revolucionários franceses em agosto de 1789. Inspirados por esses ideários, os relatos e as cartas de emigrantes fazem mensão aos conflitos sociais, à economia, em particular aos problemas do mercado de trabalho e ao racismo, questões muitas vezes debatidas em associações como a de New Bedford, fundada em 1906. Anos mais tarde, a nova conjuntura reorienta a percepção social e as associações passam a ser verdadeiros centros de ação política, promovendo debates sobre as relações entre o campo e a cidade, a economia cabo-verdiana, a reforma agrária, o folclore, a literatura e os problemas referentes à emigração *forçada*.

Mas, no início do século XX, tanto as idéias procedentes dos Estados Unidos, como as dos demais centros transmissores, convergem para o republicanismo que, aliás, impregna várias sociedades recém-independentes.[12] É importante notar que nesses anos formam-se dois espaços de luta. Um, por parte dos que trabalham para assegurar o triunfo da República em Portugal, convencidos de que ela traria a aplicação dos ideais de igualdade e fraternidade não só à Metrópole como à elite crioula, que portanto ganharia maior autonomia econômica e política. Por sinal, tais idéias já vêm sendo difundidas desde 1890 com a *Revista de Cabo Verde*, editada em Lisboa por Luiz Loft de Vasconcelos.

Por sua vez, há o espaço de luta no próprio arquipélago, já anunciado pelos revoltosos de 1886, em Santo Antão, ao incorporarem a suas reivindicações a necessidade de substituir o governo monárquico pelo republicano. Assim, também em Cabo Verde, os princípios do republicanismo passam a ocupar o centro de todas as polêmicas, informando a consciência histórica da elite crioula.

Faz-se oportuno ressaltar que a idéia de República, igualmente cara à Revolução Francesa e à das treze colônias da América, abrange as noções de cidadania universal e soberania popular, bem como a instauração de instituições com elas compatíveis, o que implica a liquidação do absolutismo, das vassalagens, das servidões e dos guetos. Significa ainda promover a educação popular e constituir Estados nacionais.

Combate-se a monarquia estando implícito um conjunto de juízos de valor que a reprovam por "sua engrenagem governativa: sombria, estática, conservando os espíritos maldispostos e sempre receosos pelo dia de amanhã". Ao mesmo tempo, acentuam-se como "progressistas", e por isso desejáveis, os conteúdos da Republica como

> (...) O grande ideal da liberdade, da igualdade e da fraternidade (...) – liberdade pela qual lutamos sempre, igualdade perante a lei, fraternidade, pois que todos os homens são irmãos, filhos da mesma mãe – a Terra![13]

Na prática, espera-se que com a República seja possível destruir a pobreza, terminar com o atraso e construir os alicerces do progresso. Conforme as informações enviadas à Administração Central pelo administrador do Concelho de Ribeira Grande, dr. Bernardo José de Oliveira, chega-se a firmar que "com esta forma de Governo não haveria impostos, governador, soldados, nem funcionários!".[14]

Mas o que os simpatizantes republicanos exaltam os monarquistas condenam, inclusive associando republicanismo ao "fantasma político" do comunismo, embora tal temor não venha de uma clara percepção de alguma ameaça comunista interna. Sobre esse ponto, cabe salientar que comunista é um vocábulo dotado de sentido impreciso, cujas significações convergem para a imagem de *agitador*, isto é, alguém que se utiliza das insatisfações dos pobres, levando-os a revoltar-se, subvertendo a ordem vigente.

Ao que tudo indica, é sobretudo um anticomunismo forjado na desconfiança e mesmo no medo em relação às formas políticas de presença e de luta dos trabalhadores, expressas em greves como a dos trabalhadores das companhias carvoeiras e pela própria revolta da guarnição da canhoeira Zambeze, além de outras alterações da ordem pública em Santa Catarina, na ilha de Santiago.

Mas o combate ao "comunismo" é endereçado principalmente aos grupos representados por Eugênio Tavares e Pedro Monteiro Cardoso. O primeiro, por sua reflexão pública favorável à greve, acentuada após uma permanência por seis meses nos Estados Unidos, em 1912, que impressiona pelos resultados que os trabalhadores alcançam por esse meio de luta. Quanto a Pedro Cardoso, possivelmente a essa altura já membro do Partido Socialista Português, pela explícita adesão ao *Manifesto do Partido Comunista*, de Marx e Engels, ao afirmar que:

> Os nativos das colônias estão nas mesmas condições em que se encontram actualmente os proletários de todo o mundo. São também proletários. Tanto aqueles como estes têm padrões que os exploram sem piedade. (...). Como resistir agora ao capitalismo explorador e à tirania prepotente? Carlos Marx gritou outrora aos proletários: "A vossa libertação está em vossas mãos. Uni-vos!".
>
> Outro tanto direi agora aos meus irmãos, mais felizes do que eu por não terem sido expatriados à força, parafraseando Marx: "Se quereis ver satisfeitas as vossas reclamações e partidos, de vez, os grilhões do despotismo, uni-vos!". [15]

Essa perspectiva fornece o impulso teórico para a fundação de sindicatos, enquanto associações destinadas à defesa dos interesses dos trabalhadores assalariados, diante dos empregadores ou do Estado. Em 1917, com o apoio de Pedro Monteiro Cardoso e Eugênio Tavares são criados sindicatos agrícolas nas ilhas de São Nicolau e Maio, uma Associação Comercial de Barlavento, em São Vicente, e uma Associação de Socorros Mútuos dos Enfermeiros do Quadro de Saúde. Pouco se sabe acerca da atuação dessas associações voluntárias de trabalhadores, além de sua proposta de luta pela obtenção de melhores salários e condições de trabalho que, aliás, são reivindicações universais próprias dos sindicatos.

Nos embates em torno de todas essas questões, o jornal *A Voz de Cabo Verde* e, a partir de 1924, o *Manduco* desempenham papel importante na formação de pequenas correntes de opinião, cujos principais pontos comuns são a modernização, a libertação, a liberalização e a racionalidade do Estado republicano. Historicamente, no entanto, a República apenas passa a gerenciar o colonialismo. Nesse sentido, pode-se dizer que a mudança da monarquia para a república em Portugal não faz mais do que produzir o conhecido paradoxo do barão de Lampedusa em seu romance *O leopardo*:

"Tudo tem de mudar aqui para continuar o mesmo". Dessa forma, soam falsos e vazios os manifestos favoráveis a fórmulas representativas de governos e as pregações a favor da igualdade e liberdade como direitos inalienáveis do homem.

Mas o que sobressai de tudo isso é que essas reflexões convergem em uma única direção: que toda mobilização que se inicia nos primeiros anos do século XX, talvez um pouco antes, contém os elementos embrionários do nacionalismo, intermediados por outros conteúdos como o Estado republicano, sua natureza, suas instituições e seus principais valores, como liberdade e igualdade. Tais idéias, que têm significado apenas para uma pequena minoria de ilustrados, em geral composta de elementos urbanos, acabam trazendo consigo anseios de independência, implicando ou não subversão da ordem, o que, aliás, cabe a muito poucas vozes.

Observando-se textos da época, percebe-se que a palavra "independência" tem diversas significações. Por vezes ela quer dizer uma solução portuguesa para a gestão do arquipélago. Em outras, contém uma posição centrada na *autonomia*, isto é, na emancipação de uma série de restrições criadas pela subordinação de Cabo Verde a Portugal, estabelecendo-se uma reciprocidade e igualdade de interesses e direitos, o que implica independência administrativa. Os principais porta-vozes dessas idéias são sobretudo os jornais *A Voz de Cabo Verde* e, mais tarde, *Manduco*, que contam, aliás, com o apoio da maçonaria.[16] As manifestações de desagrado a tais pensamentos não tardam a ser veiculadas em jornais lisboetas como *Progresso*, entre outros. Protestando contra intelectuais que criticam a gestão portuguesa no arquipélago, chamam-nos *nativistas rubros*, caracterizando-os pelo ódio que teriam do branco.

Entre as respostas aos portugueses, particularmente significativa é a de Pedro Monteiro Cardoso. Diz ele:

> (...) limito-me, pois, a afirmar que sobre os lombos dos indígenas de qualquer possessão, pesa sempre a albarda imposta pelo possuidor; que o sentimento nativista existiu, existe e existirá sempre em Cabo Verde, como na Madeira e nos Açores, enquanto houver um caboverdiano digno desse nome, enquanto as desigualdades, injustiças e preconceitos, actualmente legalizados se não derogarem, desaparecendo por completo das relações sociais.[17]

Além disto, Cardoso salienta enfaticamente que ser *possessão* de Portugal implica a existência de *possuidores* e *possuídos* e, num dos últimos números de *A Voz de Cabo Verde*, coloca no centro das discussões a independência como imperativo para a separação definitiva e completa de Portugal.

As divergências crescem quando os grupos de elementos mais conservadores, liderados por Corsino Lopes, afirmam que a independência é inviável

> (...) porque pensar na independência de Cabo Verde por agora, para já, seria uma fraqueza do meu raciocínio que dava a conhecer que ignoro a evolução natural das coisas: e isto conjugado com suas conseqüências naturais, entre as quais avulta o ódio de raças, seria incontestavelmente uma forma de inferioridade.[18]

Partilhando dessa mesma perspectiva, há também os que justificam uma postura antiindependência, dada a inviabilidade econômica de Cabo Verde. Perguntam: "Cabo Verde, pobres e abandonados rochedos vulcânicos erguidos sobre o mar, independente?".[19]

Por fim, há o grupo liderado por José Lopes, que postula a autonomia político-administrativa *relativa*, que significa respeito à união com Portugal, podendo ser traduzida em resultados positivos, com reais vantagens econômicas para Cabo Verde.

Ao termo "independência" são, portanto, atribuídos vários significados, sendo por isso multifacetado. Propicia diferentes recortes e dá ensejo a posições definidas por uma oscilação pendular, ora em direção à mudança, ora apontando para a conservação social.

No entanto, dez anos depois de instaurada, percebe-se que a República é conquista de Portugal, cujos reflexos são percebidos em Cabo Verde. Este novo sistema de governo realimenta as feições do colonialismo e do próprio Estado português. A esse desencantamento soma-se em 1926 o da ascensão de Salazar diante de uma ditadura militar, o que denota maior grau de repressão e censura, combinados com direitos desrespeitados e demandas não atendidas.

Consciência nacional e nacionalismo

Os embates políticos não se fazem mais em torno do nativismo, tal como se apresenta até 1920. De todo modo, embora bem reduzida, a produção literária da década de 1920 cumpre o papel de conservar o sentimento nacional pela idéia de pátria, que guarda uma relação orgânica necessária com a África, isto é, com os africanos considerados, de alguma forma, uma coletividade. Por isso, não surpreende que em 1924, Pedro Cardoso publique no jornal da Liga Africana dois poemas ligados aos valores pan-africanos, bastante difundidos na época, de exaltação de centros míticos da civilização, como a Líbia e a Etiópia, de destacados heróis como o etíope Menelik II, responsável pela derrota do corpo expedicionário italiano, e o rifenho Abd El Keder, pela resistência a dominação européia do Magreb.

Pedro Cardoso ainda demonstra um empenho em reforçar os valores populares e valorizar a língua crioula, o que é sublinhado de forma marcante quando funda, em 1924, o jornal *Manduco*, vocábulo crioulo, nome de uma árvore da Guiné portuguesa utilizada para designar uma arma ofensiva-defensiva usada pelos camponeses na ilha do Fogo. Em 1932, como produto de uma pesquisa etnográfica, publica *Folclore caboverdeano* com música e poesias colhidas nas ilhas de Fogo, Santiago e Brava, contando também com algumas "noções elementares de gramática". No entanto, é importante salientar que nesse pequeno livro há um capítulo sobre "Cabo Verde e Brasil", em que o autor ressalta as similaridades entre os dois países, enfatizando o sentimento de brasilidade como "real, vivo e forte".

Um ano depois, com o projeto de criação da *Revista Atlante*, tem prosseguimento a idéia genérica de descobrir a "Terra-Mãe", mediante uma identificação nacional com forte acento literário. Aliás, é fundamentalmente esta a proposta de Quirino Spencer, expressa no *Manifesto*, em que já se faz sentir a importância do grupo português "Orpheu", prosseguindo com os modernistas, por meio da *Revista Presença*, de Coimbra. Tais influências são perceptíveis, ainda que de maneira tímida, em *Arquipélago*, obra de Jorge Barbosa, publicada em 1935, cerca de um ano antes do aparecimento da primeira fase da *Revista Claridade*, que se caracteriza, basicamente, pela preocupação em acentuar o vínculo afetivo do cabo-verdiano ao território, segundo a concepção da própria origem mítica de Cabo Verde. Conforme o autor, as ilhas de Cabo Verde nada mais seriam do que as ilhas Hespéridas, o que resta da Atlântida conforme a lenda que perdura desde Platão.

Por sua vez, em março de 1936, surge em Mindelo, na ilha de São Vicente, o primeiro número da *Revista Claridade*, que é o resultado de algumas preocupações, sobretudo literárias, do grupo formado por Baltasar Lopes, Manuel Lopes, Jorge Barbosa, Jaime Figueiredo e José Lopes. Mas por que "Claridade"? Sem dúvida, esse nome reflete alguma afinidade do grupo cabo-verdiano com o do mesmo nome, fundado em Paris, em torno de Henri Babusse. Contudo, os dados disponíveis não permitem avaliar a qualidade nem a extensão dessa influência. Não há indícios, porém, de que as propostas do grupo cabo-verdiano tenham sido inspiradas por preocupações políticas, como ocorre em outros núcleos ligados ao grupo Clarté, como os fundados em São Paulo e Recife, no Brasil, que defendem de forma quase literal os quatorze pontos apresentados por Woodrow Wilson na Conferência de Versailhes, em 1919. Em Cabo Verde, a revista *Claridade*

> é luz que nasce, luz nova que alumia, que se rasga diante dos nossos olhos, e rasgando-se diante dos olhos desnuda as coisas novas, as coisas nunca vistas porque ocultas na opacidade do lado de lá.[20]

Segundo as interpretações dos estudiosos cabo-verdianos, a produção do grupo dos claridosos pode ser dividida em duas fases distintas – a primeira de sua fundação até 1944, e a segunda, conhecida como dos realistas ou pós-claridosos, entre 1944 e 1960, aí incluído o grupo de jovens da Academia Cultivar, fundadores da *Folha Literária Certeza*. Na primeira fase são publicados três números, dois em 1936 e um no ano seguinte. Embora bastante identificados com a política oficial, todos revelam anseios de renovação, elegendo o social e o concreto como ponto de partida para um projeto literário e cultural. Por sua vez, é preciso ter claro que no seu conjunto o grupo de claridosos caracteriza-se pelo que tem em comum, isto é, linguagem e temas, em contraste com outros grupos, e não por sua homogeneidade interna, sobretudo em torno de posições políticas. Assim é que a ele pertencem tanto Baltasar Lopes, que destaca o peso do ônus social embutido no colonialismo, como José Lopes, que deixa evidente seu respeito ao *establishment*.

Seja como for, pode-se sugerir que não obstante as contradições apresentadas nesse período, tanto no que diz respeito à análise da realidade cabo-verdiana quanto à prática política, há um crescimento do sentimento nacional que acaba ensejando uma forte lealdade, influindo na própria gênese de um nacionalismo que deixa seu legado para as décadas subseqüentes. E, dadas a conhecida abrangência e a ambigüidade oferecidas pela própria história, o nacionalismo desdobra-se em especial em duas vertentes, uma mais conservadora e outra mais revolucionária.

Em qualquer caso, essa literatura com nítidas pretensões nacionais, mediante temas como as secas, a diáspora, as deportações políticas de outras colônias portuguesas para Cabo Verde e a Primeira Manifestação contra a Fome e o Desemprego, em São Vicente, cria maneiras de representar a sociedade sob o signo da unidade social.[21] Cumpre observar que os assuntos escolhidos referem-se a problemas comuns, o que é de absoluta relevância para a constituição da consciência nacional. Aos poucos, o velho é contaminado pelo novo e este emerge daquele. Assim, em 1947, inicia-se a segunda fase do movimento, aliás de forma bastante articulada à primeira e, como esta, com claras preocupações culturais, literárias e folclóricas. A grande discussão deixa, porém, de ser eminentemente literária, uma vez acrescida por implicações políticas que se apresentam cada vez mais nítidas, dada a agudização da consciência política.

A literatura contém, agora, um projeto ideológico mediante o qual é deflagrada a polêmica em torno da consciência do país, isto é, do nacional. Para além de busca de uma expressão nacional, em vez do falso refinamento das elites, a literatura volta-se para o popular. Predomina, com clareza, o localismo sobre o cosmopolitismo e, em lugar da idealização do real, há uma busca para apreender a cotidianidade. Os pós-claridosos deixam evidente que o fluxo de consciência não está apenas orientado, mas marcantemente comprometido com o desmascaramento de uma visão do país centrada no binômio raça/meio.

É importante lembrar que, enquanto projeto estético, o movimento dos claridosos liga-se diretamente às modificações operadas na linguagem; como projeto ideológico, encontra-se em estreita ligação ao pensamento de sua época. Este segundo aspecto, que merece ser explicitado historicamente, diz respeito à confluência de três vertentes que colocam o princípio da nacionalidade no centro das reflexões. A primeira refere-se à reivindicação dos direitos do homem e do cidadão e contém um patriotismo potencial. Por sua vez, a segunda refere-se ao momento do triunfo do princípio da nacionalidade, propiciado fundamentalmente tanto pelo término da Primeira Guerra Mundial como pelo colapso dos impérios multinacionais da Europa Central e Oriental e a Revolução Russa.

A terceira vertente diz respeito à intensificação do debate sobre a questão nacional, em particular entre os socialistas europeus, e após 1945, entre os africanos, "peregrinos estudantes" na Europa, resultando na luta de libertação nacional como palavra de ordem.

Essas modificações no processo histórico-social produzem uma inversão política essencial, dando ensejo para que um número crescente de elementos da classe média letrada perceba cada vez mais a ilegitimidade, a injustiça e a arbitrariedade. Isso permite, sobretudo a partir dos anos 1950, que haja uma conseqüente cristalização da distinção entre portugueses e cabo-verdianos, nascida do desejo de não opressão. Em decorrência, cresce a preocupação direta com os problemas sociais do arquipélago, surgindo a poesia militante e de combate e o romance de denúncia. A idéia de "ajustamento" sociocultural do país a uma realidade mais moderna é abandonada; tratase, agora, de modificá-la profundamente, segundo perspectivas de reforma ou revolução.

Em todo esse processo, como aliás tem sido tantas vezes enfatizando, *Chiquinho*, de Baltasar Lopes, editado em 1947, é um marco. Em torno do sentimento básico de "ter de ficar querendo partir e ter de partir querendo ficar", o autor recria o espaço social do qual emergem as características típicas da sociedade cabo-verdiana. Nesse romance, a vida pessoal de "Chiquinho" é utilizada como ponto de partida para a construção de um corpo coletivo passível dos mesmos problemas. Assim, perfilam-se personagens como os mais velhos, responsáveis pela resistência moral, como Nhá Rosa, Calita, Mamãe Velha e Nhô Chic'Ana; os pobres, tanto o inconformista, Chico Xepa, como o submisso, Toi Mulato; os jovens, com seu idealismo inábil e malsucedido; o colonizador, elemento que reprime os descontentamentos, como no Levante de São João; o detentor do poder político, S. Excia. Sexa. Todos nada mais são do que a materialização de casos particulares do povo e da nação.[22]

Baltasar Lopes também é pioneiro ao tocar na relevância da liberdade para que os cabo-verdianos pensem por si só seus próprios problemas, como pressuposto para contestações bem fundamentadas e, em particular, para o "amadurecimento" da nação cabo-verdiana. Só bem mais tarde, em 1961, essa questão é literariamente colocada no continente africano pelo romance *L'aventure ambique*, do senegalês Cheik Amidou Kane, no qual trata do papel alienante da escola européia, violadora da tradição africana.

Por fim, em *Chiquinho*, o povo é um elemento de estudo com o qual se estabelece uma convivência mais estreita e por meio dele insinua-se, ainda que de forma velada, uma denúncia social. Este último ponto, por sua complexidade, merece ser mais detalhado. É que esta literatura, com nítidas pretensões nacionais, cria maneiras de representar a sociedade sob o signo da unidade nacional. Por isso, *povo* e *nação* passam a ser elementos básicos tanto no âmbito do discurso, seja ele literário, político ou ideológico, como no campo das experiências e das práticas sociais. Esta afirmação se estende a *Chuva braba* e *Os flagelados do vento leste*, de Manoel Lopes (respectivamente de 1956 e 1960), assim como a *Cais de ver partir*, de Nuno Miranda (1960), além do *Suplemento cultural* e do *Boletim dos alunos do Liceu Gil Eanes* (1959 e 1960), produzidos pela chamada "malta jovem" do arquipélago.

Toda essa literatura tem como ponto básico a categoria genérica povo, *ethos* comum incorporador de todos os cidadãos, apresentada como sinônimo de uma comunidade atada por uma união de sentimentos e de destino. Aliás, é exatamente a noção de comunidade que garante a esse discurso uma relação de interdependência entre os problemas de integração social e integração nacional. Nessa perspectiva é importante lembrar *Famintos*, de Luís Romano (1963), romance no qual o povo surge como "personagem histórica", unindo os diferentes setores da sociedade em torno de uma luta renhida contra a falta de liberdades políticas e civis. Denuncia:

> Falar livremente nesta terra, onde quase tudo é proibido, expressar publicamente as idéias sem ser preso ou torturado quase até à morte, isso é só possível se te consideram louco.[23]

Por todos esses motivos, a noção de povo é absolutamente central, pois tendo-a como suporte, surgem outras concepções, como a de vanguarda do povo, a de alienação e a conscientização. Da mesma forma, a partir da noção de povo é criado um imaginário político que apresenta a nação como uma comunidade de interesses. Ambas as noções passam a ser centrais nos debates socioculturais e políticos que se travam, não só à altura da independência, como algum tempo depois dela, apresentando-se referidas a outras idéias não menos importantes, como as de vanguarda, de revolução, antiimperialismo e do papel do Estado nacional como promotor de transformações progressistas. Porém, o conjunto dessas identificações múltiplas só faz surgir algo como um problema nacional comum aos cabo-verdianos, quando se evidencia o confronto de posições antagônicas entre Cabo Verde e Portugal, para o que é básica a contribuição da luta em dimensão continental e tricontinental, unindo África, Ásia e América Latina. Inicia-se a fase decisiva da luta pela liberdade, o que, como é sabido, perpassa a luta pelas liberdades.

Sobre o pan-africanismo

O século XX é decisivo para os africanos na sua luta pela liberdade. Afinal, a independência dos Estados Unidos, ao lado da Declaração dos Direitos Humanos, proclamada pela Revolução Francesa, cria possibilidades efetivas de questionamento dos limites da liberdade e da igualdade, restritas apenas aos aceitos como "civilizados". Paradoxalmente, essa mesma conjuntura compreende a nova fase do colonialismo, agora com seu objetivo primordial de expansão, definidor da política externa dos países europeus com domínios em outros continentes. Esses acontecimentos, contraditórios em essência, despertam em graus diferenciados o desejo de soberania por parte dos povos conquistados.

Como o argumento para a desigualdade é fundado na raça, essa idéia torna-se primordial para unir os que, embora assemelhados por sua origem, apresentam especificidades históricas particulares. Fácil é entender, dessa forma, por que há uma forte afinidade entre o pan-africanismo – como, aliás, também ocorre no pangermanismo e no pan-esclavismo –, e o conceito de raça, completamente ideológico em sua base, evoluindo até converter-se em arma política. Essa característica do fim do século XIX, que se estende para as primeiras décadas do subseqüente, baseia-se na variedade de raças, tanto como na unidade da espécie humana, como aponta Alexis de Tocqueville. Ora, a leitura que se faz dessa fase converge para um ponto comum, qual seja, o da necessidade de assimilação conforme o modelo de civilização dos brancos, isto é, o ocidental, como é sabido. Mas a afinidade com o pensamento racial também é utilizada pelos subordinados que "aspiram à nacionalidade". Em suma, o paradoxo consiste no fato de o mesmo argumento ser usado tanto para justificar a dominação como para contestá-la. Assim, o que une os africanos é o apego às origens, à "Mãe África", impregnada de todo o seu passado comum.

Ora, Portugal e seus territórios não fogem a essa característica. Basta lembrar que, precisamente entre 1886 e 1890, há uma clara reação portuguesa à Conferência de Berlim, acompanhada de uma mudança em sua política colonial. As linhas políticas desenvolvidas a partir daí referem-se, diretamente, a uma participação irrisória, tanto relativa como absoluta, de Portugal no comércio internacional.[24] Em grande parte por isso, os instrumentos de violência do Estado tornam-se a *última ratio* da ação política nas Províncias Ultramarinas, constituindo uma influência determinante no seu corpo político, transformando-se na sua face visível. Em outras palavras: Portugal, país de economia débil e estruturas sociais obsoletas, encontra na ação ditatorial liderada por Salazar o exercício da força física legítima como conteúdo da própria política. A justificativa baseia-se no princípio fundamental da unidade, tão caro ao salazarismo, consubstanciado no lema "Um Estado, uma raça e uma civilização". A política expansionista de Portugal assenta-se no pressuposto de que as províncias são povoadas por "raças inferiores", e incluí-las nos domínios da civilização cristã ocidental é o grande feito da colonização portuguesa.

Mesmo com pequenas alterações que atendem o tom do discurso, mantém-se a idéia de que a colonização é um feito meritório e, como tal, a própria razão de ser da nação portuguesa. Dizem os ideólogos portugueses:

> A evocação de nossa epopéia como navegantes e guerreiros, a memória ancestral de uma espantosa galeria de descobridores e construtores que, movidos por um impulso sagrado levaram aos confins do mundo nossos navios, nosso domínio – e nossa fé. É neste elemento heróico que está contido o mais nobre sentimento de nossa missão como povo escolhido, como povo evangelizador, já que a tarefa civilizatória deve ter, acima de tudo, um conteúdo espiritual. Os portugueses, tal como nenhum outro povo, tornaram sua empresa de exploração e conquista uma campanha transcendental, uma partilha de valores espirituais.[25]

Não obstante as diferenças reais na história colonial, a natureza desse processo abre possibilidades para que os africanos, das colônias portuguesas e das demais, identifiquem um repertório compartilhado de interesses, ainda que não necessariamente de significados, permitindo articular a vertente nacional à supranacional. Não é outro o sentido do pan-africanismo ao fundar uma identidade coletiva baseada, em particular, em argumentações pseudomíticas e em numerosas recordações históricas.

É esse o contexto no qual ocorre o pan-africanismo manifestado de diversas formas, tais como congressos, conferências, criação de organizações, atividades educativas, literárias e até comerciais, dando ensejo para a continuada gestação de idéias anticolonialistas. Elas estão presentes, por exemplo, nos quatro Congressos Pan-Africanos que se realizam em Paris (1919), Londres, Bruxelas e Paris (1921), Londres e Lisboa (1922) e Nova York (1927), eventos que conferem às atividades nacionalistas e à luta contra o colonialismo na África um caráter internacional, repercutindo sobretudo na África Ocidental. Os congressos reforçam a tímida consciência dos negros de todo o mundo sobre sua condição de vítimas da opressão e da tirania. Destes, o mais destacado é o primeiro, ocorrido em Paris, sob a coordenação de W. E. B. Du Bois, quando se reivindica o direito à terra e à segurança individual, embora, desembocando numa posição voltada para obter justiça social nos marcos do próprio esquema constitucional. De todo modo, como o desrespeito à dignidade humana permanece intacto pelas próprias condições sociopolíticas vigentes, continua prioritária a luta para estabelecer e efetivar o direito ao respeito à raça negra, ainda que considerada por alguns intelectuais uma reivindicação por si só insatisfatória.

Os referidos congressos têm repercussão direta em vários pontos da África, destacando-se Serra Leoa, Costa do Ouro e Nigéria, países onde a imprensa é menos débil e divulga enfaticamente as idéias anticolonialistas e antiimperialistas dos movimentos internacionais. Influenciam, também, a Liga Africana, fundada no ano de 1919, em Lisboa, por um grupo de africanos das províncias portuguesas, dissidente da Junta dos Direitos de Defesa da África, criada quase uma década antes.

Merecem ainda ser lembradas as atividades das várias organizações que reforçam esses mesmos princípios, como a Ligue Universelle Pour La Défense de La Race Noire, em 1924, em Paris, fundada pelo jurista nacionalista do Daomé, príncipe Kojo Tovaion Honéno. Esta liga mantém estreitas relações com a Universal Negro Improvement Association, a UNIA, movimento do jamaicano Marcus Garvey, nos Estados Unidos, e é sucedida pelo Comité de Défense de la Race Noire, que tem à frente o ministro do Senegal, Lamine Senghor. Em 1927, por ocasião do seu falecimento, o Comitê é rebatizado como Ligue de Défense de la Race Noire, liderado pelo marxista sudanês Tièmoko Garan Kouyaté. É bem verdade que tais movimentos não se desdobram em outros; no entanto, na África Ocidental, suas publicações alcançam um número crescente de leitores, divulgando idéias e bandeiras de luta contestatórias do colonialismo.

Não menos significativas são as contribuições advindas do movimento negro nos Estados Unidos, como resultado do contato estabelecido entre estudantes negros das mais diversas partes do mundo, desde 1880 até a Segunda Guerra Mundial. Nesse intercâmbio destacam-se J. E. K. Aggrey e M. Garvey.

Aggrey deixa a Costa do Ouro em 1898 e segue para os Estados Unidos, onde, depois de licenciado em Teologia, torna-se correspondente de um jornal negro, difundindo a importância de os africanos viverem e estudarem nesse país, abrindo um canal com os afro-americanos de todos os lugares do continente.

Dessa forma, há intensa troca de experiências, além de os negros obterem uma cuidadosa formação escolar e adquirirem um ideário político-ideológico revolucionário. O êxito da empreitada é notório, tanto que dela fazem parte futuros dirigentes políticos africanos da maior envergadura que participam diretamente na elaboração e no desenvolvimento do nacionalismo anticolonial, assim como na implementação dos projetos políticos pós-independência. É o caso, por exemplo, de Nnamdi Azikiwé, jornalista nigeriano que após longa permanência nos Estados Unidos e, posteriormente, em Accra, regressa à sua terra natal, publicando, em 1937, *Revista África*, livro no qual proclama a unidade cultural do homem africano, critica acidamente o "paternalismo intelectual dos colonialistas", além de advertir os africanos a respeito "das armadilhas, das falsidades e das incongruências do comunismo".[26]

Deve-se observar, guardadas as diferenças, que também o antilhano Aimé Césaire colabora com o pan-africanismo cultural e, na tentativa de apreender a totalidade do mundo negro, cria o termo "negritude" que aparece pela primeira vez no *Cahier d'un retour au pays natal*. Essa denominação, que passa a exprimir a idéia de unidade africana, é mais tarde retomada por Lamine Senghor e, depois, pela revista *Présence Africaine*, sendo alvo de intensos debates nos Congressos de Escritores e Artistas Negros, entre os anos de 1956 e 1959.

Outra personalidade intelectual e política que tem de ser lembrada é Kwame Nkrumah, que lidera, entre 1951 e 1966, em Gana, uma política de "desenvolvimento e reconstrução nacionais" no âmbito do nacionalismo anticolonial. Além disso, apóia significativamente os movimentos de libertação nacional, aí incluídos os das Províncias Ultramarinas Portuguesas. Também Eduardo Mondlane completa sua formação escolar nos Estados Unidos e, ao regressar a Moçambique, comanda entre os anos de 1962 e 1966, por ocasião do seu assassinato, a Frente para Libertação de Moçambique (FRELIMO), partido marxista responsável pelo movimento de libertação desse país.

Quase simultaneamente destaca-se, entre outros movimentos de menor monta, o organizado por Marcus Garvey que, considerando a Libéria "a nação central para a raça negra", elabora um projeto apontando-a como um dos pólos de emigração afro-americana. Dessa maneira, procura promover, no plano político-institucional, a solidariedade entre os povos de ascendência africana. Para concretizar o projeto, Garvey funda a Universal Negro Improvement Association que, em 1920, congrega cerca de 4 milhões de negros, comprovando o bom êxito alcançado pelo nacionalismo negro. Tal sucesso ainda repercute trinta anos depois, nos anos 1950, quando é retomado, dando origem a projetos de rejeição do mundo cultural branco, como o movimento dos mulçumanos negros nos Estados Unidos.

Por sua vez, em Lisboa, as idéias de Garvey são de alguma forma incorporadas pelo Partido Nacional Africano que, como a Junta de Defesa dos Direitos da África, reorganiza-se em 1921. No tocante a *como* e *quanto* esse movimento se propaga na África, as dificuldades de avaliação apresentam-se muito grandes, dada a exigüidade de pesquisas acerca do assunto. Porém, ao que tudo indica, sua penetração nos territórios dominados por Portugal é pequena, sendo possível considerá-lo praticamente inexistente em Cabo Verde.

Mas como entender a relevância das contribuições do pan-africanismo para o processo de consciência dos africanos em relação às questões sociopolíticas e culturais dos vários territórios que compõem a África?

Em primeiro lugar, é preciso assinalar que o que confere valor ao movimento pan-africano como um todo não é seu comprometimento com uma mudança radical. Sob esse aspecto o pan-africanismo é frágil. Porém, seja qual for a tendência geral da simpatia política entre os intelectuais que tratam dessa problemática, não pode haver dúvida de que algumas das inquietações esboçadas por esse movimento continuam sendo debatidas. Mais ainda, constituem pontos de partida para que sejam mais tarde pensados e desenvolvidos os temas da unidade africana nas vertentes da unidade político-cultural de Cheik Anta Diop; da unidade econômica de Mamadou Touré, dando origem para que anos depois se considere também a eventualidade da constituição de agrupamentos econômicos regionais e de um mercado comum africano; da unidade continental de Nkrumah; da unidade de ação de Sékou Touré, teoria com uma dimensão pragmática evidente, sobretudo no apoio dado às lutas de independência da Guiné portuguesa e de Cabo Verde.

Em segundo lugar, pode-se afirmar que essas idéias fazem parte de um pensamento teórico que aos poucos sistematiza os questionamentos, os ensaios, os projetos e, alguns anos depois, a própria práxis política. Por fim, também é patente que as organizações surgidas abrem possibilidades de superação da impotência e incapacidade para combater a opressão e a injustiça.

Isso está longe de significar que o pan-africanismo não tenha apresentado equívocos de diversas ordens, criado impasses, ou mesmo que sua eficácia tenha sido a almejada por parte de seus próprios adeptos. Em suma, o pan-africanismo desses anos é apenas um começo bastante insuficiente, tanto em termos de vitalidade intelectual como enquanto prática política concreta contestatória do colonialismo.

A postura ideológica expressa na Conferência Antiimperialista de Bruxelas, 1927, da qual participam, entre outros, Sukarno, Nehru, Lamine Senghor e Kouyaté, afirma o direito de todos os povos colonizados à independência, ao mesmo tempo em que reivindica apoio integral dos partidos comunistas, em especial dos países colonizadores às lutas de libertação.

Anos mais tarde, em outubro de 1945, o V Congresso Pan-Africano de Manchester, que reúne representantes das colônias de colonização inglesa, enfatiza a importância da independência como a maior de todas as reivindicações. A apreensão das relações entre as metrópoles e seus territórios subordinados, fundadas nos vínculos de exploração e dominação, passa a ocupar o centro dos debates. Em ambos os eventos o marxismo marca presença entre alguns dos mais destacados intelectuais africanos.

Pela liberdade

Em Portugal, um grupo de intelectuais participa da "Casa da África", que desde os anos 1920 agrupa estudantes e trabalhadores africanos. Mas é, sem dúvida, a "Casa dos Estudantes do Império Português" o centro afetivo de reunião dos estudantes das colônias, dela participando Vasco Cabral, Amílcar Cabral, Agostinho Neto, Luís Motta e Marcelino dos Santos, entre outros. Instituída pelas autoridades salazaristas pouco antes da Segunda Guerra Mundial, é o espaço onde são discutidos temas como o antifascismo e a democracia, a independência, a unidade africana, o desenvolvimento e o socialismo, além de se refletir sobre a organização da luta por esses ideais. Quanto às propostas, assimilam a influência do embate ideológico travado no plano internacional entre democracia e fascismo.

Aliás, a crítica ao fascismo faz-se presente desde o decurso da Segunda Guerra Mundial e é o ponto de articulação entre a "Casa" e outras organizações do movimento antifascista em ascenso em Portugal, como o Movimento Nacional de Unidade Antifascista (MNUA), criado por iniciativa do Partido Comunista Português e considerado ilegal e, a partir de 1944, o Movimento da Unidade Democrática (MUD), criado com a permissão das autoridades de Lisboa. Em 1945 o MUD entrega ao governo salazarista um documento assinado por cerca de 200 mil pessoas, exigindo o restabelecimento das liberdades democráticas. Em janeiro de 1947, um pequeno grupo de jovens cria uma seção juvenil do movimento, que no fim do mesmo ano passa a ter Vasco Cabral, membro do Partido Comunista Português, como um de seus dirigentes. E uma das secções do MUD juvenil passa a funcionar na "Casa dos Estudantes".

É interessante observar que o conjunto de idéias sobre a questão das colônias portuguesas é organizado sob a influência do papel da Revolução de 1917 e da ação da III Internacional, por um lado, e de idéias liberais, por outro. A Revolução Russa coloca universalmente na esfera dos debates políticos o tema histórico do comunismo e do anticomunismo, abrangendo a luta contra o nazifascismo. Também é a partir dela que se torna inevitável tratar do tema da revolução ou do gradualismo e de sua relação com novos movimentos. Aliás, essa é uma questão fundamental tratada por Majhemout Diop, um dos fundadores do Partido Africano para a Independência (PAI), tornada pública com a revista *Présence Africaine*, em 1953, e retomada pelo PAI em 1957, no Senegal.

As discussões entre os intelectuais africanos acerca da questão colonial e do imperialismo, por sua vez, giram em torno de perguntas como: qual o significado e quais as implicações da expansão colonial? o que gera essa expansão? o contato entre diversos povos com diferentes graus de desenvolvimento dá ou não direito a que se estabeleça entre eles uma relação de dominação? As respostas parecem ter como referência obrigatória o opúsculo de Lenin, *Cadernos sobre o imperialismo*, ao lado das Resoluções da III Internacional, que conferem a todos os "povos colonizados e oprimidos o direito à independência", e o conhecido e muitas vezes sacralizado texto de Stalin, *O marxismo e a questão nacional.*

A esse respeito, algumas considerações fazem-se necessárias. A primeira é matizar a idéia da força do comunismo internacional na África. Sabe-se que próximo à Segunda Guerra Mundial os efetivos da Internacional Comunista no continente contam com cerca de 5 mil correligionários, sendo a maior parte constituída por franceses do Marrocos e da Argélia e por operários brancos da União Sul-Africana.[27] Por outro lado, as próprias futuras lideranças do movimento de libertação nacional ligam-se ao marxismo mais tardiamente do que na China, por exemplo, onde por essa época fazem-se sentir as influências da Revolução de Outubro e das Resoluções da III Internacional, animando levantes anticolonialistas, destacando-se que, em 1949, a Revolução Socialista triunfa. É evidente que isso tem relação direta com uma série de condições histórico-sociais específicas. Exatamente por causa delas, deve-se considerar o fato de que as futuras lideranças das Províncias Ultramarinas Portuguesas têm sua formação política ligada ao Partido Comunista Português, predominantemente voltado para os embates contra o fascismo, e não para a questão colonial.

Sob esse aspecto, é oportuno lembrar que a Internacional Comunista tem dificuldades na abordagem da problemática da luta revolucionária nas colônias e nos países dependentes, o que advém do fato de a própria teoria marxiana não a contemplar como questão prioritária. A verdade é que, esboçadas por Marx desde 1853, as idéias de uma articulação entre as "revoluções nos países atrasados" e a revolução socialista, bem como suas considerações sobre o papel dos fatores "nacional" e "camponês" e os estudos sobre o "modo de produção asiático", permanecem inéditas até 1939, sendo o conceito de "modo de produção asiático" condenado em 1927 pela União Soviética, por ocasião da derrota do Partido Comunista Chinês. Tudo isso reduz sobremaneira o debate a respeito da revolução nos países colonizados pela Europa.

Outra reflexão soma-se à anterior. Refere-se ao próprio discurso teórico sobre a revolução socialista mundial, elaborado sobretudo em torno de suas idéias inquestionavelmente eurocêntricas. A primeira, concernente, em particular, a uma dimensão estratégica, considera que a libertação dos países explorados pelo capitalismo ocorre como conseqüência da revolução socialista nos países da Europa Ocidental. A segunda, essencialmente ligada à anterior, tem caráter *cultural lato sensu* e considera que a transformação socialista do mundo implica sua europeização.

Essas idéias são essenciais, entre outras razões, por ser exatamente essa a herança teórica da qual parte Lenin. Só que, assim que constata a força revolucionária surgida no Oriente, declara que ao proletariado revolucionário ocidental cabe apoiar a causa dos povos oprimidos como sua, julgando-a parte relevante da revolução socialista mundial. Lenin penetra num terreno até então praticamente inexplorado, embora crucial no âmbito do movimento comunista internacional. A novidade de sua argumentação está no fato que até o I Congresso da Internacional Comunista (IC), inclusive, não é dada quase nenhuma atenção ao tema, e quando isso ocorre é em torno das idéias tradicionais entre os marxistas do Ocidente. É essencial lembrar que consta na declaração do Manifesto do I Congresso que:

> A libertação das colônias, (...), não é concebível se não for levada a cabo ao mesmo tempo que a da classe operária das metrópoles. Os operários e os camponeses não apenas do Annam, da Argélia ou de Bengala, mas também da Pérsia e da Armênia,

não poderão ter uma existência independente senão no dia em que os operários da Inglaterra e da França, após derrubarem Lloyd George e Clemenceau, tomarem nas suas mãos o poder governamental.[28]

O problema dos povos oprimidos ganha maior atenção no interior da IC somente no II Congresso, tendo por objetivos tanto avaliar o movimento como parte integrante da revolução socialista mundial, como estabelecer estratégias, táticas e metas organizacionais a serem seguidas. Portanto, a luta emancipadora dos povos coloniais não é considerada subordinada à vitória do proletariado nos países metropolitanos. Essa orientação está presente nos trabalhos de Lenin, embora não predomine na direção do Comintern, em que prevalece a mentalidade "grã-russa", acentuadamente eurocêntrica.

A importância de Lenin reside, portanto, em ter incluído o princípio da libertação dos povos oprimidos como um dos alvos da sua estratégia revolucionária de luta contra o imperialismo, o que lhe permite formular o princípio do direito das nações à autodeterminação, aliás, grande ponto de divergência com Rosa Luxemburg, Radek, Piatakov e Bukharin. Para Lenin, é o desenvolvimento desigual que cria a desigualdade e a opressão nacional. Desse modo, identifica as condições revolucionárias na reação antiimperialista dos países oprimidos e dependentes, e não na evolução do movimento operário no centro capitalista. Assim, indica a função antiimperialista da luta das nações oprimidas, o que faz precisamente na Conferência Internacional de Zimmerwald, considerando que:

O capitalismo importado aguça as contradições, excitando naqueles povos que são despertados para o sentimento nacional uma vontade cada vez mais encarniçada de resistência (...). Pouco a pouco, o próprio capitalismo termina por sugerir aos povos submetidos os princípios e os métodos de sua libertação. O que fora, em certa época, a mais alta aspiração das nações européias, ou seja, a constituição de Estados unitários para a conquista da liberdade econômica e cultural, começa a se difundir também entre aqueles povos.[29]

Nessa esteira de pensamento, volta-se para o Oriente, considerando-o o foco mais relevante da opressão e, portanto, da revolução, reconhecendo importância aos movimentos definidos como "nacionais-revolucionários", o que significa dizer que eles adquirem validade revolucionária, vista serem portadores de um processo de transição para a revolução socialista.

Há outro aspecto. Desde 1905, Lenin confirma historicamente a teoria revolucionária segundo a qual os representantes do proletariado socialista não só podem, como por vezes devem, aliar-se à pequena-burguesia, juntos participando de um governo revolucionário.

Assim, desde essa época, e por muito tempo, ser marxista "autêntico" é ser leninista, ainda que tal definição se baseie numa leitura stalinista dos ideais de Lenin, apresentados como inquestionáveis pelo Comintern que, dessa forma, lhes confere imunidade.

Dentre os argumentos doutrinatários de Lenin, o mais difundido entre os africanos é o da autodeterminação dos povos, por ir ao encontro do maior dos anseios: o da liberdade. Para alcançá-la, são estrategicamente acolhidos os direitos que compõem o ideário liberal, aceito como legítimo pelas próprias nações às quais seus países encontram-se subordinados. Significa dizer que se abre uma nova fase caracterizada pela afirmação *universal* de direitos. Obedece a esse sentido a incorporação das "quatro liberdades fundamentais", contidas na mensagem do presidente dos Estados Unidos, Franklin D. Roosevelt, enviada ao Congresso americano em janeiro de 1941, quais sejam: a liberdade de pensamento e expressão; a liberdade de se livrar da miséria; e a liberdade sem medo. O que se pode afirmar é que nas condições opressivas daqueles anos, em que a violência e a exclusão aparecem como fatos determinantes, essas reivindicações implicam nova forma de pensar a sociedade e a política, enfatizando direitos e liberdades sociais básicas.

Também passam a integrar as reivindicações africanas princípios da Carta do Atlântico, como a renúncia a qualquer aquisição de território sem o prévio consentimento das suas respectivas populações; o acesso de todos os Estados ao comércio internacional; e a liberdade dos mares. Eles servem, em particular, para a definição da soberania dos Estados independentes, isto é, para algumas regras que dizem respeito às relações de domínio entre os Estados.

Mas o ponto mais alto das conquistas concernentes aos direitos do homem, depois da Declaração Universal é, com certeza, a Declaração sobre a Concessão da Independência aos Países e Povos Coloniais, aprovada em 14 de dezembro de 1960, em que, mais que a referências aos direitos universais do homem, há a afirmação de que "a sujeição dos povos ao domínio estrangeiro é uma negação dos direitos fundamentais do homem". Enquanto na Declaração Universal a firmação diz respeito à pessoa, na Concessão da Independência, reporta-se a todo um povo.

> Uma chega até a não-discriminação individual; a outra prossegue até a autonomia coletiva. E liga-se, com efeito, ao princípio – já proclamado desde os tempos da Revolução Francesa, e que se tornou depois um dos motivos inspiradores dos movimentos nacionais do século XIX – do direito de todo o povo à autodeterminação: princípio que faz seu reaparecimento precisamente no artigo segundo da mesma Declaração de Independência.[30]

Por sua vez, a exigência de afirmar direitos fundamentais dos povos, presente em todo o processo de descolonização, é aprovada pelas Nações Unidas, que consagra "o direito de todos os povos à autodeterminação", incluindo-a, em 16 de dezembro de 1966, no *Pacto sobre os direitos sociais e culturais* e no *Pacto sobre os direitos civis e políticos*, aprovados pela Assembléia Geral das Nações Unidas.

Todavia, esse processo de conquista é entremeado por vários impasses, aliás comuns às ações revolucionárias. Por isso, buscando eficácia, desenvolve-se uma estratégia política que consiste em estabelecer ações comuns em torno dos mesmos interesses, como forma de impedir que a consecução do objetivo maior, a independência de seus países, dissolva-se em protestos isolados.

O princípio da esperança

Em 1952, o "grupo afro-asiático" constitui uma entidade, ao se estabelecer nas Nações Unidas a cooperação entre países africanos e asiáticos, de conformidade com as disposições da Carta das Nações Unidas sobre os acordos regionais. Esse movimento amplia-se durante a guerra da Indochina e principalmente em Genebra, quando das negociações para pôr termo à guerra, ocasião em que os primeiros-ministros da Birmânia, do Ceilão, da Índia, da Indonésia e do Paquistão unem-se em torno de posições comuns. Pouco mais tarde, entre 28 de abril e 2 de maio de 1954, reunidos em Colombo, capital do Ceilão, lançam a proposta de organização de uma conferência governamental afro-asiática, cabendo ao presidente Sukarno, da Indonésia, a preparação do evento. As adesões ultrapassam o esperado, e os "Cinco de Colombo", quando se encontram em Bogor, na Indonésia, em fins de dezembro de 1954, resolvem convocar para o ano seguinte, na cidade de Bandung, uma Conferência Afro-Asiática para qual são convidados delegados de 29 governos da África e da Ásia.

De 28 de março a 4 de abril de 1955, realiza-se a Conferência Afro-Asiática de Bandung. A partir de um compromisso tácito entre grupos de diferentes tendências, são elaboradas resoluções segundo as quais se definem os limites dos exercício da força no âmbito das relações internacionais, com regras qualitativamente distintas das vigentes até então. Por isso, durante a conferência, ressalta-se a necessidade de haver equilíbrio entre os países, tanto entre as grandes potências como entre estas e as demais, assim como dos países subdesenvolvidos entre si. É essa a perspectiva da qual fazem parte os dez princípios anunciados, quais sejam: respeito aos Direitos do Homem e à Carta da ONU; respeito à soberania e à integridade de todas as nações; não-ingerência nos assuntos internos de outros países; direito de cada nação se defender só ou coletivamente em conformidade com a Carta da ONU; "abstenção de recorrer a acordos de defesa coletiva que tenham em vista servir os interesses particulares de uma potência, seja qual for; abstenção, para qualquer país, de exercer pressões sobre outros países"; o não-recurso à força contra outro país; resolução negociada dos problemas em litígio e cooperação; respeito pela justiça e pelos compromissos internacionais.

Assim, na "luta pela paz" são reafirmadas como condições necessárias a liberdade e igualdade entre os homens e as nações. Daí a Conferência de Bandung eleger e proclamar como metas básicas: as lutas contra o colonialismo pela consolidação das independências recém-conquistadas, assim como pela garantia do máximo de unidade à luta de libertação.

Nesse campo de debate são colocados, portanto, os paradigmas de dignidade que articulam os países, salientando o sentido comum dos que são definidos, principalmente, pela dependência em suas mais diversas formas. Afirma-se que esses países fazem escolhas, estabelecem critérios por meio dos quais as relações internacionais se legitimam ou constituem alvos de contestação. E, sobretudo, constroem os seus projetos de libertação. Em decorrência, elege-se em Bandung uma política internacional de "não-alinhamento".

Bandung é, portanto, tida como um marco na luta pela independência dos países africanos e asiáticos. Entre os participantes da conferência, o único ponto absolutamente consensual é sobre a sua importância, o que é sintetizado pelo delegado da República Argelina, M'Hamed Yazid, mais tarde Ministro da Informação do Governo Provisório. Considera que

> (...) Bandung fez nascer um movimento irreversível. De Bandung saiu um espírito, uma solidariedade, uma vontade de ação que desordenaram as posições imperialistas e colonialistas na Ásia e na África. Bandung acelerou as lutas de libertação nacional que, em dez anos, subverteram o mapa político do mundo.[31]

Nos anos subseqüentes intensificam-se os grandes encontros para o debate dos problemas africanos. Em 1958, é realizada a Conferência dos Estados Independentes da África, em Monróvia, e entre 4 e 8 de agosto de 1959, em Accra, ocorre a II Conferência dos Estados Independentes em África, ocasião em que é publicamente apoiada a independência da Argélia. Por sua vez, diante da irracionalidade da dominação, da exploração e da repressão crescentes, as discussões passam a configurar, cada vez com maior clareza, um momento de inflexão entre o gradualismo e a revolução, como possíveis caminhos para a conquista da independência na África.

Aliás, dadas sua relevância e complexidade essa questão é debatida, sem que se chegue a um consenso, na Conferência dos Povos Africanos em Accra, realizada de 5 a 13 de dezembro, quando, por iniciativa de Nkrumah, encontram-se líderes e intelectuais africanos de todos os pontos do continente.

Não menos importante é a II Conferência dos Povos da África, ocorrida em Conacri, em 1960, quando o conflito ideológico entre chineses e soviéticos torna-se público. Essa cisão repercute em toda a parte, aumentando o número de simpatizantes da linha chinesa, considerada mais fiel aos "verdadeiros" ideais revolucionários. Ao lado desse acontecimento, há outro não menos significativo que é a vitória, em janeiro de 1959, da Revolução Cubana, definida por Fidel Castro, seu líder, como "a mais profunda das revoluções americanas". Seu triunfo, contudo, é proporcional às ameaças que sofre. Compreendendo tal fato, Fidel busca aliados para o movimento revolucionário entre os países do Terceiro Mundo, trabalhando para unificar os laços de solidariedade entre latino-americanos e afro-ariáticos, o que de algum modo passa a acontecer a partir 1962, tanto com a presença de Cuba em conferências e encontros como, pouco mais tarde, com a ajuda militar para os países em processo de luta de libertação.

O impacto das análises feitas nesses encontros suscita uma série de questões nas Províncias Ultramarinas Portuguesas, o que também se dá nos demais territórios subjugados, para as quais as independências na África, em especial no Senegal, na Guiné-Conacri e no Congo, são estimadas como primordiais para o avanço dos seus próprios movimentos. Nesse universo de luta, a unidade africana é contemplada como componente importante das práticas políticas, em particular na conjuntura dos anos 1960, marcada como é pelo ascenso dos movimentos de libertação e pelo significativo número de independências conquistadas, quer predominando a negociação ou a luta armada.

Concomitante a esse processo se desenvolvem inúmeras indagações sobre qual independência se quer alcançar. E se a maior parte dos líderes e intelectuais africanos limitam-se a emprestar à independência um conteúdo anticapitalista, em agudo contraste, há os que pensam a natureza global e os objetivos dos movimentos de libertação, articulando-os a uma visão da sociedade e da sua transformação. Nesse sentido, surgem algumas advertências, como a do líder do PAIGC, Amílcar Cabral, em 1962:

> (...) não se pode esquecer que nenhum dos nossos inimigos foi real e completamente vencido e expulso da África. Sendo a luta pela independência nacional a nossa principal preocupação, devemos, no entanto, através da luta de libertação, encarar o problema do futuro dos nossos povos, de sua revolução econômica, social e cultural na via do progresso.[32]

Na verdade, independência é um projeto inquestionável, mas a complexidade do campo de discussão que a cerca permite registrar divergências ideológicas em torno da sua relação com os outros temas, como a unidade africana em suas diversas concepções, o socialismo com diferentes significados, o nacionalismo por vezes tomado como micronacionalismo capaz de impedir a unidade africana, o desenvolvimento nos seus vários modelos, a política externa e a cultura africana.

Dito isso, é inevitável tocar no problema do nacionalismo e sua relação com os movimentos pela independência nos territórios sob domínio português na África. E vale relembrar que o nacionalismo é um princípio de ordem pragmática, variável segundo as circunstâncias, inquestionavelmente necessário para refletir sobre a organização de uma coexistência entre diferentes elementos regionais, raciais, sociais e culturais no âmbito do mesmo território. Além dessa diversidade, não menos significativa é a que diz respeito à constituição da consciência nacional, que, como é sabido, desenvolve-se de forma desigual entre os distintos grupos sociais e regiões de cada país. São várias as personagens, mas os primeiros sujeitos desse processo são os intelectuais, muitas vezes líderes dos movimentos. Já as massas populares, a grande base social de apoio, começam a adquirir uma tímida consciência nacional, só a partir da criação dos Estados nacionais. Em outras palavras: a contradição básica do colonialismo não se manifesta de maneira generalizada, considerados tempo e espaço.

Mais prontamente mobilizador é apelo patriótico que se faz em torno da necessidade da unificação como pré-requisito essencial para organizar uma luta contra um poder exógeno, identificado com toda a espécie de carência da população. O resíduo de emocionalidade abrange desde o ressentimento à indignação; e a revolta se impõe.

Notas e Referências

(1) Alfredo Bosi, *Dialética da colonização*, op. cit., p. 27.

(2) Marilena Chauí, "Apontamentos para um crítica da ação integralista brasileira". In *Ideologia e mobilização popular*, São Paulo, CEDEC – Paz e Terra, 3, 1978, p. 13.

(3) Karl Marx, *La ideología alemana*. Montevideo-Barcelona, Pueblos Unidos-Grijalbo, 1972. Teses sobre Feuerbach, 6 e 7, p. 667. Ver também p. 676 e seguintes. Na edição brasileira, *Economia política e filosofia*. Rio de Janeiro, Meiso, 1963, p. 144 a 148.

(4) Segundo hipótese central da Sociologia do Conhecimento, o grau de possibilidades de desenvolvimento das ideologias depende de certos limites impostos pelo contexo social, isto é, pelo grupo social que lhe está subjacente. Ver Karl Mannheim, "O problema de uma sociologia do conhecimento". In *Sociologia do conhecimento* (org. de Otávio G. Velho et alii). Rio de Janeiro, Zahar 1967, p. 13-80,

e Karl Mannheim, *Ideologia* e *utopia*, Rio de Janeiro, 1968, caps. 1 e 2.

(5) Jorge Guilhermo Frederico Hegel, *Filosofia de la historia universal*, tomo I. Madri, Revista do Occidente, 1928, p. 193-4. Cabe lembrar que as obras de Rousseau e Herder também exercem grande influência sobre as idéias que conferem ao clima e à ecologia grande força explicativa.

(6) Franz Fanon, *Peau noire*. Paris, Masques Blancs, Editions du Seuil, 1971, p. 95-6.

(7) Também tem importante papel James Africanus Beale Horton (1835-182), de Serra Leoa, e Edward W. Blyden, antilhano instalado na Libéria e em Serra Leoa desde 1850. Eles inauguraram uma corrente de redescoberta cultural a qual John Mensah Serbah e Casely Hayford prosseguem na então Gold Coast. In J. Ayo Langley, *Ideologie of liberation in black Africa* 1856-1970. Londres, Rex Collings, 1979.

(8) Entre 1880 e 1910 também foram publicados: *Almanaque de lembranças luso-brasileiro*, colaboração de Eugênio Tavares, 1881; *Sobre os usos e costumes das ilhas de Cabo Verde*, Custódic Duarte, 1882; *O crioulo de Cabo Verde*, Joaquim Botelho da Costa e Custódio José Duarte, 1886; *Apontamentos para a gramática do crioulo que se fala na ilha de Santiago*, A. de Paula Britto, 1887; *Madeira, Cabo Verde e Guiné*, João Augusto Martins, 1891; *Roteiro do arquipélago de Cabo Verde*, C. José de Senna Barcelos, 1892; *Amanach luso-africano* (2 volumes), colaboração de Antônio Manuel da Costa Teixeira, Januário Leite e José Lopes, 1894-99; Subsídios para a *história de Cabo Verde e Guiné*, Senna Barcelos, 1899; Notas sobre um *fabuloso alcance*, Eugênio Tavares, 1990; *Cartilha normal portugueza*, Cônego Teixeira, 1902; *Canções crioulas e músicas populares de Cabo Verde*, José Alfama, 1910.

(9) Benedict Anderson, *Nação e consciência nacional*. São Paulo, Ática, 1989, p. 14.

(10) Eça de Queiros, apud Eduardo Prado Coelho (seleção e introdução), *Estruturalismo, antologia de textos teóricos*. Lisboa, Portugália, 1967.

(11) Eugênio Tavares, *Noli me tangere*. Carta a D. Alexandre D'Almeida sobre a emigração cabo-verdiana para os EUA. Imprensa Nacional de Cabo Verde. Praia, 1918, p. 92.

(12) Exemplos típicos são inúmeros entre os países americanos de colonização espanhola e inglesa.

(13) A *Voz de Cabo Verde*, 4ª-feira, 11/3/1911. In Pedro Cardoso, *Folclore caboverdano*, op. cit., p. XLI.

(14) Alfredo Margarido, Prefácio: "A Perspectiva Histórico – cultural de Pedro Monteiro Cardoso". In Pedro Monteiro Cardoso, *Folclore caboverdiano*, op. cit., p. XLI.

(15) Pedro M. Cardoso, *Folclore caboverdeano*, op. cit., p. LIV e LV.

(16) Sabe-se que é importantíssimo o papel da maçonaria no apoio à República. Também é notório que os valores maçônicos são exaltados em *A Voz de Cabo Verde*. Porém, não há documentação a propósito da porcentagem nem de redatores e colaboradores de jornais, especialmente de *A Voz de Cabo Verde*, nem de intelectuais que integram a maçonaria.

(17) Pedro M. Cardoso, *Folclore caboverdeano*, op. cit., p. XLVI e XLVII.

(18) Pedro M. Cardoso, *Folclore caboverdeano*, op. cit., p. XLVIII.

(19) Pedro M. Cardoso, *Folclore caboverdeano*, op. cit., p. XLIX.

(20) Manuel Ferreira, "O fulgor e a esperança de uma nova idade", Prefácio. In *Claridade*, Revista de Arte e Letras. Lisboa, ALAC, 1986, 2ª, ed., p. LXV.

(21) Quanto à manifestação de 1934 contra a fome e o desemprego, ao menos até onde se sabe, não constitui de forma efetiva tema de análise para os intelectuais cabo-verdianos. Em contrapartida, o protesto é mencionado ou mesmo se torna tema de *Cantigas de mal-dizer* como a coladera *Xinhabonga*, cantada em todo o arquipélago.

(22) Baltasar Lopes, *Chiquinho*. Lisboa, África, 1984.

(23) Helene Riausova, Prefácio, apud Luís Romano, *Famintos*. Lisboa, Ulmeiro, 1983, p. 14.

(24) Os dados quantitativos nos quais apóia essa afirmação encontram-se em Perry Anderson, *Portugal e o ultracolonialismo*, op. cit., p. 36-7.

(25) Klaas Woortmann, "O colonialismo português em Angola" In *Revista Debate & Crítica*. São Paulo, nº 3, julho de 1974, p. 29-30, Apud T. Okuma, *Angola in ferment*. Boston, Beacon Press, 1962, p. 29-30.

(26) Estas palavras de Azikiwe são referidas no livro de Claude Wauthier, *L'Afrique des africains*, pp. 107,117, 248, apud Yves Benot, *Ideologia das independências africanas*. Lisboa, Livraria Sá da Costa, vol. I, p. 198-9.

(27) Fernando Claudín, "A experiência colonial". In Theo Santiago (org.), *Descolonização*. Rio de Janeiro, Francisco Alves, 1977, p. 12

(28) Declaração do I Congresso da IC, apud Fernando Claudín, "A experiência colonial". In Theo Santiago (org.), *Descolonização*, op. cit., p. 13.

(29) V. I. Lenin, *L'imperialismo, fase suprema del capitalismo*, p. 296, apud René Gallisot, *O imperialismo e a questão colonial e nacional dos povos oprimidos*. In Eric J. Hobsbawn (org.), *História do marxismo*. Rio de Janeiro, Paz e Terra, 1989, vol. 8, p. 215.

(30) Norberto Bobbio, *A era dos direitos*. Rio de Janeiro, Campos, 1992, p. 36.

(31) Albert-Paul Lentin, "De Bandung a Havana". In Theo Santiago (org.), *Descolonização*, op. cit., p. 40-1.

(32) Revista *Partisans*, Paris, nº 7, nov./dez. de 1962.

Capítulo 4

A desobediência civil e a luta armada

A injustiça em questão

É preciso mais do que condições degradantes de vida para que se engendre um movimento social contestatório do colonialismo. É necessário identificá-las, o que em Cabo Verde faz parte de um processo lento, muitas vezes descontínuo, mas cumulativo, marcado por uma série de protestos: revoltas de escravos, de rendeiros e parceiros e movimentos grevistas. A esses diferentes focos de conflito soma-se a atuação de escritores, artistas e jornalistas que criam um verdadeiro intercâmbio de idéias dentro e fora do arquipélago, intensificando, não obstante a censura e a repressão, o processo por meio do qual se constitui a consciência nacional.

Mas são os "peregrinos-estudantes" os principais agentes contestatórios das diversas facetas das quais se revestem a injustiça e a opressão próprias do colonialismo. Nesse sentido, o canto do poeta Corsino Fortes se impõe: "(...) toda a partida é alfabeto que nasce/ Todo regresso é Nação que soletra". Nos Estados Unidos, em Portugal, na França, assim como em outros pontos do mundo difundem-se idéias nacionalistas centradas no direito de autodeterminação. A esse respeito, sabe-se que é principalmente fora do continente africano que o anticolonialismo e o antiimperialismo crescem. Também pertencem a essa minoria exígua de africanos com escolaridade adquirida no Ocidente os cabo-verdianos que se deslocam para a então Guiné portuguesa, hoje Guiné-Bissau, na qualidade de funcionários da administração pública ultramarina. Lá, tomam contato com o território onde a unidade é imposta pela conquista e pela administração. Em conseqüência, passam a viver num espaço no qual as várias formas de violência próprias do colonialismo apresentam-se bastante acentuadas. Basta lembrar, por exemplo, que ao contrário de Cabo Verde, na Guiné portuguesa, como em Angola e Moçambique, as formas compulsórias de trabalho são sancionadas pelo Código de 1899 que define os nativos como "trabalhadores livres sob contrato", por um período de cinco anos, o que, como é óbvio, nunca é cumprido, valendo os interesses do contratante.

É bem verdade que pelo "Código Indígena" de 1928, o trabalho forçado é abolido legalmente e substituído pelo "Contrato". O novo sistema é posto em prática com um decreto contido no Ato Colonial de 1930, por meio do qual se reconhecem os usos e os costumes tradicionais dos colonos. Vale esclarecer que a partir daí Portugal utiliza-se da própria estrutura política tradicional dos diferentes grupos étnicos, cooptando as autoridades tradicionais, os "régulos", tanto na coleta de impostos dos quais passam a ser isentos, como no recrutamento do trabalhador, mediante considerável comissão. "Transfere-se", assim, a prática da corrupção e da violência para os próprios nativos. Acresça-se que mais uma vez a política de "dividir para reinar" é posta em prática, sendo nomeadas para determinada área autoridades constituídas de grupos étnicos de outra região. Isso ocorre, sobretudo, com o corpo policial.

Cumpre chamar a atenção para o fato de que com a abolição formal do trabalho compulsório passa a vigorar como legal apenas o trabalho "livre", reiterado como "dignificante e civilizador", para o qual são avaliados como mais aptos os negros e mestiços que atingem de maneira satisfatória os padrões da língua e cultura portuguesa, obtendo, por meio de um complexo procedimento legal, o estatuto de "assimilados", ou seja, passando a ser considerados cidadãos portugueses.

Resta sublinhar o paradoxo inerente à própria categoria de "assimilado" que, ao estender a cidadania para negros e mestiços, legitima a "supremacia branca". Equivale dizer, é legitimada a opressão de raça e de classe para os excluídos, ou seja, a maioria africana. Além disso, o critério de escolaridade acentua as diferenças entre os pouco numerosos "assimilados" com educação formal superior e a maioria que não a possui. Por fim, o estatuto de "assimilado" não extingue, na prática, as mais distintas modalidades de discriminação, principalmente no âmbito do processo de trabalho. Ao contrário, introduz o "voluntariado" que perpetua a situação prevalecente, caracterizada por condições de trabalho e salário aviltantes. Em outras palavras, o estabelecimento da equivalência dos desiguais não altera o significado prático nem o simbólico do trabalho que continua a ser sinônimo de violência nas suas mais variadas formas.

Vinculados às esquerdas internacionais de diversas maneiras, intelectuais e funcionários administrativos cabo-verdianos e guineenses, impressionados com os resultados da Revolução Russa, ocorrida num país pobre, asiático, que, ao menos em parte, vê o mundo numa perspectiva não européia, pouco a pouco formam um grupo de ativistas, cuja palavra de ordem é a libertação dos povos coloniais oprimidos.

Evidentemente, as relações entre os primeiros ativistas com as esquerdas internacionais e o surgimento do nacionalismo em províncias como a Guiné portuguesa e Cabo Verde revestem-se de alto grau de complexidade. À heterogeneidade em torno das preferências ideológicas some-se o pouco preparo teórico e pragmático na organização de movimentos contestatórios, além das dificuldades impostas pela censura e pela repressão do governo português, acentuadas com Salazar.

Historicamente, é sabido que em 1953, pouco depois de sua chegada à Guiné portuguesa, o engenheiro agrônomo Amílcar Cabral passa a reunir-se com os integrantes do Movimento da Independência Nacional da Guiné (MING). É um reduzido grupo de intelectuais locais que ao lado de um pequeno número de artesãos e operários, companheiros de trabalho de Amílcar Cabral na Estação Agrícola de Pessubé, colocam em discussão as possibilidades de luta contra o colonialismo. Ocorre que o principal papel do MING diz respeito a uma dimensão educadora, isto é, preparar teoricamente seus integrantes, tendo em vista o estabelecimento de outra organização voltada para as atividades mais práticas. Com esse propósito, Cabral reúne-se com alguns companheiros e juntos decidem fundar um Clube Desportivo e Cultural para educar civicamente os jovens, sensibilizando-os para a necessária remoção das injustiças da ordem social imposta pela Metrópole. No entanto, o grupo conta com pessoas de condição social diversa e, exatamente por reunir nativos e "assimilados", acaba levantando suspeitas e sendo denunciado ao governo que não tarda em fechá-lo.

No entanto, a vida efêmera do clube não os faz desistir; ao contrário, instiga-os a formar uma organização capaz de iniciar uma luta cada vez mais ampla para a conquista das independências nacionais da Guiné e de Cabo Verde, condição crucial para que sejam extintas as injustiças e se resgate a dignidade. Com esses "conteúdos de esperança" Amílcar Cabral, Luís Cabral, Aristides Pereira, Fernando Fortes, Júlio de Carvalho e Elisée Turpan fundam, em setembro de 1956, o Partido Africano para a Independência e a Unidade dos Povos da Guiné e de Cabo Verde (PAIGC), cuja a divisa é "Unidade e Luta". Conscientes da fraqueza de sua auto-suficiência, e ao mesmo tempo sensíveis à necessidade de uma ampla ação coletiva, constituem-se em vanguarda, confirmando a liderança de Amílcar Cabral como o grande condutor nacional. Fazem parte da sua própria organização algumas ações fixadas estatutariamente, perfilando-se, ao lado da conquista da independência nacional, os objetivos de progresso econômico, desenvolvimento social e cultural e democratização da Guiné e de Cabo Verde.

Essa consciência da necessidade de modificações radicais é o núcleo político do PAIGC. Conseqüentemente, para lutar com eficácia por esses objetivos, os ativistas voltam-se para uma estratégia revolucionária composta por ações conjuntas, de primária importância, determinadas pela articulação de duas vertentes. A primeira refere-se ao estabelecimento da unidade e organização essenciais para dominar a tática e a estratégia de uma luta efetiva no território guineense e aos poucos também nas ilhas de Cabo Verde. A segunda diz respeito ao apoio de movimentos e partidos de âmbito internacional nos continentes africano e europeu.

O projeto histórico da independência e o quadro internacional

A aproximação entre os países africanos, mais do que por motivos de ordem estrutural, é possibilitada pelos efeitos do colonialismo, com o agravamento da crise econômica e o endividamento externo, além das sérias conseqüências da repressão. A união se impõe, a despeito da diversidade de matizes ideológicos e políticos dos movimentos nacionalistas dos diferentes países africanos.

A disposição de somar esforços anima o encontro, em dezembro de 1957, em Paris, de Lúcio Lara, Mário de Andrade e Viriato Cruz, como representantes de Angola; Amílcar Cabral, de Guiné e Cabo Verde; Guilherme do Espírito Santo, de São Tomé e Príncipe; e Marcelino dos Santos, de Moçambique. Trata-se de uma reunião para o desenvolvimento da luta nas Províncias Ultramarinas Portuguesas, da qual acaba resultando a criação do Movimento Anticolonialista. O MAC é uma organização ilegal e conta com o apoio do Partido Comunista Português, que por ocasião do V Congresso, em 1957, refuta o colonialismo. Consta da declaração sobre o problema das colônias portuguesas:

> (...) O V Congresso do Partido Comunista Português constata, com satisfação, que o colonialismo está hoje condenado pelos povos e pela opinião pública internacional e que está em curso a desagregação do sistema colonial do imperialismo. A supressão total desse vergonhoso sistema está já na ordem do dia como um dos mais candentes problemas da actualidade, segundo a justa definição do XX Congresso do PCUS.
>
> A Grande Revolução Socialista de Outubro, cujo 40º – aniversário comemora este ano em todo o mundo, desferiu o primeiro grande golpe no sistema colonial do imperialismo. A criação do primeiro Estado proletário do mundo arrancou da órbita imperialista, duma só vez, uma sexta parte do globo.
>
> Após a Segunda Guerra Mundial, o sistema colonial do imperialismo ficou abalado até os alicerces. Os povos dos países oprimidos ganharam confiança nas suas próprias forças e na possibilidade de se libertarem do jugo do colonialismo...
>
> O V Congresso do PCP considera que estão hoje criadas as condições necessárias para que os povos das colônias de África, dominadas por Portugal, conquistem a sua liberdade e independência, independentemente das modificações que se possam operar na situação política em Portugal.
>
> Nestas condições, o V Congresso do PCP reclama o reconhecimento incondicional do direito dos povos das colônias de África, dominadas por Portugal, à imediata e completa independência.
>
> Ao definir a questão nestes termos, o V Congresso está certo de que tal facto abrirá imediatamente enormes perspectivas ao desenvolvimento do movimento de libertação dos povos coloniais que estão sob o jugo do colonialismo português.
>
> O Congresso considera que a ajuda que o Partido e o povo português prestam ao movimento libertador dos povos coloniais, traduzir-se-á objectivamente numa ajuda à classe operária e ao povo de Portugal na luta pela sua própria libertação, dado que um regime de opressão como o de Salazar não poderá sobreviver à libertação dos povos coloniais.[1]

Essa longa citação é oportuna por duas razões. Em primeiro lugar, marca a posição política do PCP, favorável à organização do movimento revolucionário, o que se refere, diretamente, com a ampla e única estratégia para a revolução mundial adotada pelo movimento comunista internacional, do qual o Partido Comunista Português é uma das unidades nacionais. Em segundo lugar, por evidenciar o reflexo das exigências históricas dos povos africanos no quadro internacional.

Sob esse aspecto destaca-se a Frente Revolucionária Africana da Independência Nacional (FRAIN), fundada em janeiro de 1960, em Tunes, como centro coordenador das lutas nacionais em Angola, Cabo Verde, Guiné, Moçambique, São Tomé e Príncipe, e Goa. Além disso, cabe à FRAIN, somando as insatisfações, os ressentimentos e as demandas dos povos desses territórios, criar o maior grau possível de repúdio ao regime colonial por parte da opinião pública internacional. Tarefa bastante simplificada pela conjuntura de fins dos anos 1950 e em especial 1960, conhecido como o "Ano de Libertação da África", quando dezessete países tornam-se independentes. Entre eles cabe ressaltar o Senegal, por abrigar grupos nacionalistas da Guiné e de Cabo Verde atuantes em Dacar e Zinguinchor.

Tais circunstâncias oferecem condições para que se analisem os diferentes processos de luta pela independência, tornando-se possível distinguir os elementos positivos e os negativos em relação aos objetivos propostos. Levando tudo isso em consideração, já em 1961, Cabral participa da Conferência dos Povos Africanos. Em seu pronunciamento refere-se à independência, remetendo-a às questões nacional e social. Pondera o líder do PAIGC:

> (...) sendo a luta pela independência nacional a nossa preocupação principal, não podemos esquecer que a independência é apenas um meio necessário para a construção do progresso dos nossos povos. Através da luta de libertação devemos encarar o problema do futuro dos nossos povos, a sua evolução económica, social e cultural, na via do progresso.[2]

Pode-se sugerir uma vez mais que as lutas e as discussões em curso abordam substancialmente os mesmos pontos, ou seja, aqueles que em sua essência dizem respeito à necessidade de ruptura com a Metrópole, remetendo para a prática política. Nesse cenário, uma das duas conferências de 18 a 20 de abril de 1961, em Casablanca, dá origem a um órgão permanente, com sede em Rabat, que tem como função coordenar as lutas das colônias portuguesas. Seu vice-secretário geral, Amílcar Cabral, numa das conferências em Dar-es-Salam, em 1965, deixa claro que o papel fundamental dos movimentos de libertação é a luta continuada contra toda e qualquer manifestação colonialista na África. Nesse sentido, afirma:

> Devemos estar conscientes, nós, os movimentos de libertação nacional integrados na CONCP, que a nossa luta armada não é senão um aspecto da luta geral dos povos oprimidos contra o imperialismo, da luta do homem pela sua dignidade, pela liberdade e o progresso. É neste quadro que teremos de ser capazes de integrar a nossa luta. Devemo-nos considerar como soldados, muitas vezes anônimos, mas soldados da humanidade, nesta vasta frente de luta que é a África dos nossos dias.

E, mais adiante, completa:

> (...) Nós somos, na CONCP, ferozmente contra o neocolonialismo, qualquer que seja a forma que ele tome. A nossa luta não é somente luta contra o colonialismo português, nós queremos, no quadro da nossa luta, contribuir de maneira mais eficaz para acabar, para sempre, com a dominação estrangeira no nosso continente.[3]

Essas considerações também se fazem presentes na I Conferência dos Países Não Alinhados, em Belgrado, no ano de 1961, por muitos considerada a mais poderosa coalizão de Estados do "Terceiro Mundo".

Com evidentes influências do encontro de Bandung, em Belgrado, os chefes de Estado e de governo dos novos países não alinhados da Ásia e da África decidem unir esforços para, além de se oporem ao colonialismo e ao imperialismo, participar coletivamente da política internacional e dos assuntos econômicos, buscando construir um mundo com justiça e paz. À diferença dos demais encontros internacionais, a conferência em Belgrado tem acentuado caráter global e significativa natureza militante.

Contando com a participação majoritária dos países afro-asiáticos, a América Latina representada por Cuba e a Europa pela Iugoslávia, realiza-se o encontro preparatório, ocasião em que é reforçado o não-alinhamento, definido como sinônimo do princípio de coexistência entre Estados com sistemas sociopolíticos diferentes. É relevante que sejam admitidas diferenças nas considerações de casos particulares, embora todos devessem ter uma "atitude unânime" em relação aos objetivos e aos princípios do movimento. Nessa perspectiva, a situação comum em que se encontram os países que integram o movimento prevalece, dando as coordenadas para que o não-alinhamento implique flexibilidade na interpretação e liberdade para que eles possam agir, promovendo a cooperação nos fóruns mundiais, em especial nas Nações Unidas.

Os desdobramentos apontam a influência dos países "terceiro-mundistas" no pensamento marxista e fazem da I Conferência de Países Não-Alinhados um movimento de acentuado caráter internacional que atravessa as fronteiras entre as nações desenvolvidas e dependentes, capitalistas e socialistas. Nesse sentido, define como princípios fundamentais a paz e o desarmamento, visando abrandar as tensões entre as grandes potências; a independência, ressaltado o direito de autodeterminação dos povos; o direito à igualdade racial e econômica, destacando-se a necessidade de reestruturar a economia internacional, especialmente no que se refere ao crescimento e à desigualdade entre as nações pobres e ricas; a igualdade cultural, enfatizando que é essencial reorganizar a ordem informativa mundial com o fim do monopólio ocidental dos sistemas de informação, o universalismo e o multilateralismo, mediante forte apoio ao sistema das Nações Unidas, considerando o foco próprio para a discussão dos assuntos mundiais.[4]

Respeitadas as diversas perspectivas político-ideológicas, com suas variações de ênfase e de estilo, pode-se considerar que todas essas disposições convergem para as questões concernentes à democracia e à modernização. Sob esse aspecto, reforçam a idéia de que a I Conferência dos Países Não Alinhados antecipa algumas reivindicações das próprias nações do bloco comunista, as quais aparecem de forma tímida a partir de 1975, vindo a culminar com a *perestroika e a glasnost.*

Vale destacar que esse conjunto de questões caminha com a afirmação da soberania da nação discutida nos congressos, como espaços privilegiados da luta política, em que também se estabelece o inelutável compromisso de fornecer perspectivas que possam ser utilizadas para a formação de uma vontade nacional em cada um dos países africanos. Ao mesmo tempo, o problema da força e da violência vem cada vez mais à baila quando a luta armada parece ser a escolha mais adequada para alcançar a independência. Essa perspectiva é defendida publicamente na Conferência de Fundação da Organização de Solidariedade dos Países da Ásia, África e América Latina, mais conhecida como Conferência Tricontinental, realizada em Havana, em 1966, e organizada por Fidel Castro, contando com a presença de Pedro Pires, Vasco Cabral, Domingos Ramos, Joaquim Pedro da Silva e Amílcar Cabral, que apresenta a comunicação "Fundamentos e objetivos da libertação nacional em relação com a estrutura social".

Em seu discurso, Cabral explica que a escolha pela luta armada tem de decorrer de uma criteriosa análise das especificidades histórico-culturais de cada país, questionando em particular "a costumeira afirmação de que a força motriz da história está na luta de classe" e salientando "a deficiência ideológica dentro dos movimentos de libertação nacional". Nessa linha de raciocínio, o entendimento e a explicação da realidade concreta de cada país são condições fundamentais para definir o momento inicial da luta armada, assim como "exatamente que formas de violência deviam ser utilizadas pelos nacionalistas para poderem conquistar, e depois manter, uma verdadeira independência". Na seqüência, aponta os problemas cruciais do PAIGC relacionados com a liderança e a base social do movimento na Guiné e em Cabo Verde. Observa que:

> (...) Cada povo é que melhor sabe o que fazer para seu benefício: mas parece-nos (a nós do PAIGC) que é preciso criar uma vanguarda unida e consciente do verdadeiro significado e objectivo da luta de libertação nacional que vai dirigir. Esta necessidade parece-nos ainda mais urgente porquanto a situação colonial, embora com algumas excepções, não permite nem admite a existência de classes de vanguarda (uma classe operária consciente de si mesma, um proletariado rural). (...) Por outro lado, a natureza geralmente embrionária das classes laboriosas e a situação económica, social e cultural dos camponeses – que são a mais forte das forças físicas na luta pela libertação nacional – não permitem que estas duas principais forças da luta compreendam, sozinhas, a diferença entre uma independência nacional genuína e a independência política artificial. Só uma vanguarda revolucionária, geralmente uma minoria activa, pode compreender esta diferença desde o início e pode gradualmente explicá-la, durante a luta, às grandes massas do povo.[5]

Historicamente, a diferença de ritmo no desenrolar das lutas conduz a uma paradoxal aproximação entre os países, possibilitada pelo surgimento de instituições interafricanas representativas de agrupamentos regionais. Por meio delas determinam-se os suportes materiais e logísticos, com substancial redução das possibilidades de perdas irreversíveis para os africanos. Além disso, são criadas condições para estabelecer e desenvolver a articulação política, favorecendo um vínculo mais estreito entre os próprios partidos dirigentes das lutas pela independência. Como exemplo, destaca-se a Conferência Afro-Asiática de Khartoun, que, além de declarar sua solidariedade com os povos das colônias portuguesas e da África Austral, propõe ampliar a adesão aos movimentos de independência, programando uma conferência em Roma. Dessa forma busca-se ampliar a ajuda humanitária existente, sobretudo em termos de remessa de medicamentos, bem como reforçar o apoio político perante as organizações internacionais européias.

Por sua vez, vale a pena lembrar o importante papel da Conferência dos Chefes de Estados realizada em Addis-Abeba, em 1971, na qual Amílcar Cabral é designado por unanimidade porta-voz dos movimentos de libertação. Nessa oportunidade, decide-se criar uma comissão especial na Organização de Unidade Africana (OUA) para a África Ocidental, tornando-se vice-diretor um membro da direção do PAIGC que tenta criar maiores possibilidades para uma ajuda substancial e permanente ao movimento da Guiné e de Cabo Verde.[6]

Também é necessário reconhecer que há ainda vários outros encontros nos quais o colonialismo é repudiado, contribuindo para sensibilizar a opinião pública internacional a favor das sublevações. Todavia, deve-se refutar a idéia de que as articulações político-ideológicas entre as nações africanas e destas com as asiáticas e européias desenvolvem-se ao longo de um fio de continuidade linear. É preciso ter em mente que faz parte de todo esse processo o problema das naturezas contraditórias tanto dos movimentos de independência como do próprio modelo de desenvolvimento escolhido, sobretudo nos países africanos e asiáticos que optam por uma transição socialista. A essas razões somem-se acontecimentos históricos que por vezes desviam a anunciada ajuda do bloco soviético, em particular da União Soviética, aos povos africanos como, por exemplo, a invasão da Hungria, em 1956; as diferenças com a China; os confrontos com a Polônia, entre 1968 e 1981; os embates com a Tchecoslováquia, com a Primavera de Praga, em 1968; e a questão com o Afeganistão.

De qualquer modo, o apoio da União Soviética – que conta inclusive com o Comitê Soviético de Solidariedade com os Países da Ásia e da África – é sempre destacado como substancial pelas províncias portuguesas, em particular quanto ao fornecimento de material bélico. Também é certo que sua presença é marcante em várias sessões da Organização das Nações Unidas (ONU), quando se manifesta com veemência contra a política colonial. Por sua vez, também a China e mesmo a República Democrática Alemã, a Hungria, a Iugoslávia, a Bulgária, a Checoslováquia (por intermédio do Marrocos) e mais tarde Cuba fornecem meios necessários para que a ação revolucionária prossiga. De outro lado, a organização e os resultados dos movimentos despertam o interesse internacional de outros países, como os escandinavos, em especial da Suécia, que colaboram com os artigos de primeira necessidade, como alimentos e remédios.

Todos esses países, auto-intitulados marxistas ou não, voltam-se para a África como parte integrante do "Terceiro Mundo" revolucionário. Além disso, em graus diversos, de acordo com as diferenças de seus sistemas políticos, vêem-se diante da hostilidade dos Estados Unidos e de seus aliados. Com efeito, o segundo pós-guerra é marcado por um sistema bipolar dominado pelos Estados Unidos e pela União Soviética. O primeiro atua segundo um sistema de pressões desenvolvido por meio de uma política voltada para a contenção do comunismo no mundo,[7] enquanto a União Soviética tem como objetivo consolidar o socialismo e dar suporte para as lutas de libertação nacional.

No entanto, na conjuntura dos anos 1960 nas Províncias Ultramarinas Portuguesas, a recomendação de maior impacto é a que postula *liquidar* de forma *imediata, incondicional, completa e definitiva* o colonialismo, além de afirmar seu apoio ao explosivo texto da Declaração sobre a Concessão da Independência dos Países e Povos Coloniais, aprovada pela XV sessão da Assembléia Geral da ONU, em 14 de dezembro de 1960, por iniciativa da União Soviética, que uma vez mais se solidariza com os nacionalistas na luta pela descolonização imediata e universal, condenando a ação portuguesa, particularmente em Angola.

Por fim, é oportuno ressaltar que as organizações internacionais possuem objetivos pragmáticos, muitas vezes transformados em programas de ação. Ademais, ao mesmo tempo em que condenam a política colonialista, reconhecem, afirmam e encorajam os nacionalistas, conquistando para a causa revolucionária a simpatia e a solidariedade da opinião pública das mais variadas regiões do mundo. No entanto, cabe apenas aos movimentos de libertação uma prática política capaz de remover as injustiças da velha ordem social.

Sobre a ação

O PAIGC e a "Caminhada pela Terra"

Marco fundamental na história do movimento de libertação da Guiné e de Cabo Verde é o ano de 1959, na Guiné portuguesa, transparecendo a orientação e a disposição de ação do recém-fundado PAIGC. Nesse sentido, Luís Cabral e Aristides Pereira lideram um pequeno grupo que procura ampliar a influência do partido, penetrando sobretudo nas pequenas organizações sindicais, conquistando a direção do Sindicato Nacional da Indústria e do Comércio. Ato contínuo, é preparada uma manifestação para 3 de agosto de 1959, próximo ao cais, em Pidjiguiti, que é violentamente reprimida, fazendo inclusive 150 mortos. Dezessete dias depois, o partido decide lutar clandestinamente contra o governo português, segundo um programa de ação que objetiva reforçar suas organizações nas zonas urbanas; estruturar as massas rurais consideradas a principal força na luta de libertação nacional; unir os africanos, independentemente dos grupos étnicos, das nacionalidades e das camadas sociais às quais pertencem; preparar quadros partidários no interior da Guiné e no exterior, para o exercício de direção política da organização e do desenvolvimento da luta; fortalecer a cooperação com as organizações nacionalistas das outras colônias portuguesas como os países africanos, em especial os independentes e com as forças democráticas e progressistas de todas as nações, inclusive Portugal; colaborar para a criação de organizações de movimentos de independência no exterior e, em particular, entre os emigrantes que vivem nos territórios vizinhos da Guiné e de Cabo Verde; fortalecer e ampliar a organização partidária; preparar pessoal técnico de todos os níveis, assim como estudar e planejar medidas capazes de implementar o progresso econômico da Guiné e de Cabo Verde.[8]

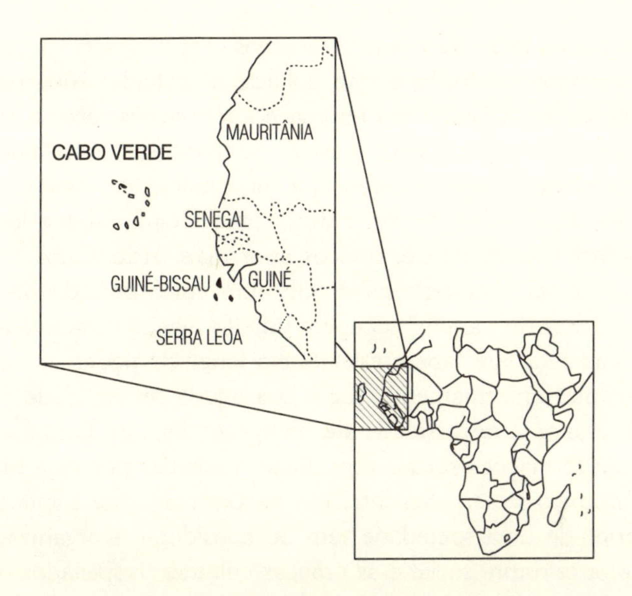

Figura 12 – Cabo Verde e Guiné portuguesa,
a partir da independência, Guiné-Bissau.

Está claro que o sucesso da luta impõe que todos esses pontos sejam trabalhados de forma simultânea e articulada. De todo modo, é irrefutável que a independência só é conquistada quando o movimento social adquire força política suficiente para derrotar as forças colonialistas. Esse é o grande desafio, implicando a discussão teórica, obviamente relacionada com sua aplicabilidade em termos estratégicos e táticos, sobretudo no momento em que se pode considerar a possível necessidade da luta armada. Dentro dessa perspectiva, o PAIGC prioriza a preparação de quadros e a unidade dos povos da Guiné e entre estes e os cabo-verdianos, criando, assim, as condições necessárias para a constituição de um amplo movimento de âmbito verdadeiramente "nacional". Deve-se sugerir que a liderança do partido considera a forte possibilidade de vir a desenvolver operações do tipo guerrilha, demonstrando, desde as origens do PAIGC, especial empenho na formação de um número de quadros, mediante o recrutamento de elementos entre a população local. Se em um primeiro momento convocam-se voluntários, a partir de 1960 o recrutamento é intensificado e os escolhidos em Bissau, sob a direção do cabo-verdiano Aristides Pereira, são enviados à vizinha República da Guiné, recém-independente da França. Alojados numa casa em Conacri, o pequeno grupo recebe formação política, aí incluídas aulas de história da África e da Guiné portuguesa e informações sobre a situação internacional. Esse preparo é básico, podendo ser complementado, particularmente no que se refere à técnica militar, em Kinia, nas proximidades de Conacri ou em países como China, Checoslováquia, Gana, Marrocos, Argélia e, poucos anos mais tarde, Cuba.[9]

A principal característica é que num curto período de tempo esses "quadros do partido" recebem uma formação voltada para uma prática concreta que sabem estar muito longe de poder ser reduzida a um simples enfrentamento. Com sua aguda sensibilidade política, Cabral ressalta a necessidade de compreender que Guiné e Cabo Verde são formações sociais específicas, definidas por suas singularidades histórico-sociais. Salienta, em decorrência, que a luta política no interior de uma sociedade tem de considerar a organização do trabalho, a estrutura social e as práticas culturais, respeitados os valores, as crenças e as tradições de revolta legadas do passado. Levando tudo isso em consideração, ele ressalta que

> Numa análise profunda da estrutura social que qualquer movimento de libertação deve ser capaz de fazer em função dos imperativos da luta, as características culturais de cada categoria têm lugar de primordial importância. Pois, embora a cultura tenha um caráter de massa, não é contudo uniforme, não se desenvolve igualmente em todos os sectores da sociedade. A atitude de cada categoria social perante a luta é ditada pelos seus interesses económicos, mas também profundamente influenciada pela sua cultura. Podemos mesmo admitir que são as diferenças de níveis de cultura que explicam os diferentes comportamentos dos indivíduos de uma mesma categoria socio-económica em face do movimento de libertação. E é aí que a cultura atinge todo o seu significado para cada indivíduo: compreensão e integração no seu meio, identificação com os problemas fundamentais e as aspirações da sociedade, aceitação da possibilidade de modificação no sentido do progresso.[10]

Não surpreende que sejam enviados a dado território, revolucionários que pertencem à etnia que o ocupa, sendo capazes de compreender e respeitar os laços de parentesco, a solidariedade "tribal" e as tradições locais. Mas isso não é tudo. Cabral adverte inúmeras vezes, tanto em reuniões com os companheiros de partido quanto em conferências internacionais, que não é por meio de uma retórica elaborada com grandes idéias, mas dos interesses imediatos que os camponeses podem ser atraídos para o movimento. Sob esse aspecto, cabe ressaltar que eles são mobilizados por objetivos próprios e bem delimitados, como a esperança em extinguir a opressão e as injustiças criadas pelo sistema colonial. Por certo há exceções, mas o que leva a grande maioria à luta é a fé em poder alcançar, em termos imediatos, paz e prosperidade. Em resumo, os camponeses lutam "(...) para obter benefícios materiais, para viver melhor e viver em paz, para ver as suas vidas andar para frente, para garantir o futuro dos seus filhos..."[11]

Essa é uma diretriz básica, válida para todo o processo de luta, contribuindo de forma direta para ampliar e unir o movimento, na medida em que o PAIGC se faz reconhecer como a expressão centralizada desses anseios, demandas e reivindicações. Mas a eficácia da organização política também depende do tratamento dispensado aos impasses de natureza histórica que constituem obstáculos à unidade, até para o exercício de uma coordenação política nacional. Isso explica por que, em 1960, quando o Partido Africano para a Independência e a Unidade da Guiné e Cabo Verde suprime o termo "unidade" de seu nome, passando a chamar-se Partido Africano para a Independência da Guiné e Cabo Verde, Cabral busca minimizar as tensões internas ao movimento, argumentando que os povos guineense e cabo-verdiano devem manter-se unidos tanto por suas raízes históricas quanto pela lealdade política aos objetivos do movimento.

Quanto às razões pelas quais é feita a alteração, permanecem até hoje pouco esclarecidas. Parece possível considerá-la um sintoma de que já em 1960 há posições divergentes dentro do próprio partido, que crescem após a morte de Amílcar Cabral, em especial depois do III Congresso do PAIGC, em 1973, indo desembocar na ruptura político-partidária de 1980.

Tudo isso sugere por que Cabral, valendo-se de um discurso bastante persuasivo com forte resíduo emocional, apresenta razões históricas para que o movimento siga unido. Refere-se à ligação entre os dois povos desde o passado, em virtude da origem guineense da população cabo-verdiana, e ao número possivelmente pouco reduzido de famílias residentes na Guiné que não tenham cabo-verdianos como antepassados. Lembra também outro fato que não pode ser negligenciado: o de que o governo português, até 1979, considera

Guiné e Cabo Verde uma só entidade administrativa, com um único governo sediado em Praia.

Cabe ressaltar que o esforço da direção do PAIGC, agora exercida por um comitê central dirigido por um *bureau* político, permite uma relativa superação dessas diferenças, evitando interrupções no processo de luta. No entanto, o divisionismo é um desafio que excede o fomento de possíveis hostilidades entre cabo-verdianos e guineenses. Os colonialistas portugueses também alimentam antigas rivalidades e promovem enfrentamentos entre os diversos grupos étnicos do próprio território guineense. Ciente de que essa pode ser uma das limitações mais decisivas para o processo de mobilização, o *bureau* político do partido elabora, em janeiro de 1961, uma "Mensagem ao povo da Guiné portuguesa", advertindo:

> Os colonialistas (...) sabem muito bem que nada podem contra nós, se estivermos *unidos, bem organizados e bem dirigidos*. Por isso mesmo, os colonialistas fazem tudo para tentar dividir-nos. Assim, procuram separar os balantas dos mandingas, os papéis dos fulas, os manjacos dos mancanhas. Procuram separar os chamados "civilizados" dos chamados "indígenas". Mesmo dentro de cada povo, procuram dividir a nossa gente. Fazem ainda tudo para separar os guineenses dos cabo-verdianos...
>
> Todos nós sabemos que, no passado, alguns fulas, mandingas, biafadas e cabo-verdianos serviram os colonialistas portugueses. Sabemos que, com ajuda desses africanos, foi mais fácil aos colonialistas conquistar a nossa terra... (...)
>
> Viva a união combativa de todos os africanos patriotas! Viva a união dos guineenses e cabo-verdianos patriotas![12]

Um dos mais decisivos problemas dos anos 1960 é, portanto, impedir cisões, evitando abrir espaço para que os colonialistas tenham possibilidades de atuar de forma mais efetiva, não só para limitar a amplitude do movimento, mas também para organizar grupos contra-revolucionários. Nenhuma dessas tarefas é fácil, sobretudo numa luta contra uma potência colonizadora intransigentemente contrária à independência negociada e, portanto, disposta ao exercício ilimitado da violência, segundo a própria ortodoxia bélica.

A tática da PAIGC difere fundamentalmente da utilizada pelo governo português. O partido empenha-se para sensibilizar a opinião pública e conquistar a solidariedade e o apoio internacionais, bem como legitimar o movimento com todos os seus possíveis desdobramentos –

aí incluída a radicalização do combate – perante os países dos três continentes. Nessa perspectiva, tornando pública sua disposição em alcançar seus objetivos por meios pacíficos, encaminha, em outubro de 1961, um memorando à XVI Assembléia Geral da ONU, solicitando que se faça valer a resolução da sessão anterior referente à exigência da "outorga da independência aos países e aos povos coloniais". Ao mesmo tempo, remete uma "Carta aberta ao governo português", propondo que se negociem politicamente a autodeterminação e a independência nacional dos povos guineense e cabo-verdiano.

Não surpreende que o governo português, além de não ceder à pressão, não hesite em atacar a população civil, procurando impedir que suprimentos e informações cheguem às forças guerrilheiras. E o faz, deixando à mostra a face de terror da violência colonialista. Conseqüentemente, para defender de forma eficaz seus objetivos, amplamente reconhecidos como legítimos, o PAIGC intensifica a fase de mobilização do movimento, da qual fazem parte a criação de uma Central Sindical Única da Guiné Portuguesa, as agitações que se realizam em 1961, e os atos de sabotagem que marcam o ano de 1962.

Mas está claro que operar como parte de um movimento político de âmbito nacional implica que o PAIGC invista em um constante e cuidadoso fortalecimento de sua estrutura organizativa. Essa é uma tarefa difícil e sua viabilidade torna-se possível graças ao apoio de países solidários com o movimento de independência da Guiné e de Cabo Verde, como a China, Gana e Marrocos, por exemplo. Acrescentem-se ainda os obstáculos criados por grupos favoráveis ao colonialismo, o que, aliás, ocorre diversas vezes ao longo de todo o processo de luta. A primeira situação mais grave é a enfrentada pelo primeiro núcleo de quadros que deixa Conacri com a incumbência de promover o avanço do movimento ao norte da Guiné Portuguesa. Ao tentarem cruzar a fronteira com o Senegal, tornam-se presas fáceis de grupos de emigrantes guineenses, em Casamansa, acabando por serem detidos pela polícia local, durante alguns dias. Esse acontecimento faz parte de uma série de ações que visam sabotar o PAIGC, criando dificuldades à organização no interior da Guiné Portuguesa.

Com o objetivo de neutralizar esses grupos de emigrantes – tanto de Casamansa como de Conacri – que se proclamam nacionalistas, mas discordantes da liderança do PAIGC na condução do movimento anticolonialista, Cabral propõe que se crie uma frente coordenadora de ações conjuntas, a Frente Unida de Libertação da Guiné e Cabo Verde (FUL). Entretanto, a sabotagem persiste e, dois meses depois de instituída, a FUL deixa de existir.

Todas essas circunstâncias reforçam a decisão do partido em voltar-se para a mobilização das massas ao sul, estabelecendo contato com a população da maior parte das aldeias. Mesmo inexperientes e com carência de quadros, essa operação obtém o êxito necessário, ganhando a confiança dos camponeses e iniciando o recrutamento sistemático entre a população local. Esse resultado, por certo, tem algum peso na decisão tomada pela liderança do PAIGC em promover a passagem da fase da luta política à da insurreição nacional, o que se torna público por intermédio da Declaração do Secretariado-Geral, datada de 3 de agosto de 1961.[13]

Por sua vez, a razão imediata para essa mudança refere-se, diretamente, com o fato de o partido já possuir o sentido do poder e sentir-se fortalecido por suas articulações com os movimentos de libertação das demais províncias portuguesas reunidas na CONCP e pelo efetivo apoio das organizações internacionais, como o congresso realizado em agosto de 1961, em Belgrado. Falta agora fortalecer o partido para que seja possível "pensar em termos de poder", conforme expressão cunhada por Eric Hobsbawm. O ano de 1962 começa, pois, com a direção do partido efetuando uma "Assembléia dos Quadros Dirigentes", em que prioriza duas ordens de questões: as ligadas à revisão dos estatutos do PAIGC e as relativas aos recursos técnico-materiais necessários ao processo de mobilização. Some-se a estes outro ponto, o da análise da situação cabo-verdiana, da maior importância para a estratégia comum aprovada pelos partidos nacionalistas das províncias portuguesas, que visa enfraquecer ao máximo a atuação das forças colonialistas.

Após a análise dos aspectos econômicos e sociopolíticos de Cabo Verde, os dirigentes do partido fazem um balanço da atuação do PAIGC desde que é fundado em 1959 e 1960, respectivamente, em Mindelo e em Praia. Concluem que as discussões a respeito do processo de independência das colônias africanas e, em particular, sobre as possibilidades de ruptura da Guiné e de Cabo Verde com Portugal alcançam um contigente cada vez maior de cabo-verdianos. Ao lado dos estudantes dos liceus, o PAIGC conta com a participação coesa dos estivadores do porto do Mindelo. É bem verdade que o número de militantes ainda é pequeno, mas cresce gradativamente, para o que contribui de forma significativa a veiculação de notícias em torno de vitórias como a da Argélia (após seis anos de intensa guerra de guerrilhas) ou mesmo do processo de luta no Vietnã. Nesse sentido, são primordiais as informações sobre o avanço dos combatentes na Guiné portuguesa, redobrando a esperança em torno da independência.

Todo esse balanço leva os dirigentes do PAIGC a decidir pela preparação de quadros, em especial políticos, capazes de desencadear a luta em Cabo Verde, tanto por meio da dinamização do trabalho de esclarecimento perante a população, quanto pela organização de greves e manifestações múltiplas com cariz econômico e político, sempre em consonância com o projeto do partido.

Por seu turno, na atmosfera tempestuosa de início dos anos 1960 na África, cresce a importância das articulações e dos apoios internacionais. Sob esse aspecto destaca-se o reconhecimento do PAIGC por parte do Partido Democrático da Guiné. Essa conquista tem conseqüências imediatas, já que poucos dias depois, em fins de janeiro de 1963, Sékou Touré permite que os carregamentos de armas e munições passem pela Guiné rumo às várias regiões da Guiné portuguesa a que se destinam.

Removidos tais obstáculos, inicia-se a luta armada, e o êxito das operações do tipo guerrilha não tarda, uma vez que além do apoio aos guerrilheiros, não os denunciando e mantendo-os informados sobre o movimento dos colonialistas portugueses, a própria força guerrilheira é ampliada, engrossando o número de combatentes. Assim, após os ataques a Bedanda, Felacunda e Empada, o movimento espalha-se por todo o Sul da Guiné portuguesa. Ao mesmo tempo, há considerável avanço ao norte com a obstrução do tráfego no estratégico rio Geba. Da mesma forma, outras partes vão sendo pouco a pouco tomadas pelos guineenses, como o centro e uma pequena parte da região oriental.

Assim, o comando supremo das tropas portuguesas decide concentrar cerca de três mil soldados e oficiais na parte sul para se apoderar de Como, uma ilha considerada estratégica para obter o controle dessa região do país. Mas sua eficácia é bastante reduzida e, após 75 dias, de janeiro a março, os guerrilheiros guineenses destacados para esse confronto, sobretudo graças à sua força política, derrotam as tropas convencionais portuguesas.

O significado histórico da vitória dos guerrilheiros guineenses torna-se ainda maior pelo fato de o governo de Portugal quebrar o silêncio cuidadosamente mantido a respeito da guerra na Guiné, registrando o abalo sofrido pelo domínio português. Mediante uma entrevista concedida ao jornal *Diário de Lisboa*, de 18 de julho de 1963, o ministro da Defesa, general Gomes de Araújo, faz referência ao fato de

> (...) numerosos grupos bem armados, treinados em guerra subversiva ao norte da África e nos países comunistas terem penetrado no território da Guiné, numa área equivalente a 15% da superfície total.[14]

Vale observar que um ano depois o semanário argelino *Revolution Africaine* publica que, segundo avaliação de Amílcar Cabral, 40% do território encontra-se em mãos dos nacionalistas. Torna-se, portanto, oportuno e sob alguns aspectos inevitável rever o processo de mobilização e luta, destacando-se erros e acertos. É esse o papel do Congresso que se realiza em Cassacá, em fevereiro de 1964, tendo como pontos fundamentais elaborar o programa do partido, criar as Forças Armadas Revolucionárias do Povo (FARP), incluindo a guerrilha, as milícias populares e o exército popular, e discutir questões de ordem disciplinar.[15]

Relativamente a este último ponto, a indisciplina tanto dos quadros dirigentes como dos militares de base, é possível que decorra da ainda recente fundação do PAIGC, estruturado e disciplinado a partir de homens com culturas heterogêneas em que prevalece o esquema hierárquico-tradicional combinado com o modelo colonialista de autoridade, caracterizado pelo exercício discricionário e limitado da força. À medida que alguns quadros dirigentes apresentam, por vezes, um tipo de comportamento marcado pela ambição e pela vaidade que originam disputas para obter maior poder, surgem pequenos obstáculos para o exercício de uma coordenação política nacional mais eficiente como ocorre, por exemplo, na região sul, ameaçando a coesão e a unidade do movimento. Por um processo análogo, surge um pequeno grau de indisciplina nos próprios destacamentos, chegando a ferir alguns princípios caros à guerra de guerrilhas, como não desrespeitar nem ter comportamentos que denotem modo de vida diferente da população local.

Certamente comportamentos dessa natureza prejudicam a construção de uma imagem pública positiva do partido, dificultando a conquista e a extensão do apoio de vários setores da população ao movimento. Tudo isso reforça ainda mais a atenção dos dirigentes, em particular de Amílcar Cabral, em torno da formação de militantes capazes de um desempenho cada vez mais adequado, o que implica características como: fidelidade aos princípios do partido, responsabilidade, dedicação, modéstia e humanismo. Em suma, o partido de vanguarda do movimento de libertação considera a coesão, a disciplina e a moral inatacáveis, características primordiais para os combatentes da Guiné e de Cabo Verde. Daí a ênfase na educação sistemática e, em particular, na formação política, atribuindo-se, em ambas, um papel de destaque à cultura. Nas palavras de Cabral, para quem a própria libertação nacional é um "ato de cultura":

> O valor da cultura como elemento de resistência ao domínio estrangeiro reside no facto de ela ser a manifestação vigorosa, no plano ideológico ou idealista, da realidade material e histórica da sociedade dominada ou a dominar. Fruto da história de um povo, a cultura determina simultaneamente a história pela influência positiva ou negativa que exerce sobre a evolução das relações entre o homem e o seu meio e entre os homens ou grupos humanos no seio de uma sociedade, assim como entre sociedades diferentes. A ignorância desse facto poderia explicar tanto o fracasso de diversas tentativas de domínio estrangeiro como o de alguns movimentos de libertação nacional.[16]

Tão importante quanto esse aspecto é o fato de o Congresso de Cassacá propor a criação das Forças Armadas Revolucionárias do povo, configurando as organizações do PAIGC, como Estados maiores militarizados, mesmo quando não se opta pela luta armada imediata, como em Cabo Verde. Também sob esse aspecto, a coesão, destacada como elemento primordial, é fundada na identificação com os modelos internacionais, sobretudo com a União Soviética, China e Cuba, na idéia de que a independência é um elemento determinante inclusive para a queda do fascismo português e na "missão histórica do partido", quer como condutor da luta de libertação, assumindo as bandeiras dos movimentos sociais, quer como o principal grupo formal e efetivo, ao mesmo tempo representante e dirigente da sociedade, no pós-independência.

Mas é preciso observar que há outro aspecto digno de atenção especial, o programa da PAIGC, que define como seu primeiro e mais importante objetivo "a independência nacional com "(...) a liquidação da dominação colonialista e imperialista". A seguir, explicita a escolha por um regime político "republicano, democrático, civil, anticolonialista e antiimperialista".[17] Na seqüência, define as linhas gerais de uma política econômica baseada na estatização e na economia centralmente planificada. Além disso, atribui ao Estado as principais funções sociais, como "previdência social e sistema de instrução", e ainda lhe confere o monopólio da informação e da política.

Tudo isso reforça a idéia de que o Congresso de Cassacá imprime universalidade às decisões e às iniciativas da vanguarda do PAIGC, válidas tanto para a Guiné como para Cabo Verde; acentua o papel do partido e registra diretrizes que apontam para uma mudança funcional que se revela na prática bem mais acentuada do que uma análise do seu programa indica. Além do mais, faculta amplos poderes ao Estado, concebido como instrumento de "materialização" da política definida pelo partido. Em última análise, o Congresso de Cassacá, ao tratar de temas diversos, revela alguns pressupostos e objetivos de um projeto revolucionário socialista.

No entanto, como é notório, a maior parte da população que adere ao movimento é constituída por camponeses caracterizados pela heterogeneidade, sendo bastante provável que a variação em seu grau de engajamento derive, entre outros motivos, do fato de pertencerem a grupos étnico-culturais diversos. Essa é a razão pela qual Eric Wolf afirma que o sucesso dos movimentos dessa natureza depende da mobilização das camadas mais tradicionais do campesinato.

A esse respeito, afirma Cabral:

> (...) a luta no litoral de nossa terra, entre os manjacos é outra, no Oio tem de ser de outra maneira. Há muitas diferenças. Por exemplo, os homens grandes mandingas, temos de ver a maneira de lidar com eles, não da mesma maneira que tratamos com os homens grandes balantas. Mas no Gabu já é diferente e tivemos de fazer a luta de uma maneira completamente diferente (...) Se compararmos a luta no Gabu com a luta ao sul da nossa terra, são duas lutas como se fossem de duas terras diferentes.[18]

Cabe, então, perguntar: em que circunstâncias há união? Ela ocorre à medida que o PAIGC constitui sujeito coletivo revolucionário, fazendo os camponeses reconhecerem que a opressão, a impotência e a incapacidade de cada um deles são partilhadas com os demais. Nesse sentido, todos são iguais ante o trabalho forçado, os castigos corporais, a carência alimentar, as doenças e o analfabetismo. Assim, as reivindicações específicas, as expectativas particulares e as esperanças difusas convergem de imediato para o apelo patriótico em torno da necessidade de união de todos os habitantes, aliás não só da Guiné como de Cabo Verde, organizados para lutar contra um poder exógeno identificado como responsável por toda espécie de carência.

Tudo indica fortemente que por essas circunstâncias a questão nacional ganha maior relevância em seus horizontes, ao mesmo tempo que o movimento lhes parece inevitável, o que o torna politicamente mais eficaz. Dessa forma, ao encontrarem uma expressão centralizada para suas aspirações e necessidades, os camponeses aderem ao movimento emancipatório, fazendo que se multipliquem os focos de luta. Em 1965, as zonas libertadas passam a representar a metade do território da Guiné Portuguesa. Conseqüentemente, mesmo com os bombardeios por parte do exército português, espalhando o terror e provocando o êxodo de 56 mil guineenses para o Senegal, o movimento não deixa de crescer.[19]

Em fins de 1966 o controle do PAIGC atinge cerca de 60% do território com cerca da metade da população, passando a ser dividido no sentido militar nas frentes Norte, Sul e Leste e no aspecto administrativo em regiões, zonas e tabancas, com suas organizações de base e seus tribunais populares, além dos organismos partidários existentes nos demais níveis. Essas novas divisões calcadas na mobilização e participação não só significam um momento de ruptura com a organização e divisão territorial impostas por Portugal, como contemplam o objetivo de exercer a soberania do território incluindo segurança, controle da população e mão-de-obra, além da cobrança de impostos, entre outras funções complementares. Diante dessa mudança, abrem-se outros espaços para que se desenvolvam formas alternativas de produção e abastecimento, bem como diferentes modalidades da vida social, em particular nos setores da educação e saúde, além da criação de outro aparato militar e de segurança, da implementação e do controle de novos meios de comunicação. O poder é redistribuído, e nesse embrião do futuro Estado independente os administradores para os distritos, conselhos e outros postos passam a ser eleitos pelas comunidades locais.

É bem verdade que o projeto de construção dessa nova dinâmica da vida social que começa na prática diária de cada zona libertada, historicamente, afasta-se mais e mais do discurso acabando, já nos primeiros anos após a independência, a dar sinais de um reduzido grau de descentralização e de uma forte dependência do poder central, na maioria das vezes exercido com autoritarismo, mantendo elementos da ordem jurídica colonial e desconsiderando a legitimidade das autoridades tradicionais.

De toda forma, enquanto se apresenta como possível a construção de uma sociedade mais justa, igualitária e livre, a determinação ante as metas que se quer alcançar é preservada e o processo revolucionário tem seu prosseguimento assegurado. Nesse processo, o esforço dos revolucionários é decisivo, tanto que o PAIGC, por meio de "Palavras de ordens gerais", ideário de formação, organização política e ideológica, define as principais tarefas do partido, conferindo-lhe ao mesmo tempo um espírito pedagógico, de catequese e de missão. Ora, ao entrelaçar a prática política dos militantes à da população, o movimento nos anos de 1966 e 1967 avança ainda mais, incluindo ataques aos centros urbanos como ao aeroporto de Bissau, em 1967.

Assim, não surpreende que o governo português, em 1968, procurando recuperar o território, designe para o cargo de governador-geral o comandante chefe das Forças Armadas na Guiné, o general Antônio de Spínola, com a incumbência de conquistar a confiança dos guineenses, atraindo a população das regiões ocupadas por meio do "Programa para uma Guiné Melhor", centrado fundamentalmente em dois planos. O primeiro consiste em várias reformas sociais para alterar o caráter discriminatório e limitado dos setores da educação e da saúde, abrir estradas e formar unidades militares compostas pelos nativos. O segundo, de caráter político-militar, está voltado para a construção de uma série de fortes na fronteira entre as duas Guinés, com o intuito de impedir a entrada de armas e munições para os revolucionários.

Deve-se observar que Spínola tem interlocutores, sendo possível identificar os que são a favor da "federação com Portugal", os que reivindicam uma união com Portugal conservando-se "a originalidade do desenvolvimento dos africanos da Guiné Portuguesa"; e, por fim, o grupo dos que lutam pela igualdade de direitos para nativos e portugueses. Resta destacar que nos pequenos centros urbanos como Bissau e Bafatá, por exemplo, predominam portugueses e assimilados politicamente conservadores, isto é, favoráveis à permanência da dominação colonial. Esses grupos, ainda que minoria, são receptivos à perspectiva de Spínola, que reconhece o princípio "do direito dos povos à autodeterminação", porém ressaltando que

> O problema reside, assim, em promover a autodeterminação das populações ultramarinas pela sua integração na República Portuguesa, o que não sendo fácil no quadro actual, o será todavia num quadro diferente. Sê-lo-á quando essas populações se sentirem em pleno pé de igualdade; quando puderem dar expressão às suas instituições tradicionais, fazendo-as evoluir dentro de um contexto português; quando puderem, de facto, votar as leis aplicáveis às suas comunidades; quando puderem eleger sem restrições os seus representantes; quando constituírem livremente as suas próprias autarquias; quando os seus governantes puderem ser produto das instituições locais democraticamente constituídas; quando, enfim, sentindo-se livres para optar, puderem igualmente compreender que é na adesão a uma comunidade lusíada que está a caminho de seu progresso, de seu bem-estar e da sua verdadeira independência, em face do neocolonialismo que avassala os seus vizinhos africanos.

Mais adiante o autor completa:

> (...) a solução eminentemente nacional que defendemos visa, em substância, resolver o problema ultramarino pela criação de sentimento que una, de facto, os vários grupos humanos constitutivos da Nação que queremos ser e os torne aptos a conscientemente permanecer portugueses com a plena aceitação da opinião mundial.[20]

É importante notar que, ao mesmo tempo em que o discurso ideológico e propagandístico acena para a "conversão" dos africanos, a essência da política fascista de Salazar volta-se para a pulverização dos movimentos emancipatórios. Assim, para recuperar a Guiné e manter a grande nação ultramarina, Portugal acirra velhos antagonismos entre guineenses e cabo-verdianos, além de lançar mão de bombardeios, incluindo o "plano de agressão a Conacri", com o objetivo de desmoralizar e enfraquecer simultaneamente o governo de

Sékou Touré, acabar com a sede do PAIGC e o Lar do Combatente. Mas, com essa empreitada, que ocorre em 22 de outubro de 1970, Portugal acaba acumulando a perda moral à militar.

A essa combinação de elitismo social com autoritarismo político, o PAIGC responde com as Brigadas de Ação Política, reorganizadas em 1971, quando passam a chamar-se Brigadas de Trabalho Político. Elas são constituídas com grupos permanentes preparados para levar à população das zonas libertadas a política e os planos do partido. Sobre esse ponto, Cabral considera que

> (...) o trabalho de politização assume uma importância particularmente grande. Ao contrário da situação que imperava dois anos antes, agora é necessário dedicar a principal atenção não às campanhas políticas realizadas de tempos a tempos, mas a um esclarecimento profundo e diário junto da população.[21]

É relevante nesse sentido o fato de serem as Brigadas também responsáveis pelo setor de informação, um modo de atuar politicamente conjugado à guerrilha que conta, além do *Boletim Libertação* que circula desde 1º de dezembro de 1960, com o rádio transmissor de ondas curtas, a partir de 1967, que leva a todo território informações e instruções, aos quais se soma, de 1969 em diante, o *PAIGC L'Actualités*, publicação mensal com o objetivo de difundir o desenvolvimento da luta de libertação na Guiné e em Cabo Verde, destacando os apoios e as articulações no plano internacional.

Essa nova ofensiva do PAIGC assume significado ainda maior quando sinaliza a irreversibilidade do processo de emancipação, passando a chamar o território guineense de Guiné-Bissau. Daí em diante, mesmo com as perdas, deserções, recuos, abusos e demais percalços que permeiam uma guerra, os êxitos prevalecem. Em 1969, Guiné portuguesa, Angola e Moçambique decidem intensificar as operações militares. Também em Cabo Verde amplia-se a luta, sendo que o Regulamento do Arrendamento Rural instituído pelo governo português para suster as crescentes insatisfações dos rendeiros e parceiros revela-se pragmaticamente ineficaz.

Assim, esse período é marcado por revoltas, sobretudo as de camponeses, em 1968, em Santa Catarina, na Ilha de Santiago e, no ano seguinte, em Santo Antão, quando as terras dos morgados são invadidas. Além disso, em 1970 registram-se greves de estudantes do Liceu em São Vicente e de operários das docas de Porto Grande por melhores salários, ao lado de uma tentativa frustrada de um grupo de militantes de juntar-se ao PAIGC na Guiné portuguesa.

Por fim, em 1972, de alguns confrontos entre populares e autoridades coloniais em São Vicente e Praia decorrem várias prisões que contribuem para aumentar ainda mais o número dos que são enviados para a prisão de Moçâmedes, em Angola.

No caso específico da Guiné portuguesa, os guerrilheiros atacam o sudeste do país e, poucos meses depois do recebimento de canhões, bombardeiam os quartéis portugueses. Desde então, há um nítido ascenso do movimento que se mantém, mesmo com o forte abalo provocado pelo assassinato de Amílcar Cabral, em 21 de janeiro de 1973. Em julho, realiza-se o II Congresso do PAIGC, que elege para secretário-geral Aristides Pereira e, em 24 de setembro de 1973, em Madina-Boé, reúne-se pela primeira vez a Assembléia Nacional Popular, que proclama a formação do Estado da República da Guiné-Bissau, adota sua primeira Constituição e designa os órgãos do Poder Executivo. Embora a maioria dos países do mundo reconheça o novo Estado, Portugal só o faz um ano depois, temeroso da repercussão da sua perda política perante as demais províncias.

Agora, cabe perguntar: com o que se fica depois da independência? As respostas indicam uma série de desafios cuja compreensão passa, necessariamente, por uma análise crítica do próprio processo pelo qual se desenvolve o movimento pela emancipação da Guiné e de Cabo Verde. Nesse sentido, pelos desdobramentos que acarretam à sociedade guineense, dois pontos merecem destaque: a organização partidária e a constituição do Estado desde o arranjo de um novo bloco de forças.

No que se refere à organização partidária, ela ocorre em especial em três momentos: no I e II Congressos do PAIGC e no Congresso de Quadros Dirigentes, em Boké. No I Congresso, em Cassacá, as estruturas partidárias são organicamente constituídas, dando origem a um aparelho político que é a gênese de um poder com alto grau de intervencionismo na vida econômica, além de contar com outras atribuições que geram alta concentração de poder. Em Boké, os órgãos dirigentes do partido são alargados, passando a reunir todos os quadros que exercem funções de direção tanto nas Forças Armadas quanto na vida política, na segurança ou nas atividades sociais, formando uma Assembléia, o Conselho Superior de Luta, em substituição ao Comitê Central. Cabe ao Conselho eleger o Comitê Executivo da Luta, para desempenhar as funções antes atribuídas ao *bureau* político, bem como as governamentais. Além disso, centraliza-se a direção operacional das Forças Armadas, cabendo aos membros do Conselho de Guerra a responsabilidade pelos setores de Operações, Ideologia, Inspeção, Recrutamento e Treinos, o que assinala o início do processo de institucionalização do caráter militar da política, marcando, ainda que em diferentes graus, as sociedades guineense e cabo-verdiana até os anos 1980.

Por fim, substituindo inteiramente o movimento, o partido realiza o II Congresso, quando constitui a ANP, proclama a independência e elabora a Primeira Constituição da República de Guiné-Bissau, a qual, além de conferir legalidade, reconhece a legitimidade histórica do PAIGC.

Essa situação é reforçada pela mística do partido de inspiração leninista, fundada nos princípios do centralismo democrático e da democracia revolucionária.

> Centralismo, porque o poder, a capacidade de decidir, está centrado em órgãos especiais e nenhum outro órgão ou indivíduo pode usar desse poder. Democrático, porque o poder, a capacidade de decidir e de dirigir, está concentrado em órgãos especiais e nenhum outro órgão ou indivíduo pode usar desse poder. Democrático, porque o uso do poder por esses órgãos não depende da vontade apenas dos que mandam, mas baseia-se nos interesses e na opinião expressa pela maioria. Para praticar cada vez melhor o centralismo democrático devemos estar atentos às aspirações e à opinião das massas populares no que respeita a cada problema importante da nossa vida e da nossa luta, devemos fazer funcionar todos os organismos da base do Partido e todos os órgãos dirigentes, devemos desenvolver a crítica e a autocrítica e prestigiar cada dia os responsáveis e dirigentes que cumprem o seu dever.

Por sua vez, "(...) a democracia revolucionária exige que estejam à frente do nosso Partido e do nosso povo os melhores filhos da nossa terra". Assim, deve-se "abrir caminho cada vez mais àqueles que compreendem e vivem inteiramente a vida de nosso Partido e o Povo, aos que cumprem e querem cumprir cada vez mais e melhor os seus deveres de militares, de responsáveis e de revolucionários".[22]

Esses princípios são responsáveis pela manutenção da idéia de partido como vanguarda, isto é, de um aparelho político cuja hegemonia é exercida pelos que possuem "consciência revolucionária" – sejam "intelectuais" ou "combatentes históricos" – e, exatamente por isso, estão capacitados para educar os trabalhadores e para dirigir a sociedade e o Estado.

Em resumo, a revolução torna-se vitoriosa, dirigida por um partido que passa a exercer as funções específicas dos órgãos executivos de um Estado. Em outros termos: historicamente, o Estado é constituído sob a tutela do partido, havendo alto grau de interpenetração entre os ofícios partidários e os estatais. Some-se a isso que o Partido-Estado, em nome de uma unidade abstrata, não incorpora diversidades, postergando a resolução de problemas que terminam por ser continuamente repostos na agenda revolucionária.

Por fim, como viria a ser definido, a sociedade atrelada ao partido por meio das organizações de massa não tem possibilidade de intervir nas decisões sobre sua própria sorte material, restringindo-se às reivindicações aparentemente banais, mas de fato reveladoras da busca por um novo relacionamento entre a sociedade e o Estado.[23] Por todas essas razões, o Estado pós-independência caracteriza-se por uma natureza reformista, uma vez que a ruptura faz-se apenas em termos imediatamente político-governamentais.

Cabo Verde: "Do Nó de Ser ao Ónus de Crescer"[24]

De forma espontânea ou deliberada, os militantes cabo-verdianos participam de um movimento cuja prioridade em termos de estratégia é a libertação da Guiné e de Cabo Verde. No período anterior a 1963, esta condição está até certo ponto ofuscada, mesmo porque o PAIGC não admite a completa mobilização e o preparo militar, tendo em vista o início da luta armada na Guiné portuguesa. Só então, as questões de estratégia para enfrentar o governo português fazem que os dirigentes do partido voltem-se com especial atenção para o encaminhamento da luta nas ilhas de Cabo Verde.

Em *As palavras de ordem geral*, Amílcar Cabral, embora ressaltando a insistência das condições necessárias para o início da luta armada no território cabo-verdiano, refere-se à importância dos progressos quanto à organização partidária e à própria mobilização, sobretudo nos principais centros urbanos e em alguns setores do campo.

Mas, de todo modo, deve ficar claro que os movimentos de libertação nacional, ainda que sob a mesma liderança político-partidária, uma vez desenvolvendo-se em espaços territoriais diversos, apresentam várias peculiaridades. Uma das razões diz respeito às singularidades histórico-culturais decorrentes de algumas diferenças fundamentais no próprio processo de colonização.

Em forte contraste com a Guiné e com as demais Províncias Ultramarinas Portuguesas, Cabo Verde é marcado por processos de assimilação e aculturação bastante eficazes, em particular nos centros urbanos. Seus desdobramentos são politicamente significativos. Nesse sentido, não surpreende que mesmo numa conjuntura como a dos anos 1960, marcada pela afirmação da "personalidade africana" do continente, um número expressivo de cabo-verdianos, além de se considerar português, questione a própria africanidade da sociedade como um todo, dificultando a formação da "consciência nacional".

Naturalmente, conforme a atmosfera revolucionária dos anos 1960 na África, é dos militantes do PAIGC que parte o estímulo para responder a essas questões. Estabelecendo fronteiras entre os povos português e cabo-verdiano, empregam como argumentos as diferenças raciais e culturais. No entanto, como é sabido, nem por isso alguns elementos comuns aos dois povos deixam de existir. As demais, por meio de um processo de inversão ideológica, eles acabam sendo utilizados para alimentar um patriotismo centralizado em torno do Estado português, como condição necessária para a própria viabilidade econômica e política de Cabo Verde.

Ora, essa perspectiva político-ideológica constitui um dos sustentáculos da doutrina salazarista divulgada em Cabo Verde, especialmente pelo jornal *O Arquipélago*. Penetrando como razoável sucesso, em particular entre alguns grupos de jovens, divulga uma série de discursos e depoimentos de líderes e filiados da Mocidade Portuguesa nas ilhas, condenando com ênfase o PAIGC pelas "ações terroristas" contra a população pacífica e trabalhadora empenhada em construir o desenvolvimento do arquipélago, sob a direção do governo português.

Contrapondo-se a esse ideário, os militantes do PAIGC ressaltam que a pobreza, o atraso e a falta de liberdade são suscetíveis de mudança apenas com a independência. Para alcançá-la, apresentam como condições primordiais a *unidade*, que dá força ao movimento; e a *luta*, por meio da qual se torna possível construir uma sociedade alicerçada no progresso e na justiça social. Nesse confronto de idéias, destacam-se dois grupos políticos: um, mobilizado no Liceu de Praia, tendo à frente Elvio Fernandes, Domingos Mendes Júnior, Jorge Lopes e Elísio Carvalho; e outro, em Santa Catarina, liderado por Zé Braga, Eugênio Furtado, Sérgio Furtado e Ivo Pereira.

Cientes de que todas essas circunstâncias tornam mais lento e difícil o trabalho político para organizar o movimento de libertação no território cabo-verdiano, a escolha recai sobre pequenas ações de arregimentação inspiradas em manifestações culturais próprias de algumas pequenas aldeias, mas significativas a ponto de repercutirem em diferentes pontos do arquipélago. Dessa forma é aplicada, concretamente, uma das idéias centrais de Amílcar Cabral:

> (...) O estudo da história das lutas de libertação demonstra que são em geral precedidas por uma intensificação das manifestações culturais, que se concretizam progressivamente por uma tentativa, vitoriosa ou não, da afirmação da personalidade cultural do povo dominado como acto de negação da cultura do opressor. Sejam quais forem as condições de sujeição de um povo ao domínio estrangeiro e a influência dos factores económicos, políticos e sociais na prática desse domínio, é em geral no facto cultural que se situa o germe da contestação, levando à estruturação e ao desenvolvimento do movimento de libertação.[25]

Por esses motivos, é dedicada particular atenção ao povoado de Mato Baxo, na Achada Falcão, cujos habitantes têm orgulho de seu passado repleto de tradições africanas, tanto no que se refere à organização social como, mais especialmente, as suas manifestações culturais. Destas salienta-se a "tabanca" proibida pelo governo português nos anos 1940, e mais tarde impossível de ser realizada devido a um incêndio que destrói todos os instrumentos escondidos em uma casa comum da aldeia. Os militantes providenciam tambores e cornetas, conquistando a confiança do povoado para, em seguida, convencer seus moradores de que é possível romper sua tradicional impotência ante os colonialistas. E ao som dos tambores, pouco a pouco, todos cantam e dançam, celebrando o renascimento da "alma da aldeia".

As novidades são de duas espécies. Primeiro, embora reprimida por tanto tempo, a "tabanca" não só subsiste como talvez tenha se fortalecido, possibilitando pensar o tradicionalismo dessas camadas subalternas enquanto resistência. Segundo, o PAIGC, ao desenvolver um trabalho fundado nas exigências da cultura dos aldeãos, passa a contar com seu apoio, primordial, inclusive para a abertura de novos espaços de atuação, permitindo que se propague de forma rápida e relativamente fácil a imagem do partido como porta-voz das necessidades da vida cotidiana dos cabo-verdianos.

Dessa forma, é bastante compreensível que o governo português reaja outra vez com algumas proibições. Entre elas, destaca-se a da utilização, no Liceu de Praia, do crioulo, língua do dia-a-dia, unificadora de todos os cabo-verdianos, no âmbito de um mesmo espaço cultural. Também não surpreende que nas áreas do interior de Santiago caracterizadas pela tensão e inquietação sociais, as autoridades portuguesas tenham decidido reintroduzir de forma intensiva, por intermédio de padres da Igreja Católica, a cultura rural portuguesa.

Aliás, exatamente por sua tradição de revolta, Santa Catarina é a região escolhida pelos militantes do PAIGC como um dos focos centrais para ampliar o movimento, sendo fundamental a participação de cinco "nhôs", isto é, *homens grandes*, com idades entre 32 e 65 anos, os quais acabam desempenhando um papel político-partidário da maior relevância, qual seja, o de promover a aproximação entre os camponeses e o Partido. Nessa fase, um dos principais temas diz respeito aos medos dos trabalhadores do campo: da fome, das doenças, da falta de trabalho, da deportação para São Tomé, da prisão e também dos poderes sobrenaturais. Em suma, o camponês "é freado somente pelo medo da polícia e do diabo".[26]

Historicamente, esses medos ligados à prática de poder como a repressão e a intimidação são responsáveis pelo ceticismo e pela submissão, presentes na passividade desses trabalhadores. Aos militantes cabo-verdianos do PAIGC cabe fazê-los perceber que a aldeia a qual pertencem é o espaço da formação de laços de solidariedade e de articulação de identidades comuns, começando por suas próprias experiências de privação. Desse modo, ainda que de forma lenta e fragmentária, característica acentuada pelas diversidades regionais, o movimento social ganha amplitude. Certamente, não é possível negar que a crise econômica em fins dos anos 1960 e início 1970, agravada pela seca e pela ineficácia de medidas paliativas adotadas pelo governo português, como o Regulamento do Arrendamento Rural e as Frentes de Apoio, acentua a escassez e a fome, criando condições propícias para que o PAIGC atue para formar a ação coletiva. Assim, em 1969, são registrados protestos contra a dispensa abusiva de trabalhadores por parte dos capatazes e o transporte de cargas pesadas pelas mulheres. Na mesma época, ocorre uma revolta de rendeiros em Mato Baxo e outra de trabalhadores, em Santo Antão, esta brutalmente reprimida, ocasião em que são presos Lineu Miranda, Jaime Chofied, Luiz da Fonseca e Carlos Dantas Tavares.

Quanto aos revolucionários, buscam criar um sentimento de solidariedade entre os numerosos familiares dos presos políticos, em especial dos que revelam desenvoltura para o trabalho de propaganda política. Formam-se, assim, quadros locais com possibilidades de promover a indispensável adesão de sua própria comunidade ao movimento liderado pela PAIGC. Não surpreende, portanto, que as críticas ao governo português tenham se tornado ainda mais freqüentes. Os discursos, com pequenas variações de ênfase, costumam girar em torno da precariedade de vida do cabo-verdiano, sempre às voltas com uma série de carências. Resta dizer que, nas cidades, ganha relevo a reivindicação de uma ruptura política com Portugal como precondição para que se torne possível erradicar o analfabetismo, imprimir eficácia a uma nova administração pública, reconhecer o direito à liberdade de opinião e expressão, e promover justiça social e desenvolvimento.

No conjunto, esse processo que envolve a mobilização e o preparo para a luta política segue orientação geral de destacar os aspectos geográficos, econômicos, históricos e culturais específicos da *realidade concreta* de Cabo Verde para, em seguida, articulá-los à *realidade política*, primordial no plano da luta. Assim, aos poucos, a questão nacional é posta, abrangendo, como um de seus pontos cruciais, a questão agrária definida pela desigualdade na distribuição da propriedade da terra e pelo regime indireto de exploração do trabalho.

Ora, a rejeição dessas injustiças traz, ainda que de forma imprecisa, a idéia de transferência do poder a partir da qual algumas medidas, como a redistribuição da terra, podem ser implementadas. Porém isso tudo torna absolutamente fundamental o empenho dos revolucionários, o que requer cuidados especiais na elaboração da doutrina e na orientação da estratégia e da tática. Mas, sobretudo, requer uma análise da própria estrutura social cabo-verdiana, imposta pela necessidade de identificar não só os aliados potenciais do movimento como seus prováveis adversários.

Cabral concretiza essa análise dando especial destaque aos "pequenos proprietários agrícolas" e à "pequena burguesia". Quanto aos primeiros, ressalta que formam um conjunto economicamente heterogêneo, daí derivando comportamentos políticos distintos. Dividem-se, em geral, entre os que se apresentam temerosos em perder seu pequeno quinhão de terra e, por outro lado, os que têm esperança de que a redistribuição de terras venha ao encontro de suas aspirações de aumentar seu exíguo patrimônio.

Por outro lado, também no que se refere à "pequena burguesia", Cabral salienta sua falta de unidade político-ideológica e, portanto, a impossibilidade de uma ação política comum entre as camadas que a compõem. Contudo, é sobre a "pequena burguesia rebelde" que tece algumas sugestivas considerações, sublinhando que é particularmente entre

> (...) os mais jovens que surgem elementos cujas aspirações revolucionárias se identificam com as das massas populares.
>
> Não podemos falar de um proletariado cabo-verdiano, pois não existem infra-estruturas suficientemente desenvolvidas para dar lugar à formação de uma classe operária. Apesar de os trabalhadores assalariados, empregados nas companhias coloniais e pequenas indústrias de transformação, venderem a sua força de trabalho – são portanto proletários –, não existe um proletariado possuindo consciência de classe. Acrescentem-se as circunstâncias originadas pelo desequilíbrio social e o sub-emprego permanente. No seio desta camada, não são raros os elementos dinâmicos, susceptíveis de integrar a força motriz da luta de libertação.[27]

Sob aspecto, é importante insistir no fato de que o processo de politização dos setores que compõem uma das camadas da classe média, a "pequena burguesia rebelde", na terminologia cabralina, encontra nas escolas do centros urbanos o espaço onde surgem as primeiras idéias de reforma. Mais tarde, nas universidades européias, em especial em Lisboa e Coimbra, esses "estudantes peregrinos" têm acesso a uma formação política voltada para Marx via Lenin, passando a defender, com sólidos argumentos, o direito à autodeterminação dos povos.

Residem aqui as condições essenciais que promovem o deslocamento definitivo do eixo *político* do campo para a cidade.[28] Em Cabo Verde, os estudantes dos liceus de Praia e de São Vicente mostram-se particularmente sensíveis aos movimentos e às questões mais possíveis de mobilizar as massas. Assim, sob a direção do próprio Amílcar Cabral – já que a essa altura ainda não está constituída a Comissão do PAIGC para a luta em Cabo Verde – eles são os primeiros protagonistas na difusão e popularização das principais metas do movimento, por meio de inúmeras ações pontuais. Entre elas destaca-se a criação de uma série de situações de desacato à ordem estabelecida e à organização nos liceus, e em outros locais dos centros urbanos de um conjunto de atividades culturais, em que há sempre um espaço reservado onde são tratados os problemas básicos de Cabo Verde, em particular, e da África.

Cabem aqui duas considerações. A primeira refere-se ao fato de esse conjunto de manifestações prenunciar um passo inicial em direção ao processo de conquista de espaços públicos. A segunda sublinha que, além de abrirem um estimulante canal para a propaganda política, os saraus valorizam os aspectos culturais, básicos para a formação de identidades comuns, sendo, portanto, da maior relevância na constituição de um movimento que ambiciona definir-se em termos nacionais.

Ainda acerca da divulgação do movimento, cumpre assinalar o papel da imprensa falada e escrita, qual seja, o de estabelecer um vínculo entre os centros urbanos e destes – embora em grau reduzido – com o interior das ilhas, em particular com o de Santiago. Além disso, tem o sentido especial de incluir a luta política dos cabo-verdianos no conjunto de movimentos emancipatórios, sobretudo daqueles em expansão nas províncias portuguesas. Assim o discurso dos dirigentes torna-se público por meio da brochura *A verdade sobre as colônias africanas de Portugal*, publicada sob a responsabilidade do PAIGC, em janeiro de 1960, em Londres; do mensário *Libertação*, publicado pela primeira vez em dezembro de 1960, com tiragens em torno de quinhentos exemplares; de *As palavras de ordem geral*, proferidas por Amílcar Cabral; o mensário *PAIGC – Actualités;* o *Blufo*, órgão dos Pioneiros, uma das organizações de massa do partido; apostilas com discursos e mensagens de Amílcar Cabral; o jornal *Voz da Liberdade*, de portugueses antifascistas radicados na Argélia; e o noticiário transmitido pela rádio *Voz da Libertação*.[29] Também é fundamental a propaganda política efetuada pelas rádios oficiais de Gana e do Senegal, com notícias sobre Cabo Verde, transmitidas em crioulo.

Naturalmente, todos esses órgãos de imprensa estão comprometidos com a vanguarda ideológica e política do PAIGC. Constituem, dessa forma, preciosos veículos de transmissão de um conjunto de idéias destinadas, em particular, aos militantes, visando reforçar a importância da lealdade aos princípios da luta, desenvolver a consciência política revolucionária e incentivar o empenho e a responsabilidade no cumprimento das tarefas político-partidárias.

Há, por isso, inúmeras referências às vitórias dos partidos africanos que lideram a luta pela libertação nacional em seus países, além de notícias pormenorizadas sobre a atuação do PAIGC, tanto na Guiné quanto em Cabo Verde. Concomitantemente, o *PAIGC – Actualités* cumpre o papel específico de divulgar no exterior as principais dificuldades e vitórias do movimento.[30]

Por fim, outra publicação a ser apontada é *As palavras de ordem geral*. Proferidas pelo secretário-geral do PAIGC, os discursos destinam-se aos combatentes e revelam nítida dimensão pedagógica. É possível considerá-los um guia para a ação política na Guiné e em Cabo Verde, de acordo com os princípios, meios e objetivos de ação definidos pelo partido.

Torna-se necessário observar que em Cabo Verde, muitas vezes, a imprensa preenche algumas lacunas deixadas pelo partido, criando ou reforçando a relação entre representantes e representados. Todavia, o objetivo de manter a unidade e a coesão do movimento é apenas parcialmente atingido. Significa dizer que toda essa propaganda político-ideológica não impede que ao lado do discurso e da ideologia oficiais sejam percebidas tendências distintas no seio do PAIGC. Também pouco contribui, inclusive por seu alcance limitado, para minimizar o suficiente afastamento entre os dirigentes e a grande massa do movimento.

Sobre o distanciamento, uma das razões básicas encontra-se nas acentuadas diferenças entre a vanguarda do partido e a base social de apoio do movimento de independência. Os dirigentes conhecem a língua escrita, apresentam um discurso "teórico", utilizam uma série de conhecimentos políticos e ideológicos e possuem um projeto socialista definido no I Congresso do Partido. Já a grande massa de apoio, a maioria do movimento, expressa como características a oralidade, uma cultura ágrafa, um modo de pensar e agir calcado no senso comum e ambições bastante modestas, não compreendendo, por vezes, as propostas e as implicações do revolucionarismo. Mas esse que parece ter sido, com freqüência, um dos impasses dos movimentos de libertação em geral não constitui um fator decisivo capaz de levá-los ao fracasso. Na verdade, também em Cabo Verde, seus efeitos aparecem no momento da tomada do poder em diante, acentuando-se, de sorte a contribuir para que se forme um Estado com forte caráter intervencionista.

Essa breve análise possibilita considerar que apesar de os obstáculos a luta política é marcada mais por avanços do que por recuos. Em termos indicativos cabe lembrar que em 1962, quando se realiza em Dakar uma reunião de cabo-verdianos do PAIGC para discutir a preparação e a estratégia da luta nas ilhas, tem início um trabalho mais intenso de recrutamento no exterior, integrando-se alguns de imediato na luta, e outros submetendo-se a um trabalho de preparação militar, tendo em vista a possibilidade da luta armada, segundo a "teoria do foco", com ações-relâmpago que seriam deflagradas nas ilhas de Santiago, São Vicente, Sal e, possivelmente, Santo Antão.

Por sua vez, no interior do arquipélago, o PAIGC, cumprindo seu papel específico de "elemento propulsor da vontade", começa um trabalho de arregimentação e preparação de quadros, intensificado nos centros urbanos, entre 1968 e 1970, que resulta na implementação de uma estrutura clandestina e conspirativa com cerca de cinqüenta militantes. É possível argumentar que o número de membros do partido é pequeno, mas não se pode ignorar que é compensado por sua sensibilidade política, suficiente para explorar os momentos históricos de confrontos substantivos, como entre os anos de 1970 e 1972, em particular nos centros urbanos, quando sua atuação é crucial para que se cristalize um sentimento de identidade voltado, sobretudo, para a erradicação da fome e para a conquista da liberdade.

Cabe notar que nesse momento já se apresentam animosidades pessoais, ressentimentos e divergências entre os elementos da cúpula do PAIGC que se encontram na Guiné e alguns dos mais destacados militantes em Cabo Verde. Estes ressaltam que a precariedade da estrutura e da organização do partido no arquipélago acarreta uma definição imprecisa da hierarquia e da divisão de tarefas.

Mas serão essas as principais razões das dificuldades encontradas no processo de constituição e de alargamento do movimento? Há condições para que seja implantada uma estrutura de partido nos moldes leninistas naquele momento histórico-conjuntural em Cabo Verde? Caso o fosse, garantiria, por si só, uma orientação mais eficaz para os assuntos políticos em geral e culturais em particular?

Ora, é preciso considerar que um movimento é conseqüência de uma série de relações econômicas e políticas reais, o que pressupõe longos e acidentados percursos, dos quais emerge a pauta de alternativas de ação. Nesse sentido, vale recordar que Cabo Verde é um arquipélago com diferenças regionais, acentuadas historicamente, ao longo de séculos de colonização. Por sua vez, existe enorme precariedade quanto aos meios de comunicação e transportes entre as ilhas, o que, sem dúvida, dificulta sobremaneira a tarefa político-partidária de obter o apoio da população em escala nacional. Somem-se o caráter e a natureza dos processos de assimilação e aculturação nas ilhas, tendendo a deslocar sua identidade da África para Portugal.

Ainda é preciso acrescentar a fraca tradição de revoltas e protestos nas ilhas, a marcante heterogeneidade dos trabalhadores do campo, a grande maioria da população, e a diáspora que desloca as comunidades de cabo-verdianos aos países da Europa e dos Estados Unidos considerável número de elementos em condições de desenvolver um significativo trabalho de arregimentação para o movimento nas ilhas.

Considerando isso tudo, pode-se constatar que são grandes as dificuldades para que se constitua um partido revolucionário numa situação que não se apresenta tipicamente revolucionária, como a de Cabo Verde, surgindo a revolução apenas como uma das alternativas que acaba não sendo posta na ordem do dia.

Em suma, faz-se necessário enfatizar que entender o PAIGC enquanto partido político atuante no âmbito do território cabo-verdiano requer uma análise dos limites que lhes são impostos, isto é, das raízes históricas e do desenvolvimento do próprio arquipélago, destacando-se as diversas conjunturas nas quais o caráter geral da vida política, e as cisões da sociedade tornam-se evidentes. Nessa perspectiva, é possível reconhecer que desde 1963 o partido informa a ação política, dando-lhe uma direção, o que contribui significativamente para o notório avanço do movimento que, em 1973, passa para a fase final da luta pela independência.

Não há dúvida de que, em especial nessa fase de luta, a escolha dos dirigentes do PAIGC recai numa estratégia voltada para garantir a complementaridade entre os processos de luta na Guiné e em Cabo Verde. Dessa forma, devem-se considerar os próprios desdobramentos da proclamação unilateral da independência da Guiné, em 24 de dezembro de 1973, exigindo cuidadosa e competente atuação na área diplomática e, de outro lado, o desenrolar da luta em Cabo Verde. Quanto à ação diplomática pelo reconhecimento da independência pelo governo português, realizam-se várias conversações iniciadas em Londres, um mês após o afastamento de Salazar, por motivo de saúde, quando se reúnem o comissário adjunto das Forças Armadas, Pedro Pires, e Mário Soares, como representante do governo português. Os quatro encontros subseqüentes são realizados entre junho e agosto, em Argel, envolvendo um processo de negociação que culmina em 26 de agosto, com a assinatura do Acordo de Argel, pelo qual o governo português reconhece a independência da Guiné-Bissau e reafirma o direito do povo das ilhas de Cabo Verde à autodeterminação e à independência.

Nesse momento, cria-se a possibilidade de formação do governo de transição para a independência das ilhas de Cabo Verde, composto por cabo-verdianos e portugueses e cujas atividades são iniciadas em dezembro de 1974, sob a chefia de um alto comissário. Reagindo, o PAIGC demonstra sua força política diante do governo português e prepara um comício que é noticiado pela imprensa, sensibilizando a opinião pública internacional.

Com a chegada a Cabo Verde, em fevereiro de 1975, do secretário-geral do PAIGC, Aristides Pereira, prepara-se a primeira reunião da Comissão Nacional do PAIGC de Cabo Verde, fazendo parte da pauta o estímulo de um possível alargamento da Comissão Nacional do Partido, a preparação das eleições para a constituição da Assembléia Nacional Popular e a formação do governo de Cabo Verde independente. Cinco meses depois, a ANP reúne-se pela primeira vez e no dia seguinte, 5 de julho, é proclamada a independência de Cabo Verde em uma cerimônia oficial que conta com representantes de inúmeros países, incluindo Portugal.

Com a independência, funda-se o Estado cabo-verdiano, resultado tanto da tensão entre partido e movimento quanto da manutenção, com pequenos reajustes, das instituições políticas do poder colonial. Nesse sentido, ao contrário do que ocorre na Guiné-Bissau, o aparelho administrativo se mantém em sua estrutura organizacional e em seu funcionamento. Além disso, a maioria dos funcionários é mantida, garantido que as normas, a hierarquia e o exercício da autoridade instituídos pelo poder colonialista sejam preservados.

Mas, sobretudo, a continuidade é legalmente assegurada, por meio do art. 22 da Lei sobre a Organização do Estado, o qual estabelece que

> (...) a Legislação Portuguesa em vigor desta data mantém *transitoriamente* a sua vigência em tudo o que não for contrário à soberania nacional, à presente Lei, às restantes Leis da República e aos princípios e objetivos do PAIGC.[31]

Paradoxalmente, o discurso político refere-se à constituição de um Estado intervencionista cuja natureza e objetivos são determinados pelo partido, visando a uma transformação revolucionária da sociedade.

Combinam-se, desse modo, a continuidade, herança do colonialismo, e a mudança, concebida pelo partido e conduzida pelo Estado. Resulta daí uma política reformista, evidenciando que a nacionalização, o planejamento econômico e a socialização dos meios de produção por intermédio de Reforma Agrária estão longe de promover a socialização do poder político. Ademais, ao deter o monopólio dos meios de informação e proibir a liberdade de organização e expressão em nome da unidade nacional, o Estado, conforme determinação do partido, tende a desconsiderar as diversidades e reprimir o dissenso.

Convém ressaltar que esse conjunto de circunstâncias históricas que confere especificidade ao movimento de libertação, à independência e à constituição do Estado em Cabo Verde configura uma conjuntura complexa, marcada por intensos embates políticos. No entanto, recuperá-la historicamente requer um trabalho de pesquisa que transcenda os documentos do partido e os relatos autobiográficos de alguns revolucionários.

Apesar disso, é possível identificar algumas características dessa conjuntura, da qual faz parte o momento da "tomada do poder", fundamentais para a compreensão das conjunturas subseqüentes. Pode-se distinguir em primeiro lugar que logo após a independência acentuam-se as divergências entre cabo-verdianos e guineenses no seio da direção supranacional, agravadas durante o III Congresso do PAIGC, em 1977, desembocando no cisma político-ideológico de 1980. Em segundo lugar, surge uma série de animosidades no interior da estrutura partidária cabo-verdiana acirradas quando os militantes do PAIGC provenientes de Bissau e de Lisboa regressam a Cabo Verde, ocupando os principais postos do novo governo. No que se refere ao grupo que chega de Bissau, conhecido como o dos "combatentes históricos" ou "autênticos", é formado na maior parte por cabo-verdianos que participam de forma ativa da luta armada. Ideologicamente, aderem ao modelo soviético de revolução redefinido segundo as condições da Guiné e de Cabo Verde. É um grupo composto por políticos experientes como Aristides Pereira e Pedro Pires, com reconhecidas competência e habilidade diplomáticas.

Essas disputas tornam-se mais acirradas com a chegada dos militantes do PAIGC provenientes de Lisboa. É precisamente com esse grupo que surge o principal problema do partido desde 1975 até o expurgo dos elementos mais radicais em 1979. Caracteriza-se pela heterogeneidade, uma vez que é constituído sobretudo por maoístas e trotskistas. Em sua maioria originários das ilhas de Sotavento, os maoístas se autodefinem como representantes da "linha pura" do marxismo, apresentando um discurso próximo das análises e experiências da revolução chinesa, em particular após as divergências sino-soviéticas e o cisma ideológico.

Por sua vez, o grupo de trotskistas, em geral, é formado por naturais das ilhas de Barlavento. Defendem a necessidade de um contínuo desenvolvimento da revolução em Cabo Verde, como parte da revolução socialista do mundo, além de conferir especial destaque à questão agrária, reivindicando uma profunda mudança estrutural no regime de propriedade da terra e nas relações de trabalho no campo. Por fim, mas não menos importante, consideram primordial sua atuação no PAIGC, empenhando-se pela conquista de algumas posições-chave da máquina partidária.

Cabe esclarecer que entre os trotskistas há os "trotskizantes" e os "trotskistas convictos" diferenciados pelo grau de radicalização quanto à orientação básica da IV Internacional. São os "troskistas convictos" que acabam, pela radicalização de suas posições, compondo a lista de expurgos do PAIGC em 1979, ao mesmo tempo em que deixam os cargos que ocupam no governo.

Parece óbvio que o vigor das discussões que marcam os anos 1970 não se restringe ao PAIGC. Esta é uma segunda característica do período que merece destaque. Embora pouco prestigiados e com pequenas bases sociais de apoio, surgem dois grupos que se organizam dando origem à União Democrática Cabo-Verdiana (UDC) e à União dos Povos das Ilhas de Cabo Verde (UPICV).

A UDC, um pequeno partido com nítida inspiração cristã, tem como secretário-geral John Wahnon e atua em especial em São Vicente, onde reúne quase a totalidade de seus simpatizantes. Seu ideário contém forte apelo patriótico no sentido de "despertar" nos cabo-verdianos a consciência de inviabilidade de o arquipélago se desenvolver independente de Portugal. Compatível com a doutrina elaborada por Antonio Spínola, a UDC propõe que Cabo Verde se mantenha como parte da "grande nação portuguesa" na qualidade de um de seus Estados federados. Essa forma particular de identificação nacional é bastante difundida pelos padres católicos mais antigos, o que explica em parte o fato de o número de seus simpatizantes ter-se mantido mais ou menos estável até o fim da década de 1980, quando, com o processo de abertura democrática, a UDC ressurge politicamente por meio de uma aliança tática com o Movimento pela Democracia (MPD), vencedor das eleições de 1990.

Já a União dos Povos das Ilhas de Cabo Verde (UPICV) tem como secretário-geral José Leitão da Graça, que possui sua maior base social de apoio na Ilha de Santiago. A origem desse pequeno partido remonta à segunda metade dos anos 1950, quando um grupo de cabo-verdianos, o Nova Largada, reúne-se em Londres. Tendo como proposta a retomada dos principais temas tratados pelos intelectuais responsáveis pelas revistas *Claridade e Certeza*, promove vários debates, particularmente em torno das questões da identidade nacional. Mas o grupo tem curta duração e seus integrantes acabam dispersando-se.

Regressando a Cabo Verde em 1958, José Leitão da Graça junta-se a um grupo de nacionalistas que conta, entre outros, com Mário Fonseca, Arménio Vieira, Francisco Correia, Alcides Barros, Manoel Chantre, Antonio Estrela, Filinto Silva e Aires Leitão da Graça. Juntos, fundam a UPICV.

É interesse notar que a ideologia desse partido reflete, como uma de suas preocupações centrais, a questão da cabo-verdianidade e da africanidade. Nesse sentido, por um lado retoma a produção literária das revistas *Claridade e Certeza* e, por outro, as idéias pan-africanistas de Du Bois e de Marcus Garvey.

Declarando-se um partido nacionalista, em setembro de 1974, a UPICV ressalta que suas discordâncias com o PAIGC não são de ordem ideológica, e sim quanto à práxis política. Porém, suas propostas indicam profundas divergências entre ambos, como fica notório na posição da UPICV ante o que chama de "problema político cabo-verdiano".

> (...) A UPICV aceitou a descolonização pacífica porque pensa que o povo de Cabo Verde pode conquistar o seu objectivo político – a independência total, sem união com a Guiné-Bissau – por vias democráticas. Por isso, a UPICV exige que Portugal reconheça pura e simplesmente o direito à independência do povo de Cabo Verde. Exige que antes da transferência do poder ao povo de Cabo Verde se organize um referendo para o povo se pronunciar definitivamente acerca deste falso problema levantado pelo PAIGC: a união Guiné–Cabo Verde. Este é o nosso programa político imediato.[32]

Mas as diferenças não se resumem a esse problema. A UPICV também combate o partido único e o caráter "pequeno-burguês" do movimento liderado pelo PAIGC, que prioriza a fase nacional da luta de libertação em detrimento da social. Os debates tornam-se mais ásperos e, em dezembro de 1974, após alguns enfrentamentos com o PAIGC, a UPICV acaba tendo seus núcleos desmantelados .

Com a "abertura democrática", em 1990, a UPICV ressurge, passando a divulgar suas idéias por meio do quinzenário *África Negra*. Defende em seus artigos e editoriais a liberdade e a igualdade democráticas; sobretudo, faz inúmeras críticas aos governos liderados pelo PAIGC e, após 1980, pelo PAICV. Sob esse aspecto, retoma Kwame N'krumah:

> A intelectualidade conduziu sempre os movimentos nacionalistas no seu início. O seu objetivo não era uma transformação radical das estruturas sociais, mas tomar o lugar do poder colonial. A sua intenção não é mudar o sistema, mas controlá-lo. Nesse sentido, ela é burguesa...[33]

De momento, basta indicar a direção para a qual essas considerações sobre os partidos políticos apontam, para compreender o momento da "tomada do poder" pelo PAIGC, bem como a conjuntura política em Cabo Verde nos primeiros anos da década de 1990. Sob esse aspecto, vale o ensinamento de Gramsci ao ressaltar que um partido político atua no âmbito do quadro complexo de todo o conjunto social, do qual fazem parte tanto os aliados quanto os adversários.[34]

Nessa mesma esteira de pensamento pode-se lembrar outro aspecto das relações políticas que diz respeito à contradição estabelecida entre as lideranças e a base social que compõem o movimento emancipatório em Cabo Verde. Esta terceira característica marca tanto o período que antecede a independência como a década que a segue.

Na verdade, o apoio da grande massa de trabalhadores do campo, genérica e imprecisamente conhecidos como camponeses, apresenta uma participação cujo caráter político oscila entre a indeterminação e a ambigüidade. Sua presença maciça endossa a luta por "pão, terra e liberdade". No entanto, o senso comum que lhes permite saber – porque sentem – o que é a fome está longe de possibilitar que percebam o significado político-ideológico da luta pela terra.

Por isso, não surpreende que quando se implementam as primeiras medidas relativas à Reforma Agrária em algumas regiões como Santo Antão, por exemplo, os camponeses tenham resistido à redistribuição das terras por considerá-la invasão indevida de propriedades pertencentes aos morgados, aos quais se encontram ligados por laços de dependência pessoal.

Está claro que tais manifestações não são passíveis de generalização. Registrá-las, no entanto, significa ressaltar a necessidade de pesquisas capazes de fornecer elementos que permitam compreender, de forma mais precisa, a cultura política que informa o comportamento desses trabalhadores que compõem a maioria da população cabo-verdiana.

Por fim, a quarta característica refere-se ao nacionalismo cujo apelo, na conjuntura histórica dos anos 1960, está centrado no inimigo externo, na potência colonizadora. Esse é o elemento decisivo na mobilização das vontades, permeando propostas políticas diversas, uma vez que lhes confere aparente unidade em torno de elementos que constituem um sentimento de identidade nacional como a linguagem, a cultura e o passado histórico comuns.

Traduzido em ressentimento pelo governo português, o nacionalismo do movimento de libertação reflete, ao mesmo tempo, o sentimento das massas e o projeto das lideranças para as quais a independência e a descolonização identificam-se com o antiimperialismo em suas vertentes socialista ou comunista. Vale repetir aqui que o elemento primordial, o *ethos* comum incorporador de todos os cidadãos, é a categoria genérica povo, apresentada como sinônimo de uma "comunidade imaginada" com objetivos comuns e complementares.

Mas, como é sabido, noutras conjunturas históricas o nacionalismo é articulado a outros argumentos, variando o nexo estabelecido entre o poder político e os setores sociais. No pós-independência o nacionalismo apresenta-se como elemento articulador de dois valores político-ideológicos fundamentais: a democracia nacional e a revolução. A "democracia nacional" porque os objetivos a serem alcançados

> (...) não se resignam a exclusivismos de interesses individuais, de camadas sociais ou de classes, antes sempre foram e têm de continuar a ser delineados por uma ampla convergência dos verdadeiros interesses das forças que constituem a nação.

Quanto ao caráter revolucionário dessa democracia, refere-se à necessidade de "continuar transformando a sociedade mediante uma correcta apreensão do mundo em movimento de que somos parte".

Por sua vez, o interlocutor privilegiado é o povo para o qual é lembrado que o PAIGC surge

> (...) como sua vanguarda organizada, capaz de interpretar e dar expressão prática aos seus anseios . É nisto que reside o segredo de sua vitória, é nisto que bebe a legitimidade da força dirigente da sociedade.[35]

Esses valores sobrevivem ao cisma do PAIGC, em 1980, e integram o nacionalismo do Partido Africano para a Independência de Cabo Verde (PAICV), desde sua fundação até 1990, quando perde o poder nas urnas. É bem verdade que nesse período o nacionalismo apresenta variações, vinculando-se a diferentes interpelações entre as quais a justiça social e o desenvolvimento e, a partir de 1989, à idéia operante do reestabelecimento das liberdades democráticas.

Por último, convém chamar a atenção para o fato de que a importância desse conjunto de considerações está em trazer para o debate uma série de elementos político-ideológicos que são repostos em conjunturas históricas diversas. Significa dizer que é fundamental levá-las em conta para que se compreenda não só o movimento emancipatório e o momento – crucial para análise – da tomada do poder, como as conjunturas do pós-independência e, sobretudo, as alternativas apresentadas para constituição e desenvolvimento da democracia.

Notas e Referências

(1) Declaração sobre o problema das colônias portuguesas, V Congresso do PCP, 1975, apud O. Ignátiev, *Amílcar Cabral*. URSS, Progresso, 1984, p. 105-6.

(2) Aristides Pereira, "O perfil de Cabral e a actualidade do seu pensamento". In *Continuar Cabral*, Simpósio Internacional Amílcar Cabral. Cabo Verde, Grafedito/Prelo – Estampa, 1983, p. 45.

(3) Amílcar Cabral, discurso proferido na Conferência da CONCP, Dar-Es-Salam, 1965, apud O. Ignátiev, *Amílcar Cabral*, op. cit., p. 153-4.

(4) Revista *Terceiro Mundo*. Rio de Janeiro, Terceiro Mundo, nº 92, agosto de 1986, p. 51-7.

(5) Basil Davidson, *A libertação da Guiné – Aspectos de uma revolução africana*. Lisboa, Livraria Sá da Costa, p. 93.

(6) Basil Davidson, *A libertação da Guiné*, op. cit, p. 173-5. O autor reproduz a crítica que o PAIGC faz à OUA, no sentido de que "o auxílio da África está muito longe de ter a regularidade, a dimensão ou a eficácia que deveria corresponder às responsabilidades dos povos africanos".

(7) É oportuno lembrar que na época a América Latina é área de influência dos Estados Unidos, pipocando vários golpes militares como no Brasil, em 1964, na Argentina, em 1966, e no Chile e Uruguai, em 1973.

(8) O. Ignátiev, *Amílcar Cabral*, op. cit, p. 121-2.

(9) Cabe ressaltar que Conacri é para a Guiné e Cabo Verde o que em períodos diferentes são a China, o Laos e o Cambodja na Guerra do Vietnã e, do mesmo modo, a Turquia e o Marrocos na Guerra da Argélia.

(10) Mário de Andrade (coord.), *Obras escolhidas de Amílcar Cabral, Unidade e luta*: vol. I, *A arma da teoria*. Lisboa, Seara Nova, p. 225.

(11) Extrato das Diretrizes dos Dirigentes do PAIGC, apud Basil Davidson, *A libertação da Guiné*, op. cit., p . 40. É interessante ter claro que essa perspectiva é comum ao dirigente vietnamita Nguyen Van Tien, conforme consta de: "Notre stratégie de la guérrilla", Partisans. Paris, jan./fev. de 1968.

(12) O. Ignátiev, *Amílcar Cabral*, op. cit., p. 147-8.
(13) Idem, op. cit., p. 161-2.
(14) *Diário de Lisboa*, 14/7/1963, apud Gerard Chaliand, *Lutte armée en Afrique*. Paris, Maspero, 1969, p. 35.
(15) Mário de Andrade (coord), *Obras escolhidas de Amílcar Cabral: unidade e luta*, vol. II, *A prática revolucionária*, op. cit.
(16) Idem, op. cit. vol I, p. 223.
(17) "Programa do PAIGC", apud O. Ignátiev, *Amílcar Cabral*, op. cit., p. 192 e ss.
(18) Amílcar Cabral, "As palavras de ordem geral". In *PAIGC, unidade e luta*. Lisboa, Nova Aurora, 1974, p. 101.
(19) Gérard Chaliand, *Lute armée en Afrique*, op. cit., p. 37.
(20) Antônio de Spínola, *Portugal e o futuro*. Rio de Janeiro. Nova Fronteira, 1974, p. 144, 145 e 147.
(21) Amílcar Cabral, "Carta aos membros do partido", fevereiro de 1971, apud O. Ignátiev, *Amílcar Cabral*, op. cit., p. 228.
(22) Amílcar Cabral, "As palavras de ordem geral". In *PAIGC, unidade e luta*, op. cit., pp. 63 e 65.
(23) É preciso ressaltar que uma das maiores razões do retrocesso às estruturas tradicionais reside na distância e na inarticulação entre as formas de poder local e a crescente centralização e concentração do poder burocrático do governo central.
(24) Corsisno Fortes, *Pão e fonema*. Portugal, Livrania Sá da Costa, 1980, p. 45.
(25) Mário de Andrade (coord.), *Obras escolhidas de Amílcar Cabral: unidade* e luta, vol. I, *A arma da teoria*. Lisboa, Seara Nova, p. 224-5.
(26) Antônio Gramsci, *A questão meridional*. Rio de Janeiro, Paz e Terra, 1987, p. 70.
(27) Mário de Andrade (coord.), *Obras escolhidas de Amílcar Cabral: unidade e luta*, vol. I, *A arma da teoria*, op. cit., p. 110.
(28) Cabe lembrar que essa afirmação não deve ser estendida para a Guiné, onde na capital predomina a "alienação política e cultural", segundo Amílcar Cabral.

(29) Francisco Ribeiro e Rui Ilhéu, "História da imprensa na Guiné". In *Revista Elo*, Associação Portugal para o Desenvolvimento Econômico e Cooperação. Lisboa, nº 9, ano 2, março/abril de 1992, p. 72-3.

(30) Em especial sobre a atuação em Guiné e em Cabo Verde, vale consultar: *PAIGC – Actualités*, respectivamente: nº 8, agosto de 1969; nº 20, agosto de 1970; nº 21, setembro de 1970; nº 22, outubro de 1970; nº 26, fevereiro de 1971; nº 34, outubro de 1971; nº 31, julho de 1971; nº 32, outubro de 1971; nº 41, maio de 1972; nº 41, agosto de 1972; nº 48, dezembro de 1972; nº 58, setembro de 1973, nº 59, dezembro de 1973.

(31) Apud José Maria Pereira Neves, "Administração pública em Cabo Verde", p. 21, comunicação apresentada no Colóquio e Encontro Ministerial dos Cinco PALOPs sobre Estado e Administração para o Desenvolvimento, Praia, CV, 6-14 de julho de 1989.

(32) *África Negra*, Boletim de Formação e Informação, UPICV (R). Praia, Terra Branca, nº 2, 6 de novembro de 1990, p. 4. É preciso registrar que os quinzenários do *África Negra* foram oferecidos por Camilo Querido da Graça, a quem agradeço.

(33) *África Negra*, Boletim de Formação e Informação, UPICV (R). Praia, Terra Branca nº 3, 21 de novembro de 1990, p.1.

(34) Antonio Gramsci, *Maquiavel, a política e o Estado moderno*. Rio de Janeiro, Civilização Brasileira, 1968.

(35) Pedro Pires, "Sobre a democracia nacional revolucionária" (Discurso pronunciado no encerramento da VIII Sessão Legislativa pelo 1º vice-presidente da ANT, primeiro comandante Olívio Pires, membro do CEL e secretário do CNCV do PAIGC), Coleção "Superação Político-Ideológica", Caderno nº 3, s/d, p. 10-1.

Epílogo

Entre o desencanto e a esperança

Uma vez conquistada a independência política, como são encaminhadas as soluções para as diversas carências do povo cabo-verdiano? As respostas convergem para o desenvolvimento, considerado a principal missão de Cabo Verde, o que qualifica a noção, atribuindo-lhe conotação ideológico-pragmática. Tanto é que o desenvolvimento faz parte do projeto político construído no processo caracterizado pela passagem da indignação para a desobediência e revolta quando, mobilizados pela consciência negadora das várias manifestações materiais e imateriais da pobreza, os cabo-verdianos lutam pela independência de seu país. E não se pode esquecer que, especificamente no imaginário popular, independência é sobretudo sinônimo, se não de abundância, pelo menos de ruptura com toda a sorte de carências.

Figura 13 – Santiago, capital de Cabo Verde, no final dos anos 1980.

No processo de construção nacional, em que são reordenadas as relações econômicas e sociais no âmbito de um processo de reconstrução institucional, o atendimento das demandas qualitativa e quantitativamente crescentes deixa muito a desejar, gerando insatisfações e ressentimentos. Acresça-se uma série de constrangimentos e pressões externas vindas da própria natureza da dinâmica do processo de acumulação do capitalismo em escala mundial, trazendo como conseqüências: a dívida externa com os aumentos elevados das taxas de juros e das obrigações do título e do serviço da dívida; a recessão da economia mundial, com a grande porcentagem das importações em relação ao PIB; a baixa contínua dos preços das matérias-primas e a gama limitada de produtos que contribuem para que os preços de troca sejam cada vez mais desvantajosos; o peso excessivo do investimento externo em setores essenciais da economia, mediante a grande presença de pessoal estrangeiro; e a diminuição da ajuda pública ao desenvolvimento.

Como é notório, esse conjunto de variáveis endógenas e exógenas refere-se diretamente, com a questão do poder, em particular com o partido único no poder como e enquanto dirigente do Estado e da sociedade. Este, alvo quase único de todas as críticas, e à frente do governo, responde às pressões, promovendo uma viagem para uma economia de mercado, ao mesmo tempo em que lidera alterações políticas substanciais, entre as quais a passagem do mono para o pluripartidarismo.

Agora, cabe perguntar: com o que se fica depois da crítica e das "viragens?" Com vários desafios herdados do colonialismo aos quais o Estado fundado com a independência mostra dificuldade em enfrentar com o vigor necessário.

Convém registrar que a sociedade cabo-verdiana chega ao final do século XX apresentando graves contradições sociais. Permanece a dependência econômica e social, condição para que a dependência político-ideológica possa ser recriada. Além disso, é significativa a demanda social pela ampliação da liberdade e por direitos individuais e coletivos, dando ensejo à formação de movimentos sociais constituídos por um amplo conjunto de ações multiformes e heterogêneas que, progressivamente, organizam-se de forma autônoma. É um processo que aponta para novas formas de mobilização política das massas, abrindo espaço para o surgimento de lideranças comprometidas com a luta contra as desigualdades e hierarquias derivadas da riqueza, do *status*, do saber e do poder.

Mas, ao lado dos desafios que implicam modificações concernentes à organização da sociedade civil, é preciso ressaltar os que para serem enfrentados requerem inúmeras alterações na dinâmica interna do próprio poder, das quais as mais relevantes referem-se às mudanças institucionais e à ampliação dos direitos individuais, sociais e políticos.

Caberá, enfim, aos cabo-verdianos vencer o grande desafio de encontrar uma forma de Estado que não sacrifique no processo de sua constituição o projeto democrático de uma sociedade mais livre e igualitária.

Bibliografia

ABREU, Trigo. "Família e trabalho numa comunidade camponesa de Cabo Verde". In *Revista Internacional de Estudos Africanos*. São Paulo, nº 3, jan./dez. de 1985.

ALENCASTRO, Luiz Felipe de "O aprendizado da colonização". In Revista *Economia e Sociedade*, Campinas, nº 1, agosto de 1992, Instituto da Unicamp.

ALMEIDA, Pedro Ramos. *História do colonialismo português em África*. Lisboa, Estampa, 2 volumes, 1979.

AMARAL, Ilídio do. *Santiago de Cabo Verde, a terra e os homens*. Lisboa, Memória da Junta de Investigações do Ultramar nº 48, 1964.

ANDERSON, Benedict. *Nação e consciência nacional*. São Paulo, Ática, 1989.

ANDERSON, Perry. *Portugal e o fim do ultracolonialismo*. Rio de Janeiro, Civilização Brasileira, 1966, Coleção Documentos da História Contemporânea, vol.17.

ANDRADE, Mário de (coord.). *Obras escolhidas de Amílcar Cabral: unidade e luta*. 2 volumes. Lisboa, Seara Nova, 1976.

ANDRADE, Mário de e REIS, Maria do Céu C. "Dimension culturelle du developpement en Afrique", Forum du Tiers Monde – Université des Nations. Dakar, 1-5 de dezembro de 1986.

ARENDT, Hannah. *Los orígenes del totalitarismo*. Madri, Taurus, 1974.

AZEVEDO, J. Lúcio de. *Épocas de Portugal econômico*. Lisboa, Livraria Clássica, 4ª ed., 1978.

AZEVEDO, Licínio de e RODRIGUES, Maria da Paz. *Diário da libertação:* a *Guiné-Bissau da nova* África. São Paulo, Versus, 1977.

BALANDIER, Georges. "The colonial situation: a theoretical approach". In *África: social problems of change and conflict*. São Franscisco, Pierre L. Van der Berghe (ed.), Chandler, 1951.

BARAN, Paul A. *A economia política do desenvolvimento econômico*. Rio de Janeiro, Zahar, 1960.

BARCELOS, Cristiano José de Sena. *Subsídios para a história de Cabo Verde e Guiné*. Lisboa, Tipografia da Cooperativa Militar, 1904.

BENOT, Yves. *Ideologia das Independências africanas*. Lisboa, Sá da Costa, 2 volumes, 1981.

BOAHEN, A. Adu (coord.). *História geral da África*. São Paulo, Ática/Unesco, vol. VIII: A África sob dominação colonial, 1980-1935, 1991.

BOBBIO, Norberto. *A era dos direitos*. Rio de Janeiro, Campos, 1992.

BOLETIM DE FORMAÇÃO E INFORMAÇÃO UPICV (R), *África negra*. Praia, Terra Branca, 1990/1.

BOSI, Alfredo. *Filosofia da educação brasileira*. Rio de Janeiro, Civilização Brasileira, 1985.

_________. *Dialética da colonização*. São Paulo, Companhia das Letras, 1992.

BOSI, Ecléa. *Memória e sociedade: lembranças* de velhos. São Paulo, T. A. Queiroz, 1983.

CABRAL, Amílcar. *PAIGC: unidade e luta*. Lisboa, Nova Aurora, 1974.

CABRAL, Luís. *Crônica da libertação*. Lisboa, O Jornal, 1984.

CARDOSO, Pedro. *Folclore caboverdiano*. Lisboa, Solidariedade Cabo-verdiana, 1983.

CARREIRA, Antonio. "Aspectos da administração pública em Cabo Verde no século XVIII", mimeo, 1986.

_________. *Cabo Verde* (*aspectos sociais, secas e fomes do século* XX) CV Ulmeiro, 1984.

_________. *Cabo Verde: classes sociais, estrutura familiar, migrações*. Lisboa, Bibl. Ulmeiro nº 9, 1977.

_________. *Cabo Verde: formação e extinção de uma sociedade escravocrata* (1460-1878). Patrocínio da Comunidade Econômica Européia. Instituto Cabo-Verdiano do Livro, 1983.

_________. *Demografia caboverdeana*. Praia, ICL, 1985.

_________. *Descrições oitocentistas das Ilhas de Cabo Verde*. Lisboa, ed. patrocinada pela Rep. de CV, 1987.

_________. *O crioulo de Cabo Verde, surto e expansão*. Lisboa, ICL, 1983.

_________. *Os portugueses nos rios de Guiné* (1500-1900). Lisboa, Lit. Tejo, 1984.

CÉSAIRE, Aimé. *Discurso sobre o colonialismo*. Lisboa, Livraria Sá da Costa, 1ª ed., 1978.

CHALIAND, Gérard. *Guiné "portugaise" et Cap Vert*. Paris, Maspero, 1964.

_________. *Lute armée en Afrique*. Paris, Maspero, 1969.

_________. *Mitos revolucionários do Terceiro Mundo*. Rio de Janeiro, Livraria Francisco Alves, 1977.

CHAUI, Marilena et alii. *Ideologia e mobilização popular*. Rio de Janeiro, Paz e Terra: Centro de Estudos de Cultura Contemporânea, 1978.

Claridade, Revista de Arte e Letras, publicação comemorativa do seu cinqüentenário, ed. Instituto Caboverdiano do Livro e do Disco, 1990.

COELHO, Eduardo Prado (seleção e introdução). *Estruturalismo, antologia de textos teóricos*. Lisboa, Portugália, 1967.

COPANS, Jean. *La longue marche de la modernité africaine*. Paris, Karthala, 1988.

COQUERY-VIDROVITCH (org.). *A descoberta de África*. Lisboa, ed. 70, 1981.

COQUERY-VIDROVITCH, C; MONIOT, H. *África negra de 1800 a nuestros dias*. Barcelona, Labor, 1985.

CORNEVIN, M. *História da África contemporânea*. Lisboa, Ed. Sociais, vol. 1, 1979.

CORRÊA, Antonio Augusto Mendes. *Ultramar português: ilhas de Cabo Verde*. Lisboa, Divisão de Publicações e Biblioteca, 2º volume, 1959.

CRUZ, Oswaldo e SEMEDO, José Maria. "Conseqüências do crescimento rápido da população – O caso de Cabo Verde". Texto apresentado durante a realização do ateliê para formadores de educação em população e nutrição. S. Jorge dos Órgãos, INIA, CV, FAO (Organização das Nações Unidas para Alimentação e Agricultura). Mimeo, 28 de outubro, a 1º de novembro de 1991.

CUNHA, J. M. Silva. "Progresso de Cabo Verde". Discurso proferido pelo Mun. do ultramar. Lisboa, Ag. Geral do Ultramar, 1969.

DAVIDSON, Basil. *A descoberta do passado de África*. Portugal, Livraria Sá da Costa, 1981.

_________. *A libertação da Guiné – Aspectos de uma revolução africana*. Lisboa, Livraria Sá da Costa, 1975.

_________. *As ilhas afortunadas*. CV, IC do Livro, 1988.

_________. *Os camponeses africanos e a revolução*. Lisboa, Livraria Sá da Costa, 2ª ed. 1977.

Documental, Instituto da Investigação Científica Tropical. Lisboa, 1988.

Estatuto Político-Administrativo da Província de Cabo Verde (Decreto nº 541/72, de 22 de julho). Lisboa, Ag. Geral do Ultramar, 1972.

Estatuto Político-Administrativo da Província de Cabo Verde. Lisboa, Ag. Geral do Ultramar, 1968.

FANON, Franz. *Os condenados da terra*. Rio de Janeiro, Civilização Brasileira, 2ª ed., 1979.

_________. *Peau noire*. Paris, Masques Blanes, Editions du Seuil, 1971.

FEIJÓ, João da Silva. *Ensaio e memórias econômicas sobre as ilhas de Cabo Verde*. Praia – CV, ICL, 1986.

_________. *Ensaios e memórias sobre as ilhas de Cabo Verde* (século XVIII). Praia, ICL, 1986.

FERREIRA, Manuel (org.). *Claridade*, Portugal, ALAC, 2ª ed., 1986.

FERREIRA, Manuel. *A aventura crioula*. Lisboa, Plátano, s/d.

FERRINHO, Homero. *Desenvolvimento rural*. Praia – CV, ICL, 1987.

FORTES, Corsino. *Pão e fonema*. Portugal, Livraria Sá da Costa, 1980.

FOY, Colm. *Cape Verde–Politics, economics and society*. Londres, Printex Publishers, 1988.

FRANÇA, Arnaldo. *Notas sobre poesia e ficção caboverdiana*. Praia, CV, ICL, 1962.

FREIRE, Paulo. *Cartas à Guiné-Bissau*. Guiné-Bissau, Dedild, 1978.

FREY, Peter e PINHEIRO, Patricia McGowan. *Le Portugal de Salazar*. Paris, Ruedo Ibérico, 1963.

GRAMSCI, Antonio. *A questão meridional*. Rio de Janeiro, Paz e Terra, 1987, p. 70

_________. *Os intelectuais e a organização da cultura*. Rio de Janeiro, Civilização Brasileira, 7ª ed., 1989.

_________. *Maquiavel, a política e o Estado moderno*. Rio de Janeiro, Civilização Brasileira, 1968.

GUIA DE FONTES PORTUGUESAS PARA A HISTÓRIA DE ÁFRICA. Lisboa, Instituto Português de Arquivos, 1991.

HEGEL, Jorge Guilhermo Frederico. *FIlosofía de la história universal*, tomo I. Madri, Revista de Occidente, 1928.

HOBSBAWM, Eric J. *Mundos do trabalho*. Rio de Janeiro, Paz e Terra, 1987.

_________. *Nações e nacionalismo*. Rio de Janeiro, Paz e Terra, 1991.

_________. *Rebeldes primitivos*. Rio de Janeiro, Paz e Terra, 2ª ed., 1978.

_________. *Revolucionários*. Rio de Janeiro, Paz e Terra, 1982.

HOBSBAWM, Eric J. e RANGER, Terence. *A invenção das tradições*. Rio de Janeiro, Paz e Terra, 1984.

HOBSBAWM, Eric J. (org). *História do marxismo*. Rio de Janeiro, Paz e Terra, vol. XI, 1989.

HOBSBAWM, Eric J. (org.). *História do marxismo*. Rio de Janeiro, Paz e Terra, vol. VIII, 1987.

_________. *História do marxismo*. Rio de Janeiro, Paz e Terra, vol. IV, 1984.

HOLANDA, Sérgio Buarque de (org.). *História geral da civilização brasileira – A época colonial: do desenvolvimento à expansão territorial*, vol. 1, São Paulo, 1960.

IGNÁTIEV, O. *Amílcar Cabral*. URSS, Progresso, 1984.

IONESCO, Ghida e GUELLNER, Ernest (comp.). *Populismo, sus significados y características nacionales*. Buenos Aires, Amorrorto, 1969.

JORNAL PAIGC – Actualités, nº 8, agosto de 1969; nº 20, agosto de 1970; nº 21, setembro de 1970; nº 2, outubro de 1970; nº 26, fevereiro de 1971; nº 31, julho de 1971; nº 32, outubro de 1971; nº 41, maio de 1972; nº 44, agosto de 1972; nº 48, dezembro de 1972; nº 58, setembro de 1973; nº 66, dezembro de 1973.

KASPER, Josef E. *Ilha da Boa Vista*, Praia, ICL, 1987.

KI-ZERBO, Joseph (coord.), *História geral da África, metodologia e pré-história da África*. São Paulo, Ática, Unesco, vol. I, 1982.

KI-ZERBO, Joseph. *História geral da África negra*. Portugal, Publ. Europa-América, vol. II, 1972.

LANGLEY, J. Ayo. *Ideologie of liberation in black Africa 1856-1970*. Londres, Rex Collings, 1979.

LENIN, V. I. *Sobre a libertação nacional e social*. Moscovo, Progresso, 1988.

LOPES Filho, João. *Cabo Verde, apontamentos etnográficos*. Lisboa, s/ed., 1976.

_________. *Cabo Verde, subsídios para um levantamento cultural*. Lisboa, Plátano, 1981.

_________. *Contribuição para o estudo da cultura cabo-verdiana*. Lisboa, Ulmeiro, 1983.

_________. *Defesa do patrimônio sócio-cultural de Cabo Verde*. Lisboa, José A. Ribeiro, 1985.

LOPES, Baltasar. *Chiquinho*. Lisboa, África, 1984.

LOPES, Carlos (org.). *A construção da nação em África*. Lisboa-Bissau, IMEEP, 1989.

LOPES, Carlos. *A transição histórica na Guiné-Bissau*. Bissau, INEP, 1987.

_________. *Etnia, Estado e relações de poder na Guiné-Bissau*. Lisboa, Ed. 70 / Carlos Lopes, 1982.

_________. *Para uma leitura sociológica da Guiné-Bissau*. Lisboa–Bissau, INEP, 1988.

LOPES, Manuel. *Chuva braba*. Lisboa, Ed. 70, 1982.

MANNHEIM, Karl. *Ideologia e utopia*. Rio de Janeiro, Zahar, 1968.

MANNING, Patrick. "Escravidão e mudança social na África", in *Novos Estudos Cebrap*. São Paulo, CEBRAP, nº 21, junho de 1988.

MARIANO, Gabriel. "Do funco ao sobrado ou o "mundo" que o mulato criou, separata da *Revista de Estudos de Ciências Políticas e Sociais*. Lisboa, s/d.

MARIATEGUI, Juan. *Comentarios sobre el Tercero Mundo*. Lima, Ed. Minerva, 1978.

MARTINS, Ovídio. *Independência*. Praia – CV, ICL, 1983.

MARTINS, Pedro. *Testemunho dum combatente*. Mindelo, Ilhéu, 1990.

MARX, Karl. *El capital, crítica de la economía política*. México, Fondo de Cultura Económica, vols. II e III, 1946.

_________. *Formações econômicas pré-capitalistas*. Rio de Janeiro, Paz e Terra, 1975.

_________. *La ideología alemana*. Montevidéu-Barcelona, Ed. Pueblos Unidos – Grijalbo, 1972.

MELLO, Georgina de. "A vocação geo-econômica de Cabo Verde", comunicação apresentada pela conselheira do primeiro-ministro, mimeo, s/d.

MOITA, Luis. *Os congressos da FRELIMO, do PAIGC e do MPLA*. Lisboa, Ulmeiro, 1979.

MONTEIRO, Júlio. *Os rebelados da Ilha de Santiago*. Lisboa, Centro de Estudos de Cabo Verde, 1974.

MOORE, Barrington, Jr. *As origens sociais da ditadura e da democracia – Senhores e camponeses na construção do mundo moderno*. São Paulo, Martins Fontes, 1983.

MORSE, Richard M. *O espelho de próspero*. São Paulo, Companhia das Letras, 1988.

MURTEIRA, Mário. *Os estados de língua portuguesa e a economia mundial*. Lisboa, Presença, 1988.

NIANE, D. T. (coord.). *História geral da África*. São Paulo, Ática/Unesco, *A África do século XII ao século XVI*, vol. IV, 1988.

NUNES, Mateus. *Problemas da Ilha de São Nicolau*. Lisboa, Junta de Investigação do Ultramar, Estudos, Ensaios e Documentos, 1962.

Okuma, T. *Angola in ferment*. Boston, Beacon Press, 1962.

OLIVER, Roland e PAGE, S. D. *Breve história de África*. Portugal, Livraria Sá da Costa, 1980.

OSÓRIO, Oswaldo. *Cantigas de trabalho, tradições orais de Cabo Verde*. Praia, Plátano, 1980.

PAIGC. *Sobre a situação em Cabo Verde*. Lisboa, Livraria Sá da Costa, 1974.

PEREIRA, Aristides. *Relatório do CSL*. Apresentado ao III Congresso do PAIGC, Mindelo, CV.

PEREIRA, Daniel A. *Estudos da história de Cabo Verde*. Praia – CV, ICL, 1986.

__________ e VARELA, Tomé. "Condicionalismos histórico-culturais da formação da nação cabo-verdeana", CV, apresentado no Colóquio Internacional "A Formação da Nação nos 'Cinco'". Bissau, julho de 1986.

__________. *Marcos cronológicos da cidade velha*. Praia – CV, ICL, 1988.

__________. *A situação da Ilha de Santiago no 1º quartel do século XVIII*. São Vicente, ICL, 1984.

PINA, Marie-Paule de. *Les Ilhes du Cap-Vert*. Paris, Karthala, 1986.

PINSKY, Jaime (org.). *Questão nacional e marxismo*. São Paulo, Brasiliense, 1980.

PIRES, Olívio. *O partido – Seu lugar na história e na vida do nosso povo*. Ed. Dip. do PAICV, 1982.

PIRES, Pedro. "Sobre a democracia nacional revolucionária (Discurso pronunciado no encerramento da VIII Sessão Legislativa pelo 1º vice-presidente da ANT, primeiro comandante Olívio Pires, membro do CEL e secretário do CNCV do PAIGC, Coleção "Superação Político-Ideológica", Caderno nº 3, s/d, pp. 10-1.

PIRES, Pedro. *Programa de governo*, 1981.

RELATÓRIO DA MESA-REDONDA DOS PARCEIROS DE DESENVOLVIMENTO. Praia, Min. das Finanças e do Planejamento, 16-18 de novembro de 1992.

RELATÓRIO SOBRE O SEMINÁRIO DE PRAIA (7-13 de dezembro de 1984), redigido por Christian Sigrist, "O papel das instituições rurais nas transformações agrárias nos países africanos de língua portuguesa".

Revista Cabo Verde, ano V, nº 53, fevereiro de 1954.

Revista de História Econômica e Social. Lisboa, 1987.

Revista Elo, Associação Portugal para o Desenvolvimento Econômico e Cooperação. Lisboa, nº 9, ano 2, mar./abr. de 1992, pp 72-3.

Revista Internacional de Estudos Africanos. Lisboa, Jill R. Dias, nº 1, jan.1983.
Revista Internacional de Estudos Africanos. Lisboa, Jill R. Dias, nº 4-5, jan./dez. de 1986.
Revista Magma. Ilha do Fogo, CV, ano III, nº 5/6, maio de 1990.
Revista Partisans. Paris, jan./fev. de 1968.
Revista Partisans. Paris, nº 7, nov./dez. de 1962.
Revista Raízes, nº 7-16, 1980, ano 4. Praia, Imprensa Nacional, 1981.
Revista Terceiro Mundo. Rio de Janeiro. Terceiro Mundo, nº 92, ago. de 1986.
RIBEIRO, Orlando. *A Ilha do Fogo e as suas erupções*. Lisboa, Ministério do Ultramar – Junta de Investigações do Ultramar (Memórias, Série Geográfica), 1954.
ROCHA, Agostinho. *Subsídios para a história da Ilha de Santo Antão* (1462/1983), CV, 1990.
RODINSON, Maxime e al. *Stalin, el marxismo y la cuestión nacional*. Barcelona. Anagrama, 1977.
RODRIGUES, João. *Casas e casinhotos*. São Vicente, CV Publ. Gráfica do Mindelo, 1981.
ROMANO, Luís. *Famintos*. Lisboa, Ulmeiro, 1983.
SANTIAGO, Theo (org.). *Descolonização*. Rio de Janeiro, Livraria Francisco Alves, 1977.
SANTOS, Antonio L. dos. "Situação controlada" (Palavras proferidas na Sessão do Conselho Legislativo de 17 de novembro de 1970), CV, Centro de Informação e Turismo, 1970.
SENNA, Manuel Ruiz Lucas. *Dissertação sobre as ilhas de Cabo Verde, 1818*. Praia, 1987.
SILVA, João Pereira. "A reforma das estruturas agrárias de Cabo Verde", Introdução ao Anteprojeto da Lei de Bases pelo ministro do Desenvolvimento Rural. Praia, Ed. do Gabinete da Reforma Agrária, s/d.
__________. "O papel das instituições rurais na transformação agrária para o desenvolvimento rural." Praia, mimeo, s/d.
SIMPÓSIO INTERNACIONAL AMÍLCAR CABRAL, *Continuar Cabral*. Portugal, Grafedito/Prelo – Estampa, Cabo Verde, 17 a 20 de janeiro de 1983.
SOUSA, Teixeira de. *Capitão de mar e terra*. Portugal, Publ. Europa-América, 1984.
__________. *Xaguate*. Portugal, Publ. Europa-América, 1987.
SPÍNOLA, Antônio de. *Portugal e o futuro*. Rio de Janeiro, Nova Fronteira, 1974.
STALIN, J. *O marxismo e o problema nacional e colonial*. São Paulo, Livr. Ed. Ciências Humanas, 1979.
STOCKINGER, Gottfried. "Santo Antão: herança colonial e transformação social." Publicação do Ministério do Desenvolvimento Rural. Rep. de Cabo Verde, abril de 1982.
TAVARES, Eugênio. *Noli me tangere*. Carta a D. Alexandre D'Almeida sobre a emigração cabo-verdiana para os EUA, Imprensa Nacional de Cabo Verde. Praia, 1918.
THOMPSON, E. P. *Formação da classe operária inglesa*. Rio de Janeiro, Paz e Terra, 3 volumes, 1987.
__________. *Tradictión revuelta y consciencia de clase. Estudios sobre la crisis de la sociedade preindustrial*. Barcelona, Editorial Crítica, 3ª ed., 1989.
Unidade e Luta, Revista do CN do PAICV. Praia – CV, janeiro de 1983.
Unidade e Luta, Revista do CN do PAICV. Praia – CV, maio de 1983.
WEBER, Max. *História geral da economia*. São Paulo, Mestre Jou, 1968.
__________. *Economia y sociedad*. México, Fondo de Cultura Económica, 3 volumes, 1969.
WOLF, Eric, R. *Sociedades camponesas*. Rio de Janeiro, Zahar, 1970.

Créditos das ilustrações

Figuras 1, 2, 5 e 12 – História Geral da África, v. I. Luís de Albuquerque e Maria Emília M. Santos (coords.). Lisboa, Instituto de Investigação Científica Tropical; Praia, Direção Geral do Patrimônio Cultural de Cabo Verde, 1991, p. 3, 177, 283 e 3.

Figura 3 – Habitantes da Guiné, em *Die Merfart uñ Erfarung* (...) de Baltasar Sprenger, Augsburgo, 1509, *apud Portugal, uma abertura do mundo,* 2ª ed., Lisboa, Comissão Nacional para as Comemorações dos Descobrimentos Portugueses, 1990, p. 66.

Figura 4 – Carta, do *Livro de Todo ho Universo,* de Lázaro Luís, 1563. Academia das Ciências de Lisboa, *apud Portugal, uma abertura do mundo,* 2ª ed., Lisboa, Comissão Nacional para as Comemorações dos Descobrimentos Portugueses, 1990, p. 26.

Figura 6 – Gravura atribuída a Jadocus Hondius, em *A Summarie and True Discourse of Sir Francis Drake West Indian Voyage* de W. Bigges, Londres, 1589, *apud Portugal, uma abertura do mundo,* 2ª ed., Lisboa, Comissão Nacional para as Comemorações dos Descobrimentos Portugueses, 1990, p. 27.

Figuras 7, 8, 9 e 11 – *Cabo Verde – Formação e extinção de uma sociedade escravocrata (1460-1878).* António Carreira. Cabo Verde, Instituto Cabo-Verdeano do Livro, 1983, p. 320-1 (encarte) e figs. 9, 13 e 16 do encarte final.

Figura 10 – Fotografia tirada pela autora.

Figura 13 – Cartão-postal, coleção particular da autora.

A diversidade humana é um presente da vida. A população negra é uma presença particular. A cultura editorial tornou-a invisível ou restrita como imagem e assunto. O conceito que orienta as nossas publicações quer reinventar esse espaço negro, mantendo na ficção e não-ficção as etnicidades negras como ponto de referência. A Selo Negro Edições, ao mesmo tempo que amplia repertórios, alinha um segmento e evidencia sua singularidade para os títulos em educação, psicologia, filosofia, comunicações, literatura, obras de referência etc. Procura cruzar, mediante múltiplas áreas disponíveis, temas que apontem particularidades dessa história coletiva. Dirigidos a toda a sociedade brasileira, os títulos de autores nacionais dialogam com textos de diferentes pontos do planeta nessa iniciativa.

A Selo Negro Edições apresenta-se como mensageira dessa produção!

Bem-vindos ao nosso universo editorial!

Leia Também

DICIONÁRIO DE RELAÇÕES ÉTNICAS E RACIAIS

Ellis Cashmore

A obra registra uma revisão da palavra provocada por novas demandas sociais num mundo em transformação. Com grande agilidade para consulta, alguns dos verbetes dão verdadeira aula sobre a história dos termos, enquanto outros esclarecem sobre fatos ou personalidades que marcaram presença em questões étnicas e raciais. REF. 40006

RACISMO E ANTI-RACISMO NA EDUCAÇÃO

Repensando nossa escola

Eliane Cavalleiro (org.)

Diversos olhares sobre o ambiente da sala de aula procuram captar os racismos presentes nesse cotidiano. Alguns dos assuntos que nos alertam para uma educação anti-racista são a revista especializada em educação, o livro infantil, o tratamento dado à África e outros. REF. 40014

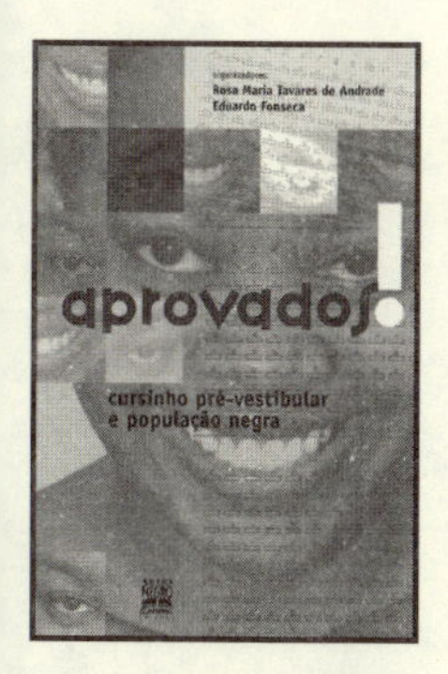

APROVADOS!

Cursinho pré-vestibular e população negra

Rosa Maria Andrade e Eduardo Fonseca (orgs.)

Um estudo precioso sobre a relação entre os afrodescendentes com os cursinhos pré-vestibulares e as universidades. Os autores da coletânea são profissionais renomados, com vivência no meio e propõem uma reflexão sobre os mecanismos de dominação e exclusão racial. Alguns artigos contêm entrevistas com pessoas que contribuem para uma maior visibilidade da importância e capacidade da população negra. REF. 40020

impresso na

press grafic
editora e gráfica ltda.
Rua Barra do Tibagi, 444
Bom Retiro – CEP 01128-000
Tels.: (011) 221-8317 – (011) 221-0140
Fax: (011) 223-9767

dobre aqui

ISR 40-2146/83
UP AC CENTRAL
DR/São Paulo

CARTA RESPOSTA
NÃO É NECESSÁRIO SELAR

O selo será pago por

SUMMUS EDITORIAL

05999-999 São Paulo-SP

dobre aqui

recorte aqui

OS FILHOS DA TERRA DO SOL

SELO NEGRO

CADASTRO PARA MALA DIRETA

Recorte ou reproduza esta ficha de cadastro, envie completamente preenchida por correio ou fax, e receba informações atualizadas sobre nossos livros.

Nome:________ Empresa:________
Endereço: ☐ Res. ☐ Coml. ________ Bairro:________
CEP: _____-____ Cidade: ________ Estado: ____ Tel.: ( ) ________
Fax: ( ) ________ E-mail: ________ Data de nascimento: ________
Profissão:________ Professor? ☐ Sim ☐ Não Disciplina: ________
Grupo étnico principal:________

1. Você compra livros:

☐ Livrarias ☐ Feiras
☐ Telefone ☐ Correios
☐ Internet ☐ Outros. Especificar:________

2. Onde você comprou este livro?

____

3. Você busca informações para adquirir livros:

☐ Jornais ☐ Amigos
☐ Revistas ☐ Internet
☐ Professores ☐ Outros. Especificar:________

4. Áreas de interesse:

☐ Auto-ajuda ☐ Espiritualidade
☐ Ciências Sociais ☐ Literatura
☐ Comportamento ☐ Obras de referência
☐ Educação ☐ Temas africanos

5. Nestas áreas, alguma sugestão para novos títulos?

____

____

6. Gostaria de receber o catálogo da editora? ☐ Sim ☐ Não

cole aqui

Indique um amigo que gostaria de receber a nossa mala direta

Nome:________ Empresa:________
Endereço: ☐ Res. ☐ Coml. ________ Bairro:________
CEP: _____-____ Cidade: ________ Estado: ____ Tel.: ( ) ________
Fax: ( ) ________ E-mail: ________ Data de nascimento: ________
Profissão:________ Professor? ☐ Sim ☐ Não Disciplina: ________

Selo Negro Edições
Rua Itapicuru, 613 7º andar 05006-000 São Paulo - SP Brasil Tel.: (11) 3862-3530 Fax: (11) 3872-7476
Internet: http://www.selonegro.com.br e-mail: selonegro@selonegro.com.br